TIRANIA DA OPINIÃO

CONFORMISMO E O FUTURO DO LIBERALISMO

Russell Blackford

TIRANIA DA OPINIÃO

CONFORMISMO E O FUTURO DO LIBERALISMO

TRADUÇÃO
UBK Publishing House

ubook ubk Publishing House

Publicado mediante acordo com Bloomsbury Publishing Plc. Edição original do livro, The tyranny of opinion, publicada por Bloomsbury Business.

COPIDESQUE Jana Bianchi
REVISÃO Thiago Braz e Rafael Ottati
PROJETO GRÁFICO E CAPA Bruno Santos
IMAGEM DA CAPA Leigh Prather/Shutterstock

Dados Internacionais de Catalogação na Publicação (CIP)
(Câmara Brasileira do Livro, SP, Brasil)

Blackford, Russell
Tirania da opinião : conformismo e o futuro do liberalismo / Russell Blackford ; tradução UBK Publishing House. -- Rio de Janeiro : Ubook Editora, 2019.

Título original: The tyranny of opinion : conformity and the future of liberalism.

Bibliografia.
ISBN 978-85-9556-091-8

1. Ciências políticas 2. Ideologia 3. Liberalismo 4. Liberalismo - História - Século 21 5. Relações internacionais I. Título.

19-28791 CDD-320

Ubook Editora S.A
Av. das Américas, 500, Bloco 12, Salas 303/304,
Barra da Tijuca, Rio de Janeiro/RJ.
Cep.: 22.640-100
Tel.: (21) 3570-8150

1
INTRODUÇÃO E VISÃO GERAL

Razões para ter medo

Eu tenho medo. Como muitas pessoas, tenho medo de me manifestar e dizer exatamente o que penso. Tenho medo de contribuir para o debate público com total franqueza. Tenho mais medo de aliados do que de adversários, uma vez que estes últimos podem me fazer menos mal (embora provavelmente possam fazer mal suficiente se estiverem muito interessados!). Não tenho medo dos meus amigos mais próximos, das pessoas que me amam, dos que me apoiam e manterão meus segredos, mas a coisa fica mais amedrontadora quando considero círculos mais amplos de colegas e conhecidos.

Eu tenho medo, mas esse medo é inferior ao de muitos. Eu falo quando me deparo com o que parece uma injustiça. Isso requer um pouco de coragem. Tenho medo, para ser sincero, de que este livro mesmo me faça perder amigos (não, não meus amigos mais próximos, mas mesmo assim...) e ser excluído de alguns círculos, mas respirei fundo e comecei a escrever. Talvez eu seja imprudente, do contra ou cabeça-dura, ou tal-

Durante as fases de planejamento, escrita e além, Jenny Blackford me encorajou e me ajudou de maneiras infinitas. Entre outras coisas, ela tolerou meu humor distraído e meus hábitos solitários ao longo dos meses em que trabalhei intensamente no projeto em horários estendidos (e normalmente estranhos). Não consigo lhe agradecer o suficiente. A presença de Jenny na minha vida me manteve são enquanto eu lutava com questões complicadas sobre as quais tenho visões apaixonadas, se não ambíguas.

Jeremy Stangroom me encorajou desde o início e foi essencial na publicação do livro pela Bloomsbury. Nossas conversas presenciais e por e-mail me ajudaram a aprimorar minhas ideias. Jeremy é também, diga-se de passagem, um modelo de liberalismo verdadeiro.

Jenny e Jeremy leram o primeiro rascunho do manuscrito inteiro, e cada um deles me forneceu um feedback astuto, útil e detalhado. Jenny também ajudou com rascunhos posteriores. Dediquei esta obra a Janeen Webb, que tem sido uma leal amiga e confidente durante todo o processo (e sempre). Duvido que ela concorde com todo este conteúdo, mas temos falado muito sobre assuntos relacionados, e ela é outra pessoa que ajudou a me manter em movimento. Você pode culpá-la por isso, mas não pelo conteúdo do livro.

Nota: Este livro discute situações sociais e políticas que são frequentemente voláteis. A pretensão é que ele esteja atualizado conforme a situação do início de junho de 2018. Um evento significativo que aconteceu pouco depois das correções finais do texto foi a resolução do litígio de Maajid Nawaz contra o Centro Legal da Pobreza do Sul, anunciado em 18 de junho de 2018. O acordo incluiu um pedido de desculpas público a Nawaz e uma soma de 3,375 milhões de dólares. Embora nunca devesse ter sido necessário um litígio em um caso como esse, o resultado ilustra bem a atual importância do uso da lei para reparação quando indivíduos são lesados por ataques injustificados à sua reputação.

AGRADECIMENTOS

Tenho falado sobre este livro com muitos amigos e colegas, e invariavelmente eles têm me dito que sou corajoso por escrever sobre um assunto desses. Entretanto, não o sou tanto assim. Em geral, estou mais protegido do que várias pessoas decentes e socialmente preocupadas à minha volta que se sentem intimidadas pelo ambiente intelectual de hoje. Meus sinceros agradecimentos a todos que conversaram comigo ao longo dos últimos três ou quatro anos, dividindo perspectivas sobre o delicado tema da conformidade social e política e das formas como esta é aplicada. É desnecessário dizer que as opiniões particulares expressas aqui são minhas e não devem ser atribuídas a mais ninguém, incluindo as pessoas que estou prestes a citar nominalmente.

Kenan Malik me encorajou a escrever um livro sobre este tema, serviu de inspiração ao longo de todo o processo e gentilmente me enviou uma cópia antecipada de seu posfácio para a segunda edição (ainda não publicada, na época) de *From Fatwa to Jihad* [*Da fátua ao Jihad*]. Agradeço também à Laura Moriarty por me fornecer uma cópia antecipada de seu romance *American Heart* [*Coração americano*] para que eu pudesse lê-lo mesmo antes de sua publicação.

Para Janeen Webb, meu porto seguro.

vez eu tenha um toque da "personalidade galileana" descrita por Alice Dreger (2015, p. 141) em seu indubitavelmente corajoso livro *Galileo's Middle Finger* [*O dedo do meio de Galileu*]. Em grande parte, acho que é porque sou menos vulnerável do que a maioria. Não sou tão jovem quanto gostaria de ser; acumulei alguns bens modestos e, por agora, pelo menos, estou semiaposentado, sem precisar ascender na carreira.

Se eu fosse um pouco mais jovem, um pouco menos confortável fisicamente e financeiramente protegido, um pouco mais dependente de redes de contatos e da boa vontade dos outros, eu teria mais medo do que tenho. Eu não escreveria um livro como este.

Muito do que se segue critica a esquerda, ou o que popularmente é considerado como "a esquerda" em países onde as ideias socialistas e comunistas têm pouco peso político. Grande parte dela é crítica em relação ao que atualmente se define como "liberalismo". Sou especialmente crítico a muitas manifestações acadêmicas e culturais do pensamento supostamente de esquerda ou liberal. Todavia, a minha crítica não vem da direita.

Permita que eu apresente minhas próprias opiniões e valores políticos, na medida em que tenho consciência deles. Primeiro, não sou apologista de nenhum tipo de conservadorismo social nem religioso; não sou, por exemplo, outro Dinesh D'Souza, a quem Udo Schüklenk e eu de certa forma condenamos em um livro anterior (BLACKFORD; SCHÜKLENK, 2013). Não gosto de religião (*qualquer* religião) ou moralidade religiosa (*qualquer* moralidade religiosa). Não estou olhando para o passado como se este fosse um tempo melhor, porque não há tempo melhor na história da humanidade de que tenho notícia. Mesmo desde a década de 1970 — a otimista e psicodélica década em que cheguei à maioridade —, muita coisa melhorou. Quando se trata de questões econômicas, sou um social-democrata ao estilo europeu. Nos Estados Unidos, eu provavelmente seria rotulado de socialista, mas alguns estadunidenses não precisam de muito para rotular as pessoas como socialistas. Para ser franco, e não pela última vez, o que se segue não é um livro do tipo "impostos são roubo". Tenho uma tendência libertária, como ficará óbvio, mas não sou *desse* tipo.

Tomo, de fato, uma posição clara a favor da liberdade individual. Isto inclui, por exemplo, meu apoio aos direitos reprodutivos das mulheres: não vejo necessidade de o Estado proibir o aborto em qualquer fase da gravidez (para um pouco mais, ver BLACKFORD, 2002). Quero que o Estado mantenha suas leis longe dos corpos das mulheres. Do mesmo modo, apoio os direitos dos gays e das lésbicas, incluindo o direito de se casar. Apoio fortemente a opção do suicídio assistido por médicos. Não gosto do Estado carcerário, que se expandiu de forma absurda e imensamente destrutiva, em particular nos Estados Unidos, e detesto a "guerra às drogas" que dominou demais o policiamento nos países ocidentais.

Venho de uma família da classe trabalhadora, e cresci em uma cidade industrial na Austrália que era, então, dominada por siderúrgicas. Sou a primeira pessoa da minha família a frequentar a universidade. Ainda tenho essas conexões, e herdei alguns valores operários e sindicais. No entanto, meu círculo social é do tipo composto principalmente por acadêmicos, autores, jornalistas, advogados e artistas que são de esquerda (em graus variados). Dentro do meu ambiente, gostamos de vinhos finos, café (mas de preferência não instantâneo!), queijos excelentes e do jornal *The Guardian*. Não quero me gabar, mas somos pessoas sofisticadas e cosmopolitas.

Esta se tornou minha tribo, ou a coisa mais próxima de uma. Nós não gostamos de Rupert Murdoch e do presidente Donald Trump. Temos medo do populismo de direita: o tipo de política xenófoba, nativista e isolacionista que está, atualmente, ressurgindo nas nações ocidentais. Tememos profundamente seus toques de puro fascismo.

Contudo, muitas vezes, também temos medo uns dos outros.

Minhas críticas à esquerda que se seguem não significam que eu seja menos crítico da direita em suas várias formas. Pelo contrário, os problemas da direita parecem mais óbvios e mais fáceis de diagnosticar, embora o que podemos fazer com eles seja outra questão. Especialmente nos Estados Unidos, mas também em outros países ocidentais, a direita política comanda uma "Indústria de Ultraje" (BERRY; SOBIERAJ, 2014) para intimidar os adversários, produzir propaganda descarada e distorcer a deliberação política. Trata-se de uma ameaça às nossas liberdades, ao bom governo e talvez até ao futuro humano. Em uma época de aquecimento global antropogênico e de triste degradação ambiental, a elaboração de políticas suficientemente más por parte dos populistas de direita e dos conservadores que negam a ciência podem nos levar a sonambular em direção à catástrofe existencial. Nos capítulos seguintes, comentarei as ameaças de direita à liberdade e ao bom governo, mas muito foi escrito sobre elas no passado, inclusive por mim. Nesta ocasião, estou mais preocupado com que a minha própria tribo ponha sua casa em ordem.

É decepcionante quando os que se consideram liberais limitam opções, distorcem debates importantes, ameaçam as liberdades individuais, exigem que pisemos em ovos em nosso discurso privado e público, e geralmente operam de forma censurável e antiliberal. Tem havido muito disso, e isso nem sequer é útil em lutas contra nossos verdadeiros inimigos políticos. Atualmente, cada um de nós tem que se precaver contra várias máquinas, grandes e pequenas, de ultraje da esquerda política. Caso contrário, podemos ser evitados, hostilizados, perseguidos, difamados, envergonhados publicamente, rotulados de modo devastador, acusados falsamente de infrações ou feridos e prejudicados por transgressões triviais, discutíveis ou inexistentes. Nossa boa reputação pode ser destruída, nossos empregos podem ser ameaçados ou encerrados e as nossas carreiras podem ser arruinadas.

Os terrores da terminologia

Preciso falar mais sobre terminologia. Já observei que tenho uma veia libertária no meu temperamento, mas ela não é baseada em uma filosofia política que reduziria o governo a um mínimo (ou acabaria com ele completamente), e que geralmente se posiciona a favor do mercado capitalista e contra o estado de bem-estar social moderno. Os pensadores libertários desta corrente — vou chamá-los de libertários políticos quando necessário — podem ser bons companheiros e, por vezes, são bons aliados para pessoas como eu. Contudo, eu não sou um deles. O melhor livro sobre esta corrente, pelo menos a meu ver, é *Anarchy, State, and Utopia* [*Anarquia, Estado e utopia*], de Robert Nozick (1974). Leiam-no e considerem os seus argumentos. Gosto dele por seu brio, sua honestidade óbvia e suas críticas incisivas a outras filosofias políticas, mas não concordo com muito da própria teoria de propriedade, liberdade e justiça de Nozick.

Dito isso, sinto-me licenciado para escrever sobre "ter uma veia libertária", "assumir uma linha libertária" e assim por diante, no que confio ser um bom senso transparente. Tais frases se referem simplesmente a uma ênfase na liberdade: libertação não apenas do poder do Estado, mas também de outras fontes de restrição, sejam regras locais e códigos de conduta, os caprichos dos empregadores ou as opiniões de colegas, familiares, amigos, comunidades locais e do público em geral. Se ajudar, pense no libertarismo civil, social ou cultural em vez das teorias promovidas por libertários políticos como Nozick.

Gostaria que a palavra *liberal* (assim como seus cognatos, como *liberalismo*) fosse mais clara e menos contestada. Entendo o liberalismo como uma filosofia ou tendência política que enfatiza a liberdade individual, especialmente — mas não apenas — a liberdade de expressão (qualquer que seja o entendimento *disso*; voltarei e aprofundarei essa questão nos capítulos que se seguem). Como elaborei em um livro anterior, *Freedom of Religion and the Secular State* [*Liberdade religiosa e o Estado laico*], isto fornece a parte "liberal" da nossa expressão *democracias liberais* — políticas que são parcialmente caracterizadas pelo que chamei de "um grau de restrição [exercida] pelo aparelho do Estado":

> [O Estado] será relutante em impor qualquer modelo, ou conjunto restrito de modelos, para a vida boa. Em vez disso, supõe-se que muitos modos de se viver são pelo menos toleráveis, e talvez até mesmo valiosos. [...] Embora o aparelho governamental de uma sociedade democrática liberal

> seja usado para uma variedade de fins, incluindo a dissuasão de certos comportamentos, a maioria dos modos de vida é acomodada até onde a paz social a permite (BLACKFORD, 2012, p. 4).

Vários anos depois de tê-lo escrito pela primeira vez, esse trecho continua a parecer uma definição útil para a palavra *liberal*, como na expressão "democracias liberais". Infelizmente, as palavras *liberal* e *liberalismo* têm um sentido bastante diferente na política dos Estados Unidos e, portanto, em grande parte da literatura anglófona sobre ciência política e filosofia política. Ainda mais infelizmente, este sentido é difícil de fixar. Jonathan Haidt (2012, p. XVI) diz que o sentido estadunidense é mais sobre "política progressista ou de esquerda" do que sobre liberdade. Isso é intuitivamente correto, mas já sugeri que devemos nos preocupar com o que significa atualmente a *esquerda*. Duvido que qualquer uma dessas expressões tenha significados totalmente precisos na linguagem comum. Note, no entanto, que os liberais estadunidenses não são necessariamente de esquerda em termos econômicos — apenas o são mais do que os conservadores estadunidenses.

No uso estadunidense, contudo, e na literatura popular e acadêmica que é influenciada por ele, os liberais pelo menos favorecem intervenções e gastos do Estado dedicados à resolução de problemas sociais. Por esses padrões, o Partido Democrático dos Estados Unidos é considerado liberal, embora as intervenções que apoia fiquem muito aquém de qualquer tipo de socialismo ou mesmo de democracia social. Este é, por exemplo, o uso de *liberal* em *Asymmetric Politics* [*Política assimétrica*], um bom estudo da política estadunidense recentemente publicada por Matt Grossmann e David A. Hopkins (2016). Os problemas sociais que preocupam os "liberais" estadunidenses são frequentemente os de um ou outro tipo de grupos historicamente oprimidos. Na maioria das vezes, porém, esses grupos não são identificados em termos de classe social. Os tempos estão mudando como resultado da extraordinária eleição presidencial de 2016, mas falar de classes sociais tem sido tabu na política estadunidense há muito tempo. Muito mais ênfase é colocada em grupos identificados, por exemplo, por sexo, sexualidade, raça, religião ou contexto cultural.

Isso tem implicações. Por exemplo, Grossmann e Hopkins (2016, p. 324) sugerem que o Partido Democrático — o lado nominalmente liberal no sistema efetivamente bipartidário dos Estados Unidos — tende a enquadrar seu apoio aos direitos ao aborto "como uma defesa dos direitos particulares das mulheres", e não de maneira mais libertária ou fundamentada em ideais do Iluminismo. O aborto legal *não* é, segundo esses autores, defendido "como um avanço dos princípios universais do libertarismo civil ou do progressismo cultural" . Um efeito disso, como Grossmann e Hopkins observam, é que os democratas podem exagerar a popularidade de sua posição junto às mulheres no eleitorado.

Isso também pode levar os democratas e os liberais ao estilo dos Estados Unidos a ignorar uma implicação das pesquisas de opinião ao longo de várias décadas: historicamente, grande parte, ou mesmo a maioria, da oposição fortemente moralizada ao aborto nos Estados Unidos tem vindo de mulheres socialmente conservadoras, e não de homens. Na verdade, muitas pesquisas no passado encontraram mais oposição geral ao aborto por mulheres estadunidenses do que por homens estadunidenses. Essa situação pode estar mudando, finalmente, uma vez que os últimos resultados das pesquisas do Centro de Pesquisa Pew (PEW RESEARCH CENTER, 2017) mostra que homens e mulheres estadunidenses apoiam igualmente os direitos ao aborto, com mulheres ligeiramente mais favoráveis. No entanto, 38% das mulheres estadunidenses continuam a acreditar que o aborto deve ser ilegal em todos ou na maioria dos casos.

O chamado liberalismo no sentido estadunidense pode, na prática, muitas vezes favorecer a liberdade individual, o pluralismo social e a restrição na aplicação de concepções particulares de vida boa pelo governo. Todavia, o liberalismo ao estilo dos Estados Unidos também é consistente com a considerável pressão governamental ou não para restringir a forma como falamos e controlar as formas de vida aprovadas. Pode, em outras palavras, funcionar de forma significativamente antilibertária, segundo minha definição informal.

Nos capítulos que se seguem, tentarei evitar as inaptas palavras *liberal* e *liberalismo*. Estou, no entanto, interessado no futuro do liberalismo em todos os sentidos da palavra. Especialmente em seu sentido mais clássico, que enfatiza a liberdade individual. Para isso, eu poderia ter escolhido o termo *liberalismo clássico*, mas muitas vezes ele sugere uma ênfase excessiva nos direitos de propriedade e na liberdade contratual, e assim denota uma versão diluída do libertarismo político que já repudiei. Em vez disso, o termo *liberalismo iluminista* será útil para se referir aos princípios, valores e ênfases tradicionais do liberalismo.

Muito do que é chamado de liberalismo não é muito liberal. É um *liberalismo revisionista*, cada vez mais fundamentado em políticas de identidade e notável pela sua política de pureza ideológica. Ao longo de seu recente livro, *The Once and Future Liberal* [*O progressista de ontem e o do amanhã*], o cientista político Mark Lilla (2017) usa o termo *liberalismo identitário* para essencialmente o mesmo fenômeno (ver também LILLA, 2016, em que ele introduziu este termo pela primeira vez para um público amplo). O liberalismo revisionista — ou o liberalismo identitário, se preferir — mostra pouca consideração por tais valores liberais iluministas e pós-iluministas como razão, liberdade, livre investigação, individualidade, originalidade, espontaneidade e criatividade. Seus proponentes raramente empregam essa linguagem. Suspeito que não representa o que eles têm em mente.

A política envolve muitos valores e tem, no mínimo, mais de uma dimensão. Vale a pena ter isso em mente, porque nossos pontos de vista políticos não têm que assumir a forma de pacotes fechados — sistemas integrados de ideias — que nos são oferecidos pelos nossos supostos melhores amigos. Todos esses pacotes foram moldados pela história, por personalidades dominantes, como os líderes partidários, e por exigências como a necessidade de construir coligações eleitorais e alianças. Nenhum sistema de ideias políticas atualmente em oferta precisa ser o correto ou o melhor. Por mais estranho que possa parecer, podemos misturar e combinar valores e políticas por nós mesmos. Na verdade, você pode tirar deste livro tudo o que achar útil, mesmo que não seja todo o conteúdo que o convença.

Um roteiro

Escrevo do lado da liberdade. Escrevo para apoiar os não conformistas. Escrevo para os hereges, excêntricos, contadores de verdades, artistas e contadores de piadas do mundo. Você encontrará alguns deles nestas páginas — figuras tão diversas como Philipp Jenninger, Salman Rushdie, Napoleon Chagnon, J. Michael Bailey, Wendy Doniger, Alice Dreger, Justine Sacco, Tim Hunt, Erika Christakis e Rebecca Tuvel. Escrevo contra qualquer um que os esmagaria, mesmo com boas intenções. No que se segue, defenderei a liberdade de expressar nossos pensamentos — embora não uma liberdade absoluta de atacar uns aos outros verbalmente. Como complicação, apoiarei (embora eu não fique do lado deles exatamente) indivíduos muito menos simpáticos, pelo menos no meu ponto de vista, do que aqueles a quem eu acabei de nomear.

Como John Stuart Mill em seu texto clássico *Sobre a liberdade* (publicado originalmente em 1859, mas referenciado nessa obra segundo a edição de 1974), não me preocupo apenas com as ameaças governamentais à liberdade e valores relacionados. Essas ameaças são, naturalmente, graves. O poder organizado do Estado moderno é vasto e conspícuo. Merece vigilância pelo seu grave potencial de restringir as nossas liberdades. A história mostra, no entanto, que é possível conceber instituições e princípios que restrinjam o poder do Estado. Talvez mais perigosa ainda, e certamente mais difícil de compreender ou conter, é uma tirania menos aberta e mais insidiosa: aquilo que Mill chamou de "a tirania das opiniões e sentimentos dominantes" (1974, p. 63).

Como Mill sabia e explicou, essa tirania pode ser mais intrusiva, penetrante e eficaz do que o poder estatal, mesmo que as punições que ela aplica sejam geralmente menos devastadoras do que as que o Estado tem disponível. No final, sou menos absolutista do que alguns sobre nossos direitos negativos, como indivíduos, contra o Estado. Mas estou mais atento do que a maioria à tirania da opinião, seja a do público como um todo ou a de qualquer indivíduo, instituição ou grupo poderoso que exija conformidade.

No capítulo 2, eu explico e, em geral, adoto a abordagem de Mill de restringir a liberdade individual somente quando isso for necessário para prevenir danos seculares, substanciais, diretos e injustos aos outros. É importante ressaltar que Mill aplicou esse raciocínio não apenas às ações do Estado, como a aprovação de legislação, mas também aos exercícios menos formais de pressão social. A discussão de Mill precisa ser atualizada à luz da história posterior. No entanto, sua abordagem de temer a tirania das opiniões, e não apenas a dos governos despóticos, continua a ser valiosa.

O capítulo 3 enfoca questões relacionadas à liberdade de expressão — ou, na formulação de Mill, liberdade de pensamento e de discussão. Eu ofereço uma justificativa para essa liberdade, baseada em parte na de Mill, mas com alguns pensamentos emprestados do ilustre teórico jurídico Frederick Schauer. Precisamos de liberdade de expressão para participar significativamente da deliberação democrática, para perseguir corajosamente o conhecimento e a compreensão, para o nosso desenvolvimento ou realização, pessoal e para desafiar várias reivindicações de autoridade sobre as nossas vidas (e, assim, para proteger todas as nossas outras liberdades).

No capítulo 4, examino alguns possíveis limites à nossa liberdade de discussão. Quando, por exemplo, um discurso pode ser usado para inibir as liberdades dos outros? Ao responder a estas perguntas, devemos ter em mente as razões pelas quais precisamos de liberdade para dizer o que pensamos em primeiro lugar. Em grande parte, estas estão relacionadas à nossa capacidade de discutir ideias sobre temas gerais importantes, sejam eles de religião, ciência, moralidade e política, filosofia, cultura ou outros. Esse lembrete pode ajudar a dar estrutura a uma análise de difamação, fala invasiva e discurso de ódio.

No capítulo 5, apresento um pouco da literatura sobre a conformidade social e política, e particularmente a pressão para permanecer em silêncio ou mentir sobre o que realmente pensamos (e o que sabemos, acreditamos, sentimos, desejamos e preferimos como resultados de políticas). Quando os participantes do debate público deturpam o que realmente pensam, isso cria um fosso entre a opinião pública local ou mais ampla (no sentido da opinião pública sendo efetivamente expressa na esfera pública) e a opinião privada (a distribuição das opiniões detidas por particulares pela população).

O capítulo 6 examina a ideologia, a propaganda e o fenômeno do ultraje politicamente armado. A propaganda aparece em todos os níveis sociais, desde os debates políticos mais amplos de uma nação às disputas de indivíduos e ideias dentro de "públicos" menores, tais como o grupo de participantes de um movimento cultural, de membros de um clube ou de uma comunidade local, ou até um corpo estudantil de uma faculdade ou uma congregação de uma igreja. Considero especialmente a politizada Indústria de Ultraje, uma vez que ela se manifesta na direita e na esquerda da política contemporânea.

As restrições à nossa liberdade de agir e falar como quisermos estão tradicionalmente associadas à direita: com déspotas, ditadores e organizações religiosas que reivindicam o monopólio da verdade. Todavia, a esquerda e/ou (os chamados) liberais podem não o ser. Isso se aplica para muito além dos regimes comunistas e afins. Supostos liberais têm, muitas vezes, suas próprias ideias sobre quais ações e discursos deveriam ser restringidos pelo poder do Estado, ou de outra forma dificultados e punidos. Tudo isso é trazido para discussão no capítulo 7. Examino uma série de exemplos, entre eles o furor pelo romance de Salman Rushdie, *The Satanic Verses* [*Os versos satânicos*], publicado em 1988. Eu incluo alguns exemplos atuais, observando que mais casos vêm a público quase diariamente.

Nas últimas décadas, os avanços na comunicação por meios eletrônicos têm sido libertadores de muitas formas, abrindo possibilidades de discussão e cooperação sem precedentes. No capítulo 8, no entanto, considero o lado negro da internet. Alguns sites na internet são, em graus variados, adequadamente descritos como ciberlatrinas (do inglês *cyber-cesspools*) (LEITER, 2010). Além disso, a ascensão das redes sociais proporcionou novas oportunidades para todos os tipos de difamação, abuso e crueldade. Isto inclui novas formas de pressionar os empregadores, e outros com poder privado, a colocarem na linha os não conformes.

No capítulo 9, pergunto, de modo muito geral — e espero que não retoricamente demais — "O que você pode fazer?", e o faço em dois sentidos. Em primeiro lugar, a pergunta sublinha preocupações quanto à liberdade *que agora temos* em um mundo de ideologia, propaganda e ultraje, um mundo de vigilância e controle. Porém, em segundo lugar, de fato, pergunto *o que podemos fazer para resistir* às pressões para que nos conformemos. Por último, reflito sobre uma questão de ordem prática. Em uma era de populismo de direita agressivo (e coisas piores), como podemos continuar com a luta pela liberdade?

No capítulo 10, resumo e ofereço aos leitores uma mensagem positiva — a melhor que posso dar de forma razoável. Também discuto algumas questões profundas decorrentes do recente livro de Angela Nagle (2017), *Kill All Normies* [*Morte aos padrõezinhos*], que cobre parte do mesmo território que este livro o faz.

Sobre complicações e implicações

Uma discussão especialmente útil sobre a liberdade de expressão e assuntos relacionados é o volume de 1982 de Schauer, *Free Speech: A Philosophical Inquiry* [*Liberdade de expressão: um questionamento filosófico*]. Há muito a questionar neste livro, mas também muito a ter em conta e a aprender com ele. Schauer oferece uma investigação abrangente sobre os argumentos a favor da liberdade de expressão, assim como sobre suas limitações.

A concepção de Schauer de livre expressão é fortemente influenciada pela proteção constitucional da "liberdade de expressão" referida na Primeira Emenda à Constituição dos Estados Unidos. Assim, Schauer está particularmente preocupado de uma forma que eu não estou — e Mill não estava — com a liberdade de restrições *governamentais* sobre o que podemos dizer. Seu livro justifica esse enfoque com argumentos que apontam que os governos são reguladores de discurso incompetentes, ou apenas duvidosamente competentes. Como explicarei no capítulo 3, isso é importante, mas tem um foco muito limitado. Mesmo assim, sou atraído pela insistência de Schauer nas nuances, camadas e complexidades que surgem com questões difíceis. Confira o livro dele por sua conta e risco.

Para Schauer, o direito contra a influência do governo na liberdade de expressão não significa que este nunca possa interferir em nosso discurso. Significa, na verdade, que existem considerações gerais muito fortes contra a interferência governamental, e portanto só a ocorrência de algo anormalmente significativo em um discurso pode justificá-la. É necessário que interesses importantes estejam em jogo. No entanto, segundo Schauer, não existe uma técnica simples para avaliar e comparar os interesses. É impossível, portanto, elaborar um plano diretor para equilibrar interesses quando se trata de quais restrições governamentais à expressão são legítimas. "Equilibrar interesses", diz Schauer (1982, p. 144), "não pode ser reduzido a fórmulas simples, por mais que desejemos que fosse assim."

Em geral, concordo com isso — e vejo que problemas semelhantes surgem fora do domínio da censura governamental. Eles surgem com restrições governamentais sobre condutas que não se enquadram no conceito de expressão; também surgem com esforços *não* governamentais para restringir ações e formas de expressão. Em todos esses domínios, há considerações poderosas que favorecem a liberdade e a individualidade. E, no entanto, meu objetivo não é defender qualquer tipo de absolutismo, como se eu pudesse identificar leis morais e políticas determinadas que não devem ser contrariadas a nenhum custo. Mesmo elaborando as considerações defendidas por Mill e outros — que parecem adequadamente poderosas —, reconheço que posicionamentos diferentes podem prevalecer em casos particulares. Um desses casos é o problema da desumanização do discurso de ódio.

Isso cria um risco para todo o meu projeto. Eu poderia introduzir tantas camadas, complexidades, nuances e exceções que os argumentos aqui apresentados não teriam implicações práticas claras. Contudo, ao mesmo tempo, tenho um medo que é quase o oposto. Nas condições sociais atuais, mesmo as opiniões mais estratificadas e qualificadas podem ser distorcidas, deturpadas, simplificadas demais, exageradas e tratadas genericamente como opiniões dos inimigos cujas vozes devem ser caladas. Como resultado, pode ser insensato explicar de forma honesta as complexidades que percebemos, em vez de expressar uma visão simplista adaptada para agradar a um público. A complexidade raramente agrada aos outros, mas é indispensável para uma compreensão séria.

Há pouco que eu possa fazer quanto a isto. Só posso escrever de forma honesta e tão clara quanto as complexidades o permitem; e peço, por sua vez, atenção honesta ao que está sendo dito. Eu me expressarei usando o mínimo possível de jargões, mesmo ao explicar ideias difíceis, e declararei minhas posições reais de forma tão correta quanto possível. O que não posso prometer é escrever algo simples, ou ter todas as respostas para problemas contemporâneos espinhosos. No entanto, acho que este livro tem implicações. Se for levado a sério, algum comportamento mudará. Talvez até o meu, caro leitor. Talvez até mesmo o seu.

2
A LIBERDADE SEGUNDO MILL: MORALIDADE, PATERNALISMO E DANO

A abordagem de Mill — um prelúdio

John Stuart Mill argumentou a favor da restrição da liberdade individual apenas quando necessário para evitar certos tipos de danos. Sua abordagem exclui as moralistas e paternalistas na elaboração de leis, mas suas implicações vão além. Mill aplicou seu raciocínio não apenas à ação do Estado, mas também às pressões sociais mais amplas. Sua abordagem depende da visão dos humanos como seres progressivos. Para seres como nós, a originalidade, a individualidade e a espontaneidade são cruciais para avançar — para que haja uma sinergia entre o progresso intelectual e social.

Neste capítulo, esboçarei a abordagem de Mill e oferecerei uma defesa qualificada. Não é meu objetivo, no entanto, defender tudo o que Mill diz em *Sobre a liberdade*. Por exemplo, vários dos exemplos do seu capítulo final — "Aplicações" — envolvem propostas que pareceriam muito radicais se fossem apresentadas seriamente na deliberação política contemporânea. Algumas parecem altamente intrusivas segundo nossos padrões atuais, como a disposição de Mill, a princípio, de impor controles populacionais. Também não compartilho da sua desconfiança em relação à educação estatal, vista por ele como um "artifício para moldar as pessoas para que sejam exatamente iguais umas às outras" (MILL, 1974, p. 177) e, por conseguinte, um instrumento para o governo de hoje controlar os seus cidadãos, moldando o seu pensamento (Mill não se opunha à educação estatal como um todo, mas pensava que ela deveria ser, no máximo, uma parcela relativamente menor de uma mistura de sistemas variados e concorrentes).

Temos agora muito mais experiência com os resultados dos sistemas educacionais estatais do que Mill e seus contemporâneos. Talvez tenhamos o suficiente para desconsiderar medos que eram razoáveis na década de 1850, embora ainda existam estudiosos radicais que afirmam que a educação funciona para produzir uma população complacente. Pontos importantes sobre o conteúdo dos currículos escolares estatais permanecem válidos, incluindo o questionamento sobre até que ponto eles devem tentar moldar o caráter moral de formas específicas, tal qual podem, ou devem, encorajar a originalidade do pensamento. Ao mesmo tempo, muitos fornecedores de educação privada — estabelecidos segundo linhas religiosas ou ideológicas — podem estar mais inclinados a tentar moldar o caráter dos estudantes do que os serviços públicos de ensino. Não posso lidar aqui com essas importantes controvérsias educacionais, mas o debate tem prosseguido desde 1859.

Mill também dá certo apoio ao capitalismo industrial e a uma ampla gama de iniciativas privadas, em parte devido ao medo de que um controle governamental hegemônico sobre as principais empresas de uma nação produza uniformidade e despotismo. É fácil imaginar uma burocracia, por mais talentosa, capaz e benevolente que seja, impondo seus valores e *ethos* — e protegendo seus próprios interesses — sem resistência efetiva. Mais uma vez, esse debate avançou, e atualmente um medo maior ou igual a esse pode ser a imposição de valores consensuais do domínio das grandes empresas comerciais e financeiras.

Tal como acontece com a educação estatal, Mill não se opôs inflexivelmente a todas as empresas governamentais. Sua opinião, na verdade, era que a liberdade de viver de maneira original e individual seria ameaçada se uma burocracia pública todo-poderosa tivesse espaço para emergir. Até certo ponto, esse é um aviso razoável contra o poder governamental onipresente, mas não uma defesa de uma economia capitalista não regulada. Os apoiadores do capitalismo de livre mercado podem endossar os principais argumentos apresentados em *Sobre a liberdade*, assim como as pessoas que apoiam uma ampla intervenção nos mercados capitalistas (ou mesmo arranjos econômicos em correntes mais socialistas). Os argumentos de Mill a favor da liberdade individual e contra a conformidade são amplamente independentes dos debates sobre arranjos econômicos.

O espectro da tirania

Mill coloca seus argumentos em perspectiva histórica ao apontar para as sociedades antigas, nas quais a liberdade era entendida como uma limitação dos poderes de governos potencialmente tiranos. Segundo o autor, certa esfera de ação individual era considerada imune à interferência do Estado. Em alguns casos (geralmente mais tarde na história europeia), o poder estatal também era restringido por disposições constitucionais segundo as quais algumas ações governamentais exigiam o consentimento da comunidade ou o consentimento de um órgão que representasse os interesses da comunidade.

No entanto, como Mill continua, chegou "um tempo em que os homens deixaram de pensar que seus governantes formavam, necessariamente, um poder independente e contrário aos seus interesses" (MILL, 1974, p. 60). Com a introdução de eleições democráticas e, consequentemente, a capacidade dos eleitorados de derrubar governos por meios pacíficos, a limitação do âmbito do poder político passou a parecer menos importante — pelo menos para alguns pensadores políticos europeus. A limitação do poder do governo parecia necessária quando os interesses dos governantes se mostravam em grande parte opostos aos do povo; essa percepção mudou quando os governantes se tornaram responsáveis pelo povo e deles se esperava que agissem de acordo com os interesses do próprio povo:

> A nação não precisava ser protegida da sua própria vontade. Não se temia que ela tiranizasse a si mesma. Que os governantes fossem efetivamente responsáveis pela nação, prontamente removíveis por ela, e assim ela poderia confiar a eles um poder cujo uso ela própria pudesse ditar (MILL, 1974, p. 61).

Ao desenvolver os temas de *Sobre a liberdade*, Mill rejeita essa percepção, dizendo-a complacente demais. Embora os governos democráticos possam ser responsáveis perante os seus eleitorados, isso não significa que o povo governa a si mesmo, diz ele. As pessoas que exercem o poder não são necessariamente as mesmas que aquelas sobre as quais ele é exercido. Para Mill, os indivíduos não se governam em uma democracia: eles são governados pelo resto, e as maiorias (ou quem puder ser aceito como tal) podem buscar a opressão das minorias. Em suma, o mero estabelecimento de eleições democráticas não elimina a necessidade de limites ao poder governamental.

Referenciando Alexis de Tocqueville, Mill adverte que, nas circunstâncias modernas, temos ainda de nos precaver contra "a tirania da maioria" (MILL, 1974, pp. 62-3). Além disso, os meios que a maioria usa para tiranizar as minorias e os indivíduos não se limitam aos atos dos funcionários do Estado. De fato, a opinião da maioria tiraniza de forma mais extensiva, intrusiva e arraigada do que o aparato do Estado jamais poderia:

> A proteção, portanto, contra a tirania do magistrado não é suficiente; há necessidade de proteção também contra tirania da opinião e sentimento dominantes, contra a tendência da sociedade de impor, através de meios

> que não sejam penas civis, suas próprias ideias e práticas como regras de conduta para aqueles que discordam delas; para restringir o desenvolvimento e, se possível, impedir a formação de qualquer individualidade que não esteja em harmonia com seus caminhos, e obrigar todos os indivíduos a se moldarem segundo seu próprio modelo (MILL, 1974, p. 63).

Para resumir este ponto, Mill busca proteger os indivíduos e sua individualidade contra a tirania, seja ela exercida por funcionários do Estado ou pela opinião dominante da sociedade. Assim, ele diz: "Precisamente porque a tirania da opinião é tal que faz da excentricidade uma reprovação, é desejável, para quebrar essa tirania, que as pessoas sejam excêntricas" (MILL, 1974, p. 132). Mill não nega os benefícios da vida social — ou mesmo a afirmação de que somos inerentemente animais sociais — mas enfatiza fortemente o valor da individualidade. Surge então a questão: quando é que podemos, de forma razoável, manter a individualidade sob controle?

O princípio do dano

Para Mill, a resposta óbvia é um princípio de "autoproteção". Simplificando, nós não temos, é claro, que respeitar a liberdade dos outros quando eles a usariam para nos prejudicar. Mais especificamente, ele afirma, "o único propósito para o qual o poder pode ser legitimamente exercido sobre qualquer membro de uma comunidade civilizada, contra a sua vontade, é evitar danos aos outros" (MILL, 1974, p. 68). Ele introduz, assim, aquilo que atualmente é conhecido como o princípio do dano, que pode ser aplicado a todo o controle social sobre os indivíduos, "quer os meios utilizados sejam a força física sob a forma de sanções penais, quer a coação moral da opinião pública" (MILL, 1974, p. 68). Esse princípio desconsidera as ocasiões em que alguém é punido porque sua ação é imprudente ou vista como moralmente errado. No que Mill considera situações padrão em sociedades como a dele próprio — situações que envolvem adultos comuns e competentes —, não somos responsáveis pela sociedade como um todo por ações que nos dizem respeito. Somos responsáveis apenas por ações que prejudicam os outros.

Mill justifica tudo isso em termos consequencialistas, mas de forma específica. Ele expressa a vontade de renunciar a argumentos baseados em direitos abstratos e de apelar, em última instância, à utilidade geral. Todavia, rapidamente acrescenta que "deve ser utilidade no sentido mais amplo, baseada nos interesses permanentes do homem como ser progressista" (MILL, 1974, p. 70). O ponto de vista aqui é o de que a "espontaneidade individual" (MILL, 1974, p. 70) não é apenas de valor para o individual — algo que seria tirânico suprimir sem uma razão convincente —, mas também de valor a longo prazo para a sociedade ao gerar novas ideias e modos de vida. Do mesmo modo, Mill defende a liberdade de pensamento e de discussão como uma exigência "de que os seres humanos sejam livres para formar opiniões e expressar opiniões sem reservas", justificada pelas "consequências nefastas para o intelectual e, através disso, para a natureza moral do homem" que surgem se esta liberdade não for afirmada (MILL, 1974, p. 119). Mais tarde, ele escreve:

> Sempre há a necessidade de pessoas que não só descubram novas verdades e indiquem quando aquilo que antes era verdade já não é mais verdadeiro, mas também que comecem novas práticas e deem o exemplo de uma conduta mais iluminada e de melhor gosto e sentido na vida humana (MILL, 1974, p. 129).

Ao longo de *Sobre a liberdade*, Mill elabora e qualifica essa posição, considerando muitos exemplos abstratos e históricos. Ele postula uma esfera de ação na qual a sociedade tem, no máximo, um interesse indireto quando a conduta do agente "afeta apenas a si mesmo ou, se também afetar outros, seja somente com consentimento e participação livres, voluntários e livres de enganação". Ele esclarece imediatamente que não está pensando em danos indiretos aos outros: "Quando digo apenas a si mesmo, quero dizer diretamente e em primeira instância; pois tudo o que afeta a si mesmo pode afetar os outros através de si mesmo. A objeção que pode ser fundamentada nessa contingência será abordada em seguida" (MILL, 1974, p. 71). Mill também reconhece que muitas ações que são amplamente consideradas legítimas são, no entanto, prejudiciais a outros. Assim, "na busca de um objetivo legítimo", um indivíduo pode necessariamente causar dor ou prejuízo a outros, ou pode impedir a obtenção de um bem que outra pessoa "tinha esperança razoável de obter" (MILL, 1974, p. 163). Como exemplo, considere a rivalidade em carreiras competitivas:

> Quem consegue uma vaga de emprego muito concorrida ou o lugar em um processo de avaliação competitivo; quem quer que seja preferido em detrimento a outro em qualquer disputa por um objetivo que ambos desejam, colhe benefício da perda de outros, de seu esforço desperdiçado e de sua decepção. Mas é, por comum acordo, melhor para o interesse geral da humanidade que as pessoas persigam seus objetivos sem se deixarem intimidar por esse tipo de consequências. Em outras palavras, a sociedade não admite aos competidores desapontados qualquer direito, legal ou moral, à imunidade contra este tipo de sofrimento, e se sente na obrigação de interferir apenas quando os meios empregados para atingir o sucesso forem contrários ao interesse geral — a saber: fraude, traição, ou uso de força (MILL, 1974, p. 164).

Poderíamos estender esse exemplo para além da situação específica do processo de seleção para uma vaga de trabalho. Muitas vezes, somos rivais na busca por ganhos econômicos, status social, parceiros românticos e assim por diante. Na perseguição desses objetivos, vemo-nos competindo com os outros — não só de vez em quando, mas muito frequentemente. Em uma abordagem como a de Mill, não é da competência da sociedade impedir esse tipo de concorrência. A rivalidade econômica, em particular, pode ser vista como socialmente benéfica até certo ponto. Quando se trata de competir por cargos e posições desejadas na sociedade, a competição pode ajudar a adequar o talento às necessidades da sociedade, mesmo que algumas pessoas acabem perdendo nesse processo. Não há dúvida de que o processo de combinação das posições com os talentos não é tão eficiente como gostaríamos, e talvez mereça ser examinado à procura de fracassos e vieses, mas os danos que causa às pessoas que acabam perdendo não são do tipo em que as nossas disposições políticas e sociais parecem focadas em evitar.

Para Mill, portanto, o dano aos outros é uma condição *necessária* antes que uma conduta seja suprimida pelo poder legal ou social. No entanto, não é uma condição *suficiente*, uma vez que muitas ações que podem causar danos a outros são, por uma razão ou outra, socialmente aceitáveis na busca por objetivos legítimos. Nesses casos, não vemos o dano como uma violação dos direitos de quem é prejudicado. Ao mesmo tempo, Mill não hesita em reconhecer que há casos em que temos deveres positivos para com os outros — nos quais a falta de ação e o descumprimento contam como danos. Ele vê os indivíduos como devedores para com a sociedade, e uns para com os outros, em troca da proteção que a sociedade proporciona. Mesmo enquanto vivemos da maneira que preferimos, cada um de nós deve lidar com a sua cota individual "dos trabalhos e sacrifícios necessários para defender a sociedade ou seus membros de lesões e molestamentos" (MILL, 1974, p. 141).

Mill sustenta que não devemos agir como estorvos para os outros, mas se simplesmente agirmos de acordo com nossas inclinações e nosso julgamento em relação às coisas que dizem respeito às nossas próprias vidas, devemos poder fazê-lo sem sermos molestados. Mais do que isso, nossa individualidade de ação será benéfica para a sociedade como um todo e para o avanço geral da humanidade. Mill afirma, em particular, que deve haver liberdade para "coisas não usuais", em parte "para que, com o tempo, fique claro quais delas são adequadas para serem convertidas em costumes" (MILL, 1974, p. 132). Mas também é desejável, simplesmente, que se permita que os indivíduos vivam de uma variedade de maneiras que se adaptem aos seus gostos e temperamentos individuais.

Para Mill, então, temos o direito de punir os outros apenas por comportamentos que os prejudicam de forma ilegítima e direta. Se acharmos que a conduta deles é meramente desagradável de alguma forma, devemos, no máximo, deixá-los em paz. Assim, a única "punição" permitida é de qualquer coisa que resulte naturalmente da maneira com que decidimos viver nossas próprias vidas individuais — talvez escolhendo não nos associarmos com alguém de quem não gostamos. Temos o direito de expressar nosso desagrado pelo seu comportamento e de nos mantermos afastados deles, como indivíduos, como fazemos de outras coisas que nos desagradam. "Mas", diz Mill, quando alguém age de uma maneira que não temos o direito de controlar, "não devemos nos sentir no direito de tornar sua vida desconfortável" (MILL, 1974, p. 146). Não sairemos do nosso caminho para magoar aqueles de quem não gostamos.

Há aqui uma lição. Eu não posso, é claro, compartilhar minha vida individual com *todos*, e é razoável escolher meus amigos, amantes e outros associados com base em quem eu acho agradável ou não. Contudo, surge uma questão quando essa fuga, deliberada e coletiva, se torna uma arma para prejudicar os outros. Saímos do nosso caminho ao tornar a vida da vítima "desconfortável", como foi colocado por Mill, e isso pode facilmente ser um mecanismo para impor a conformidade.

Os problemas de definir dano

Um problema óbvio da consideração geral de Mill é a dificuldade de definir uma área de atividade que afeta apenas nossos próprios interesses. Ainda assim, esse problema pode ser exagerado. Os conceitos de Mill sobre os danos que são apenas indiretos ou parecem socialmente legítimos sem dúvida concordam com o senso comum de seu próprio lugar e tempo — e com boa parte do senso comum atual. *Sobre a liberdade* não pretende ser uma análise cientificamente precisa. O livro oferece, em vez disso, uma visão atraente do florescimento (e da melhoria) individual e social ao longo do tempo. Utiliza principalmente ideias e conceitos baseados no senso comum para fornecer detalhes adequados.

É verdade que os limites precisos do que conta como dano são difíceis de definir e, até certo ponto, pode haver diferenças culturais nas percepções. Ao mesmo tempo, muito do que os seres humanos consideram como dano (ou, inversamente, como benefício) é culturalmente incontroverso. Um filósofo australiano, Neil Levy, examinou como isso fornece um tipo de conjunto compartilhado de conceitos para a comunicação entre culturas sobre escolhas morais e políticas — mesmo que façamos algumas suposições moderadamente baseadas em relatividades culturais. Pressões psicológicas agem sobre os participantes de conversas interculturais para justificar práticas com razões que se relacionam com benefícios e danos de tipos amplamente reconhecidos (LEVY, 2002, pp. 191-2). Eles envolvem tipos comuns de prazer e dor, que, como mostra Levy, vêm à tona para consideração em debates sobre práticas que colocam meninas e mulheres em uma posição de subordinação.

A questão pode, no entanto, ir mais fundo se levarmos em conta os danos espirituais e psicológicos. Em sua crítica ao projeto liberal iluminista, no livro *A miséria do liberalismo* (WOLFF, 1990), Robert Paul Wolff questiona se a visão desenvolvida em *Sobre a liberdade* é adequada para proteger heresias e blasfêmias religiosas e várias práticas moralmente desprezadas. Essa visão pode excluir a possibilidade de castigar os que as cometem?

> Mas Mill também parece achar óbvio que quando Joãozinho pratica a fé romana, ou lê filosofia, ou come carne, ou se envolve em práticas homossexuais, ele não está afetando os interesses de Mariazinha. Agora suponha que a Mariazinha é uma calvinista devota ou uma vegetariana de princípios. A própria presença de um católico ou de um comedor de carne na sua comunidade pode causar a ela tanta dor quanto um golpe na cara ou o roubo da sua carteira. De fato, para um cristão verdadeiramente devoto, um golpe físico conta muito menos do que a blasfêmia de um herege (WOLFF, 1968, p. 24).

Poderíamos pensar que estas são exatamente as crenças e práticas que os liberais do Iluminismo, como Mill, esperam proteger das proibições legais e da tirania da opinião. Assim, o ponto de Wolff é muito profundo. Se Mill não consegue alocar os atos de comer carne, ler filosofia e se envolver em atos homossexuais em uma zona protegida, toda a sua análise está em apuros. Até onde vejo, infelizmente ele não dispõe de uma defesa que possa satisfazer a todos. Se o meu ponto de partida fosse altamente religioso e incluísse o compromisso com uma visão específica de verdade absoluta e de boa vida para os seres humanos, eu poderia muito bem não estar disposto a aceitar o pluralismo de crenças e práticas no cerne da filosofia de Mill. No capítulo I de *Sobre a liberdade*, Mill descreve o desenvolvimento da liberdade religiosa na Europa e "a separação entre autoridade espiritual e temporal" (MILL, 1974, p. 74), mas não apresenta novos argumentos que possam convencer um teocrata.

É justo dizer, creio eu, que Mill não assume a teocracia como um ponto de partida para seu público sofisticado. Entretanto, se eu começasse com um ponto de vista teocrático, eu poderia não me impressionar com os argumentos de fato desenvolvidos em *Sobre a liberdade*. Mill se baseia em valores de progresso laico e desenvolvimento individual que podem não ter nenhum apelo *para mim*. Para falar sobre mim, ele primeiro precisa falar sobre a minha visão de mundo maior, e isso poderia ser impossível mesmo que me oferecessem argumentos convincentes. As visões de mundo religiosas, em particular, têm recursos impressionantes para escapar da crítica racional. Seus seguidores estão muitas vezes mais comprometidos com sua compreensão substantiva do mundo do que com quaisquer premissas e padrões de raciocínio que possam ser usados para argumentar contra eles (ver BLACKFORD, 2012, pp. 11-2).

O resultado pode ser um impasse. Na prática, um ponto de vista como o expresso em *Sobre a liberdade* pode ser difícil, ou impossível, de defender em uma sociedade que é altamente, e um tanto uniformemente, religiosa. Os tipos de sofrimento que Wolff menciona podem até ser considerados inevitáveis e legítimos em uma sociedade que já seja caracterizada por um certo grau de tolerância religiosa. Entretanto, não chegaríamos muito longe com esse argumento se defendêssemos a liberdade individual em um lugar como, digamos, a Arábia Saudita.

No entanto, grandes acontecimentos e processos históricos criaram uma situação no Ocidente em que se assume frequentemente que o

Estado deve se limitar a servir os interesses civis dos seus cidadãos — o que John Locke definiu como nossos interesses em "coisas pertencentes a esta Vida" (LOCKE, 1983, p. 26). Esses acontecimentos e processos incluíram a guerra religiosa que assolou a Europa nos séculos XVI e XVII, desencadeada pela Reforma Protestante (ver os comentários de MILL, 1974, p. 66). Isso levou a novas concepções de Estado — como a de Locke, no qual os seres humanos não são considerados perante as autoridades laicas de acordo com suas crenças religiosas. Na época de Mill, tais ideias tinham prevalecido em grande parte, embora — como ele observa penosamente — as formas resultantes de tolerância religiosa fossem, na prática, variadas, incompletas e de pouca força em lugares onde "o sentimento [religioso] da maioria ainda é genuíno e intenso" (MILL, 1974, p. 67).

Embora Mill descarte qualquer ideia, como a de Locke, de um contrato social, ele considera um posicionamento laico do Estado, herdado de "grandes escritores" (MILL, 1974, p. 66), assim como pelo menos alguma diversidade de visões religiosas. Se concedermos isso a Mill, como acho que deveríamos (ver BLACKFORD, 2012, pp. 35-46), os sofrimentos espirituais e psicológicos que Wolff descreve são bastante inevitáveis. Esses sofrimentos devem ser tolerados pelo Estado e são infligidos legitimamente, pelo menos em um sentido restrito: não podem ser devidamente proibidos pela lei laica, e de fato podem ser considerados como parte do preço de viver sob um governo laico.

Não resulta apenas disso que teólogos e moralistas religiosos não possam mais condenar moralmente qualquer coisa que eles venham a considerar crenças e práticas pecaminosas. Eu poderia aceitar consistentemente o papel *do Estado* de proteger apenas uma gama limitada de interesses laicos sem pensar que *a própria moralidade* deva ser tão limitada. Eu poderia, por exemplo, reconhecer que está além do papel próprio do Estado punir atos homossexuais (se eles não prejudicam os interesses civis de ninguém) enquanto também acredito que eles são contrários à vontade de Deus.

Na prática, o sentimento religioso tende a abrandar quando perseguições são retiradas e o governo se torna mais laico. A maioria das pessoas não é fanática religiosa e aceitará a tolerância do Estado a heresias, blasfêmias e atos pecaminosos, desde que isso ofereça segurança para nossas vidas e bens terrenos (ver OWEN, 2001, pp. 151-72). Uma vez que as heresias sejam toleradas pelo Estado, a maioria de nós poderá estar disposta a tolerá-las de maneira mais geral. De fato, parte do ponto de vista da tolerância do Estado laico às heresias é que elas existirão enquanto atraírem adeptos, e que é melhor se aliar a isso do que se envolver em perseguições. Se nos trouxerem sofrimento como Wolff descreve, talvez aprendamos a ser mais cascas-grossas. Em uma era de governo laico, a posse de uma casca espiritual frágil pode ser vista — pelo menos por muitas pessoas — mais como um vício do que como uma virtude.

Assim, o ponto de Wolff seria mais convincente se começássemos a discussão com neutralidade entre as ideias de governo laico e algo mais parecido com teocracia. Historicamente, porém, isso mudou, e a mudança já estava bem avançada quando Mill publicou *Sobre a liberdade*. No entanto, ainda há muita gente, mesmo nas democracias liberais ocidentais, que rejeitam concepções puramente laicas do papel do Estado. Dependendo de seus pontos de partida exatos, talvez não haja muito o que possamos dizer a eles, ou que Mill poderia ter dito aos zelotes de seu tempo, a menos que eles mudassem primeiro suas visões fundamentais de mundo. Isso é um problema para qualquer forma de liberalismo, e voltarei a ele.

Conduta ofensiva

Embora Mill não defenda a proibição de heresias, ele proscreve alguns tipos de conduta pública com base (essencialmente) no fato de que elas são ofensivas. Ele trata disso afirmando que muitos atos, embora não causem lesão direta a outros, são violações de boas maneiras — e, portanto, ofensas contra outros — quando realizados em público. Assim, sua execução pública "pode ser legitimamente proibida" (MILL, 1974,

p. 168). Mill menciona ofensas contra a decência como um exemplo, mas se abstém de qualquer elaboração — aparentemente, com intuito de ser discreto. Poderíamos, sem gentileza, perguntar-nos se ele sente que está em terreno instável aqui, embora na realidade ele afirme ver a questão como periférica em relação a seu projeto maior.

Um problema é que muitos tipos de conduta — incluindo uma grande variedade de discursos e expressões — podem ser percebidos, pelo menos, como violações de boas maneiras, e isso pode causar ofensas compreensíveis a outros. Contudo, se todos esses tipos de conduta pudessem ser reprimidos de forma consistente de acordo com o princípio do dano, poderíamos nos perguntar se este teria alguma força. Mesmo quando se trata da questão específica da decência pública (no sentido relevante desta expressão-camaleão), o que pode parecer indecente em um lugar e época, como uma rua de Londres na década de 1850, pode ser perfeitamente aceitável em outro, como uma praia de *topless* na costa do Mediterrâneo em 2018.

Pensadores mais recentes da tradição liberal do Iluminismo aceitam ofensas a outros como base para proibições legais, mas apenas em uma gama restrita de casos. Em *Freedom of Religion and the Secular State*, sugeri que a lei deveria "se opor à proibição da mera ofensa", concentrando-se, em vez disso, "em danos mais claros do que 'danos' a sensibilidades particulares" (BLACKFORD, 2012, p. 75). No entanto, devemos pelo menos reconhecer que algumas agressões de alto impacto a nossos sentidos que chamamos de "ofensivas" — cheiros nauseabundos, como o das fezes ou do vômito; imagens de feridas profundas e em carne viva — têm um impacto psíquico inevitável que se transforma em dano direto, sem uma forma clara de traçar uma linha (ver FEINBERG, 1985). Não duvido que a exposição à heresia, blasfêmia e imagens sexuais explícitas também possam ter um alto impacto (negativo) para muitas pessoas. Para outras, porém, todas elas podem ter valor intelectual ou emocional.

As susceptibilidades emocionais de alguns cidadãos podem justificar mais facilmente a restrição da expressão em espaços onde o público é mais ou menos uma audiência forçada. Políticas governamentais e decisões privadas importantes precisam contornar esta situação, tendo em conta fatores como a intensidade provável do impacto para a maioria das pessoas, a facilidade com que a situação pode ser evitada (ou desligada da consciência se esbarramos nela), e quanta utilidade é perdida se a conduta ou expressão ofensiva for restringida de certos espaços ou confinada a outros.

Isso pode fornecer uma justificativa para respostas regulatórias como classificações etárias (embora talvez não uma censura real) para televisão, cinema e alguns outros meios de entretenimento. Também pode justificar restrições no conteúdo de outdoors e processos rígidos de aprovação de imagens exibidas em ônibus, bondes e vagões de transporte. Se isso for concedido, há um sério risco de que o Estado use essa lógica para interferir desnecessariamente na expressão individual. Muitas coisas que inicialmente parecem chocantes se tornam menos ao longo do tempo. A resposta mais sábia tende a favor da liberdade, acompanhada, esperemos, por um *Zeitgeist* de tolerância crescente.

Paternalismo

Mill estava ciente de que uma ampla gama de ações pode ter efeitos indiretos sobre o bem-estar de outros — e, em particular, que ações que prejudicam nossas próprias capacidades, ou nossa própria propriedade, podem diminuir nosso poder de beneficiar nossos concidadãos. Os "vícios ou loucuras" (MILL, 1974, p. 147) podem também dar um mau exemplo aos outros — que assim poderiam vir a nos imitar e, assim, prejudicar a si mesmos. Considerando tudo isso, Mill se opôs a punições por danos a terceiros causados indiretamente por meio de condutas autolesivas.

Em *Sobre a liberdade*, ele é especialmente crítico em relação aos defensores da temperança de seu tempo que defendiam a proibição do álcool com base em seus danos indiretos: não danos à pessoa que bebe, mas a outros que podem ser afetados por perigos concretos e desordem, ou por um enfraquecimento geral da sociedade. Segundo tal abordagem, argumenta Mill, qualquer um poderia exigir como um "direito social" que ninguém pudesse agir de forma alguma abaixo de seus próprios padrões de perfeição. Ele vê isto como um princípio "monstruoso", com potencial de justificar praticamente qualquer interferência na liberdade individual — em última instância, não deixando a nós qualquer zona de liberdade para além, talvez, de "manter as opiniões em segredo, sem nunca as revelar" (MILL, 1974, p. 158).

De um ponto de vista semelhante ao de Mill, não devemos traçar o limite do que é tolerável de modo que sanções para danos remotos a outros resultantes indiretamente de estragos que causamos a nós mesmos sejam permitidas. Traçar essa linha nesse ponto, em vez de fazê-lo de forma que apenas o prejuízo direto aos outros seja considerado, permitiria que o escopo infinito invadisse o que Mill mais valoriza: a liberdade de ação e a originalidade, individualidade e espontaneidade que ela possibilita. No entanto, mesmo que partilhemos estes valores, podemos nos questionar se a fronteira da tolerância não poderia, ainda assim, ser traçada com segurança de uma forma que envolvesse, pelo menos, um certo grau de paternalismo.

Vivemos agora em sociedades altamente complexas, onde muitas vezes poderíamos nos beneficiar de orientação — especialmente quando se trata de escolhas que têm pouco a ver com nosso sentido fundamental de nós mesmos como indivíduos, e ainda assim têm grande impacto na nossa saúde e bem-estar. Mesmo que pensemos que o Estado existe principalmente para nos proteger uns dos outros, suas agências recrutam expertise que poderia ser usada para nos proteger de algumas de nossas próprias escolhas ingênuas, inexperientes ou irracionais. Em nossas circunstâncias atuais, então, argumentos persuasivos podem ser desenvolvidos para algumas restrições legais baseadas em considerações paternalistas. Na prática, muitas dessas leis são impostas, embora isso raramente seja considerado em termos de defesa filosófica.

No entanto, a filósofa estadunidense Sarah Conly publicou precisamente essa defesa de políticas fortemente paternalistas em algumas áreas. Em *Against Autonomy: Justifying Coercive Paternalism* [*Contra a autonomia: justificando o paternalismo coercivo*], ela propõe, sem rodeios, que algumas coisas sejam banidas mesmo como escolhas individuais: "Devemos, por exemplo, proibir os cigarros; proibir as gorduras trans; exigir que os restaurantes reduzam o tamanho das porções para dimensões menos paquidérmicas; aumentar a economia obrigatória e controlar a quantidade de dívida que os indivíduos podem acumular" (CONLY, 2013, p. 1). Ela usa o exemplo da prescrição de medicamentos como um em que é amplamente aceito que restrições são necessárias:

> Nós parecemos pensar que a medicina é complicada e que a maioria das pessoas não têm a perícia para decidir seu próprios medicamentos — mesmo se, de fato, lerem um monte na internet sobre seus próprios sintomas e sobre os remédios que pensam que poderiam curá-las (CONLY, 2013, p. 4).

Conly tem razão. A política pública seria muito mais simples se todos nós escolhêssemos de forma confiável e racional. Todavia, como ela deixa claro, essa não é uma suposição realista. Em uma grande parte dos casos, as pessoas podem não saber o que é melhor para elas, mesmo por sua própria ótica. O filósofo político conservador John Kekes mostra mais realismo do que Mill a este respeito. Kekes vê a liberdade individual como um valor importante, mas não o valor político *predominante* (KEKES, 2008, pp. 94-7). Isso se deve, em parte, ao fato de que tantas pessoas — segundo ele, metade da população — são incapazes de utilizar a liberdade em seu benefício. Por exemplo, a liberdade tem pouco valor para as pessoas que sofrem de perturbações mentais graves, tendências suicidas, analfabetismo total ou funcional, ou demência. Da mesma forma, é de uso limitado a crianças com menos de uma certa idade (Kekes se refere aos catorze anos como um ponto de corte aproximado). Se chegarmos a esse ponto, o resto de nós, como bem insiste Conly, são assolados por numerosos vieses e limitações cognitivas.

Entretanto, mesmo Conly reconhece os perigos se o paternalismo não for dominado. As políticas paternalistas podem se tornar intrusivas ou universais demais, podem ser aplicadas com rigor excessivo, ou podem se basear no que Conly vê como o tipo errado de teoria paternalista (como a teoria de que haja metas objetivamente "corretas" para nós adotarmos, conhecíveis pelo governo e prevalecendo sobre quaisquer outras metas que realmente tenhamos). Assim, grande parte de sua análise detalhada pode ser lida contra o cerne de seu principal argumento. Embora seu livro tenha o título provocativo de *Against Autonomy*, parece que ela não é realmente contra a autonomia individual. Pelo contrário, ela tenta mostrar — talvez com sucesso — que não há um único argumento matador contra todas as formas de paternalismo coercivo. Ao mesmo tempo, ela identifica numerosos perigos se o paternalismo não for empregado de forma severamente definida, restrita e discriminatória.

Por sua vez, Mill enfatiza que a opinião pública não é confiável — ele vê isso como a base no argumento mais forte contra as intervenções paternalistas. É provável que a maioria imponha suas próprias preferências e proíba comportamentos que ofendam os seus sentimentos. O paternalismo pode então crescer para cobrir uma vasta gama:

> E não é difícil mostrar, em vários casos, que estender os limites do que pode ser chamado de policiamento moral até que ela invada a liberdade mais inquestionavelmente legítima do indivíduo é uma das mais universais de todas as propensões humanas (MILL, 1974, p. 152).

É claro que Mill está certo quanto a isso. Sugiro — e penso que a Conly concordaria — que tenhamos *muito* cuidado com o que assumimos sobre as outras pessoas e sobre o que é bom para elas. Na sua clássica defesa do moralismo jurídico, *The Enforcement of Morals* [*A imposição da moral*], Patrick Devlin afirma a certa altura: "Deve haver alguns homossexuais que acreditam que o seu é um bom modo de vida, mas muitos mais gostariam de se libertar dele se pudessem" (DEVLIN, 1965, p. 107). Compare este texto com alguns dos comentários de Conly sobre o tabagismo:

> Mesmo que seja uma boa aposta dizer que a maioria dos que fumam desejem não o fazer, incentivar boas ações e desencorajar as más não é suficiente. Os

> fumantes normalmente desejam não ter começado, mas a única maneira de pará-los seria algo que não assumimos agora — o paternalismo coercitivo, onde as pessoas são forçadas a fazer a coisa certa — ou, neste caso, impedidas de fazer a coisa errada (CONLY, 2013, p. 4).

Não estou sugerindo que os dois casos sejam exatamente análogos: que Devlin estava errado, e por isso Conly também deve estar errada. Certamente a situação é... mais sutil. Para começar, pode ter havido um elemento de verdade nas palavras de Devlin, escritas em circunstâncias sociais diferentes das nossas há mais de meio século. Ou seja, muitos gays (todo o debate da época parece ter tido pouco a ver com as lésbicas) poderiam, de fato, ter acreditado que estavam vivendo um mau modo de vida — mas isso seria em grande parte explicado pela socialização que os levava a pensar que seus desejos mais profundos eram perversos. Além disso, suas vidas foram arruinadas pela intolerância social e pela perspectiva de processo legal, exigindo deles constante cautela e disfarce. A intolerância social à homossexualidade continua a ser um problema grave, mas pelo menos diminuiu um pouco desde o início dos anos 1960.

Em contrapartida, o principal problema do tabagismo reside simplesmente nos seus riscos para a saúde física. Parece, portanto, mais seguro e sábio fazer o pronunciamento de Conly sobre o tema do que o de Devlin sobre a homossexualidade. O que quero dizer, então, não é que Conly esteja errada ao supor que a maioria das pessoas que fumam gostaria de poder desistir. Em muitos países, incluindo os Estados Unidos, o Reino Unido e a Austrália, isso atualmente pode ser verdade, pois todos nós nos tornamos altamente conscientes dos efeitos prejudiciais do fumo sobre a saúde. Ao chamar a atenção para a afirmação de Devlin, gostaria apenas de pontuar modestamente que podemos ser rápidos demais ao assumir que uma prática ou um modo de vida que *nós* consideramos pouco atrativo é opressivo para aqueles que realmente o assumiram. Além disso, se o acharem opressivo, pode ser mais devido à desaprovação e à perseguição social do que aos seus efeitos inerentes. Conly pode, portanto, estar certa sobre a prática particular de fumar, mas Mill também está certo em dizer que nossas suposições paternalistas podem ser moldadas por nossos gostos pessoais e visões morais.

Por vezes, nós — ou, pelo menos, funcionários governamentais bem formados, após pesquisas especializadas, deliberações e debates adequados — sabemos realmente mais do que os indivíduos que estão embalados em um caminho autodestrutivo. Nesses casos, não se perderia muito se a lei interferisse de formas específicas. O truque, então, não é adotar uma política de absoluta não interferência nas escolhas individuais. Entretanto, devemos apenas interferir com grande cautela e com um espírito de dúvida, sabendo que a interferência pode ser baseada em ideias muito contestáveis e ser contraproducente.

Considerando o mesmo contexto, as leis paternalistas podem ser mais aceitáveis quando impõem apenas fardos triviais, ou simplesmente nos "cutucam". Nessa situação, seus efeitos não são opressivos, embora possa haver uma questão sobre manipulação emocional e subversão de nossas vontades racionais. Isso cria seus próprios perigos, e não me proponho, nesta ocasião, a examinar as grandes questões emergentes sobre a aceitabilidade moral desses cutucões. Ainda assim, os encorajamentos positivos bem elaborados podem nos deixar com a decisão final, ao mesmo tempo em que nos direcionam a uma direção segura (para mais informações sobre essas questões, ver THALER; SUNSTEIN, 2009; mas comparar com BERG, 2016, pp. 140-2). Pelo menos isto parece mais aceitável do que a supressão pura e simples das opções.

Da mesma forma, o paternalismo legal parece mais aceitável em áreas onde é necessário algo mais do que a simples compreensão dos adultos para tomar uma decisão sólida. Para voltar a um dos exemplos de Conly, o estudo científico de drogas médicas é altamente complexo e poucas pessoas podem reivindicar de forma plausível o conhecimento para diagnosticar e tratar a si mesmas. Portanto, não é um insulto à nossa competência — e podemos até ficar feliz por tê-la — quando os governos promulgam leis e criam agências para regular a disponibilidade e prescrição de medicamentos.

Da mesma forma, o paternalismo é mais aceitável quando aqueles que são protegidos de si mesmos se enquadram nas categorias esboçadas por Kekes: ou seja, por uma razão ou outra, são claramente prejudicados na tomada de suas próprias decisões. Em contraste, os adultos no auge de seus poderes deliberativos têm boas razões para confiar em suas próprias decisões sobre como viver sua vida. Sim, os preconceitos cognitivos e as limitações afetam a todos nós, mas há também o perigo de exagerarmos ou de confiarmos excessivamente neles nas nossas deliberações políticas. Nesse caminho, reside a loucura de interferir nas escolhas altamente pessoais dos outros. A dúvida é crucial, para que nossos impulsos paternalistas não façam mais mal do que bem.

Conformidade nas sociedades modernas

Em *The Enforcement of Morals*, Devlin alegou que as ideias de separar a lei da moralidade não tinham tido qualquer efeito no desenvolvimento da legislação inglesa. Por exemplo, o incesto e os crimes homossexuais foram acrescentados aos estatutos sem que fosse feita qualquer investigação sobre se a sua prática privada era socialmente prejudicial. Só por exemplificar uma certa forma de pensar a sociedade e a lei, vale a pena ler e considerar a passagem relevante. Devlin sugere que os crimes sexuais relacionados ao incesto e à homossexualidade foram adicionados à lei inglesa simplesmente porque eram (vistos como) moralmente errados. Não havia, na época em questão, uma divisão profunda de opiniões no Reino Unido sobre questões de moralidade sexual. No entanto, ele garante que isso tinha mudado enquanto escrevia, por volta de 1960:

> Há agora na Inglaterra homens que secretamente não veem nada de errado com a relação homossexual. Há outros que, embora não praticando a homossexualidade, não são repelidos por ela, mas a consideram um jeito de viver admissível para os que a praticam, e lamentam a miséria que a lei inflige às relativamente poucas vítimas que ela encontra (DEVLIN, 1965, p. 87).

Mais tarde, ele diz: "Não creio que haja alguém que afirme vocalmente que a homossexualidade é um bom jeito de se viver, mas pode haver quem acredite que assim seja" (DEVLIN, 1965, p. 116).

Devlin também diz, a respeito dos legisladores, que "naturalmente, ele assumirá que a moral de sua sociedade é boa e verdadeira; se não o fizer, não deveria estar desempenhando um papel ativo no governo" (DEVLIN, 1965, p. 90). Notemos, então, que parecia natural para alguém como Devlin — não estando escrevendo tudo isso naqueles tempos, e não sendo uma figura especialmente conservadora em sua própria época — assumir que a dissidência da moralidade prevalecente na época é uma desqualificação para o cargo político. Quando essa visão é amplamente difundida, mesmo que raramente articulada de forma tão explícita, ela inevitavelmente esfria o debate sobre questões morais.

Ao longo das últimas seis décadas, assistimos a enormes mudanças sociais, especialmente a revolução sexual dos anos 1960 e início dos anos 1970, a ascensão contemporânea do feminismo de "segunda onda" (muitas vezes promovido durante o início dos anos 1970 como Movimento de Libertação das Mulheres), as várias mudanças e conflitos internos do feminismo que começaram nos anos 1970, as reações sociais e políticas dos anos 1980, a queda do comunismo na Europa e as repercussões disso no pensamento ocidental, a globalização em todas as suas formas, o desafio da política do islã e a recente mudança na direção de uma sociedade online. Em 2017, depois de tudo isso e de muito mais, várias pessoas no Reino Unido afirmaram, tão vocalmente quanto poderíamos desejar, "que a homossexualidade é um bom jeito de se viver" (embora a fórmula de um "jeito de se viver" possa agora parecer surda e banalizante). No entanto, isto pode dar pouco consolo a um casal gay que é visto com aversão na sua comunidade local, tendo talvez de esconder a sua relação se quiserem se dar bem com os vizinhos. De um modo mais geral, a pressão da conformidade não necessita de consenso em toda uma sociedade para produzir seus efeitos. Tudo o que é necessário para gerar pressões para que as pessoas entrem em conformidade é a opinião de quem interfere na vida de potenciais pessoas fora do padrão. Podem ser indivíduos na comunidade local, ou podem ser instituições ou grupos poderosos.

Ao longo de seu livro de 2013, *Moral Tribes* [*Tribos morais: a tragédia da moralidade do senso comum*], Joshua Greene enfatiza que as democracias liberais ocidentais contemporâneas não são culturalmente fechadas ou monolíticas em seus valores. Elas incluem diferentes grupos com suas próprias tradições e histórias. Sobre questões em evidência em determinados momentos, a opinião pode ser fortemente polarizada, com muitas pessoas buscando urgentemente que suas próprias visões morais — ou as de seu grupo ou tradição particular — prevaleçam sobre as dos outros. Esta situação é bastante diferente daquela do tempo de Mill, quando uma moralidade comum podia ser assumida no Reino Unido e em outros países que tinham emergido da cristandade europeia da era medieval e do começo da era moderna.

Algumas exigências por conformidade parecem ainda vir de toda a sociedade; afinal, poucas pessoas no Reino Unido, por exemplo, tolerariam o incesto entre familiares próximos, independentemente das circunstâncias. Isso não mudou desde o tempo de Mill. Contudo, muitas outras demandas morais vêm de grupos particulares — tribos morais e políticas — que exercem seu poder em contextos particulares. Essas tribos rivais lutam pela dominação de um modo não totalmente diferente das denominações religiosas bélicas dos séculos XVI e XVII.

Outras exigências de conformidade vêm de fontes mais específicas. Os empregadores possuem grande poder porque quase todos nós precisamos trabalhar para nos sustentar. Ao mesmo tempo, somos forçados a aceitar controles por parte dos empregadores sobre nosso comportamento; de certa forma, a intromissão dos empregadores sobre a liberdade e espontaneidade individuais e, de um modo mais geral, sobre a forma como vivemos as nossas vidas privadas, está se tornando mais severa. Durante as últimas décadas do século XX, os novos desenvolvimentos sociais e tecnológicos criaram uma tendência de contratos de trabalho baseados no cumprimento de tarefas (em vez no de um horário de serviço determinado). Os trabalhadores com contratos deste tipo são obrigados a realizar determinadas tarefas ou a desempenhar um determinado papel nas operações do empregador, em vez de comparecerem, semana após semana, para prestar as horas de serviço atribuídas. Juntamente com este desenvolvimento, os empregadores oferecem cada vez mais contratos escritos que incluem extensos códigos de conduta destinados a proteger sua marca ou imagem corporativa (ver, de forma geral, MCCALLUM, 2000).

Se os empregadores usarem o seu poder para impor as suas próprias opiniões e modos de agir aos trabalhadores, ou para impor quaisquer opiniões e modos de agir que prevaleçam na sociedade em geral ou em uma grande parte dela, isso produz uma forte pressão para que as pessoas entrem em conformidade. Em um sistema econômico no qual a maioria dos empregadores tem uma prerrogativa quase irrestrita de contratar e demitir — como no dos Estados Unidos —, isso pode levar a situações assustadoras nas quais patrões zelosos tentam controlar até mesmo a expressão, fora do horário de trabalho, de opiniões religiosas, sociais e políticas de seus trabalhadores (para mais, apresentado com firmeza e com exemplos, ver BARRY, 2007). Mesmo em países onde a legislação de trabalho e de relações laborais impõe mais restrições ao direito de contratar e despedir, ainda há muito espaço para os empregadores usurparem o controle sobre as vidas privadas dos seus empregados.

Enquanto protegem suas imagens corporativas, empregadores podem monitorar a vida de seus empregados de forma intrusiva. Com o advento das mídias sociais como os blogs, o Facebook e o Twitter, os empregadores estão cada vez mais interessados nos rastros online dos candidatos a suas vagas de emprego. As queixas aos empregadores constituem um mecanismo de retaliação contra indivíduos por comportamentos ou discursos que ofenderam alguém, mas que podem ter pouco a ver com o local de trabalho. Na verdade, as campanhas de humilhação online que discuto no capítulo 8 muitas vezes fazem com que as vítimas percam seus empregos ou até mesmo tenham suas carreiras arruinadas.

Além das suas relações com empregadores, indivíduos formam muitas associações privadas, e pode parecer razoável respeitar suas regras. No entanto, nem sempre é assim tão simples. Muitas vezes, os indivíduos têm pouca liberdade para sair dessas associações e não têm qualquer perspectiva de alterar as regras estando lá dentro. No caso das afiliações religiosas e comunidades associadas de fiéis, a adesão raramente acontece voluntariamente. Mais tipicamente, as crianças são envolvidas pelos pais. Como consequência, muitos adultos podem pertencer a uma comunidade religiosa de algum tipo por nenhuma razão melhor do que a de terem crescido dentro dela.

Em particular, as mulheres que não aceitam as exigências de uma comunidade religiosa podem sofrer pressões irresistíveis para se conformarem: pressões de membros da família, de figuras de autoridade e de pares. Em alguns casos, a pressão é apoiada por ameaças implícitas ou explícitas. De uma forma ou de outra, desafiar ou deixar uma comunidade pode ter custos consideráveis. Considere, por exemplo, uma mulher para quem isso implica ser excluída pela família, afastada à força de seus filhos e deixada sem apoio financeiro ou habilidades que são valorizadas no mercado de trabalho mais amplo. Em casos como este, existe um potencial óbvio de que o poder não governamental seja exercido tiranicamente e experimentado como opressivo.

As organizações midiáticas também podem funcionar como executores de convenções sociais. Poderíamos esperar que os grandes meios de comunicação que se consideram "a imprensa" agissem como defensores da liberdade individual, celebrando a singularidade e a excentricidade, opondo-se a várias pressões sociais para que as pessoas entrem em conformidade. No entanto, raramente é assim. Na verdade, a chamada imprensa livre muitas vezes assume o papel de polícia moral que Mill criticou. As organizações midiáticas vendem jornais, revistas ou cliques online para humilhar os indivíduos por violações da moral (convencional), de opiniões respeitáveis, ou de quaisquer padrões de gosto que estejam na moda.

Em suma, o Estado e suas agências exercem poderes assustadores, incluindo o poder de aprisionar e, às vezes, até mesmo de matar, e isso deve nos deixar especialmente angustiados para manter o poder governamental sob controle. Todavia, ao mesmo tempo, existe uma grande variedade de instituições, associações e relações nas sociedades modernas. Numerosas pressões para entrar em conformidade são exercidas por indivíduos, instituições e grupos, e não necessariamente por algo tão vasto e incipiente como a sociedade de forma geral. Uma maior opinião local ou de uma tribo pode ser tão eficaz e tirânica quanto a opinião universal da sociedade.

O princípio do dano e o espírito de *Sobre a liberdade*

Entrando no espírito de *Sobre a liberdade*, podemos abraçar valores como originalidade, individualidade e espontaneidade. Devemos, portanto, ser relutantes em usar punições — sejam elas legais ou sociais — para forçar outros a falar, comportar-se e, em geral, viver suas vidas como desejaríamos. Com algumas ressalvas, podemos adotar o princípio do dano de Mill. Não devemos infligir punição, por meio do poder do Estado ou de outros jeitos, exceto em resposta a sérios danos relacionados aos interesses civis alheios: em coisas mundanas, tais como vida, saúde, liberdade e propriedade, em vez de interesses espirituais em salvação, santidade, retidão com Deus ou pureza do pecado. Os danos também devem ser diretos, embora o quão direto seja uma questão de gradação. Talvez o que realmente importa sejam coisas como a urgência de uma situação, a probabilidade de ocorrência de danos e a futilidade das tentativas de evitar o risco por meios relativamente não coercivos.

Como já expliquei, o princípio do dano justifica punições apenas para danos prejudiciais, não aqueles que de alguma forma são merecidos, consentidos ou considerados socialmente legítimos — danos que são tolerados em sociedades como a nossa, sendo resultados inevitáveis de objetivos aceitáveis perseguidos de forma legitimada.

Em *Sobre a liberdade*, Mill introduz o princípio do dano como um método simples, claro e absoluto de traçar a fronteira entre ações que são e não são alvos apropriados para a interferência do poder estatal e da opinião social. Acontece que o princípio não é assim tão simples, os limites da sua aplicação são bastante tênues, e aparentemente temos de fazer exceções. Por tudo isso, a discussão de Mill é imensamente útil. Uma vez que compreendamos que Mill está tentando proteger nossa espontaneidade, nossas concepções individuais do que pode ser uma boa vida para nós mesmos e nossa capacidade de experimentar maneiras de viver que não combinam com modelos antigos, sua análise é suficientemente precisa para o propósito. Ele pode estar confiando em valores que não podem ser justificados para todos os possíveis oponentes. Entretanto, para muitos de nós, as considerações que ele apresenta parecem poderosamente relevantes.

O princípio do dano não pode ser aplicado de forma mecânica. Por si só, não seria suficientemente claro usar como padrão constitucional a restrição do poder do governo (BLACKFORD, 2012, p. 84). Contudo, é suficientemente claro para ser usado em discussões públicas de muitas questões que aparecem nas agendas políticas. Sempre que necessário, todas as distinções mais específicas feitas por Mill estão disponíveis para enriquecer essas mesmas discussões. *Sobre a liberdade* é uma parte valiosa do nosso patrimônio cultural e continua a ser um recurso político inestimável.

3
LIBERDADE DE PENSAMENTO E LIBERDADE DE EXPRESSÃO

Liberdade de expressão: origens

Em seu importante livro de 1982, *Free Speech: A Philosophical Inquiry* [*Liberdade de expressão: uma investigação filosófica*], o teórico jurídico Frederick Schauer atribui a origem do nosso conceito moderno de liberdade de expressão a duas fontes que vêm do começo da modernidade europeia. Uma delas é a teoria da tolerância religiosa desenvolvida por pensadores como John Locke, Pierre Bayle e Anne Robert Jacques Turgot. Embora tenha sido uma evolução crucial, uma vez que os governos teocráticos estão fortemente motivados a suprimir o discurso herético, Schauer presta mais atenção aos debates históricos sobre a liberdade de imprensa. Como ele diz, "a tolerância religiosa fornece as raízes falibilísticas e individualistas da doutrina moderna da liberdade de expressão", enquanto a doutrina histórica da liberdade de imprensa relaciona a liberdade de expressão "com o funcionamento do governo e com a demarcação entre cidadão e governo" (SCHAUER, 1982, p. 106).

Em seu uso dos séculos XVII e XVIII, a expressão *a imprensa* não se referia a um conjunto institucionalizado de mídias fazendo reportagens e discutindo notícias e assuntos atuais. A referência, pelo contrário, era a todo o material impresso (em oposição ao falado ou manuscrito), e especialmente ao trabalho de escrever panfletos avulsos sobre questões políticas controversas (SCHAUER, 1982, pp. 106-7; LEWIS, 2007, p. 97) Dos debates sobre a liberdade de imprensa — originalmente neste sentido amplo — emergiu nossa ênfase moderna na liberdade de expressão claramente política, especialmente para discursos dirigidos a um grande público e que incluem críticas a membros do governo e suas políticas.

Essas evoluções têm sido extremamente consequentes a longo prazo. Elas erodiram dois grandes tabus: um contra a blasfêmia e a heresia, e outro contra a crítica ao governo. A situação na cristandade ocidental no início da modernidade europeia foi invertida nas democracias liberais contemporâneas. Longe de ser tabu, o discurso que critica os governos e suas políticas é agora visto como especialmente valioso. Considera-se essencial que os eleitores recebam, expressem, ouçam e debatam quaisquer ideias e informações relevantes para o exercício das suas escolhas democráticas. Da mesma forma, agora damos grande valor às investigações, debates e discussões públicas que possam afetar nossas visões gerais do mundo e, no processo, minar as ortodoxias religiosas tradicionais.

Tudo isso é crucial para a deliberação democrática, para o progresso intelectual e para o nosso próprio desenvolvimento e realização como indivíduos. Um eminente filósofo contemporâneo, John R. Searle, defende a liberdade de expressão com base no fato de sermos inerentemente "animais executantes de atos de fala", e de entendermos a fala como algo especialmente central e valioso para a nossa prosperidade (SEARLE, 2010, p. 190). Por este motivo, as exigências de liberdade de expressão decorrem da nossa natureza como espécie e de uma concepção racional e amplamente partilhada do que é valioso na própria existência humana. Searle pontua isso dentro de sua defesa de uma consideração mais geral das instituições e normas sociais, da política e dos direitos. É convincente, no entanto, independentemente de aceitarmos ou não sua teoria mais ampla. Serve para explicar por que tantas vezes ansiamos pela liberdade de expressar nossas opiniões, quer nossa liberdade seja restringida pela ação do Estado, quer pelos esforços privados dos outros. Explica também por que qualquer consideração de liberdade de expressão baseada apenas em ideias de deliberação democrática parece inadequada. A história e a experiência quotidiana sugerem que as garantias de liberdade de expressão servem para nos tranquilizar de que podemos ter voz sobre todos os assuntos sem punição.

A defesa da liberdade de pensamento e de discussão de John Stuart Mill é a mais famosa já publicada, mas é frequentemente vista como uma mera defesa do discurso acadêmico ou intelectual. De fato, é verdade que Mill queria principalmente assegurar que nenhuma ideia ou opinião fosse considerada herética (e assim suprimida pelo poder governamental ou social). Contudo, há mais do que isso no pensamento dele. Em *Sobre a liberdade*, ele valoriza o discurso político, assim como o desenvolvimento individual. Para Mill, tudo isso é sinérgico; tudo se enquadra em sua mais ampla defesa da liberdade. Neste capítulo, concordarei com Mill (e Schauer) ao não relegar nossa liberdade de expressar nossos pensamentos a um propósito único e isolado.

Liberdade de pensamento e discussão — o argumento de Mill

Mill inicia o capítulo II de *Sobre a liberdade*, intitulado "Sobre a liberdade de pensamento e discussão", com a esperança de que não é necessário defender a "liberdade de imprensa" como uma segurança "contra um governo corrupto ou tirânico" (MILL, 1974, p. 75). Ele lida com isso rapidamente, no entanto, porque acha que é quase desnecessário ter que falar sobre isso. Mesmo em 1859, este aspecto da liberdade de imprensa parecia incontroverso.

Mill também não desconhecia o valor para os indivíduos de falar o que pensam e ouvir os pensamentos dos outros. O capítulo II de *Sobre a liberdade* está, afinal, inserido em um argumento mais amplo sobre a importância da liberdade individual e da liberdade em geral. Ao longo do livro, Mill oferece uma visão coerente e integrada sobre a liberdade de pensar, falar, agir e viver nossas vidas, e sobre como tudo isso contribui para o nosso próprio desenvolvimento e para o do conhecimento, da compreensão e do gosto humano. Ainda assim, a ênfase do capítulo II está, sem dúvida, nas ideias e opiniões, e não apenas aquelas que estão diretamente relacionadas com a política. Mill, lembre-se, concebe a humanidade como uma espécie progressiva. Ele compreende a liberdade como necessária para a individualidade do pensamento e do caráter que leva, por sua vez, ao aperfeiçoamento intelectual, cultural e moral. Assim, ele defende a tolerância social — e não apenas legal — para encorajar a individualidade. Ele considera crucial para esse propósito que sejamos capazes de *ouvir* todas as opiniões, e assim ele enfatiza a disponibilidade do discurso para o ouvinte mais do que a realização pessoal do orador.

Sobre a liberdade segue rapidamente para sua principal linha de argumentação — a de que as opiniões diversas, verdadeiras ou falsas, são valiosas para as gerações atuais e para a posteridade. Algo se perde sempre quando uma opinião é suprimida:

> Se a opinião estiver certa, [as gerações] são privadas da oportunidade de trocar o erro pela verdade; se estiver errada, perdem o que é quase um benefício tão grande como: a percepção mais clara e a impressão mais viva da verdade produzida pela sua colisão com o erro (MILL, 1974, p. 76).

Há, naturalmente, uma outra possibilidade — a de que as partes em disputa de ambos ou de todos os lados de um debate tenham opiniões com um elemento de verdade —, e Mill logo discute isso. Primeiro, porém, ele enfatiza a falibilidade humana e a sabedoria de testar constantemente nossas próprias opiniões contra alternativas e contra-argumentos. Ao longo do capítulo, ele foca nos males de censurar opiniões, e seus exemplos são constantemente sobre questões religiosas — como a existência de Deus e de uma vida após a morte, e a visão correta da moralidade cristã. Mill encontra pouco para criticar nas palavras de Jesus de Nazaré como registradas nos evangelhos canônicos, mas tem muito a dizer contra os ensinamentos morais unilaterais, ascéticos e muitas vezes servis, desenvolvidos e pregados pelas gerações de religiosos seguintes. Para Mill, esta versão da moralidade cristã não deve predominar sem contestação:

> Acredito que uma ética diferente de qualquer outra que possa ser desenvolvida a partir de fontes exclusivamente cristãs deve existir lado a lado com a ética cristã para produzir a regeneração moral da humanidade; e que o sistema cristão não é exceção à regra de que, num estado imperfeito da mente humana, os interesses da verdade requerem uma diversidade de opiniões (MILL, 1974, p. 114).

(Podemos nos perguntar até que ponto Mill exagera seu apreço pelas supostas palavras de Jesus, talvez como uma forma de verniz protetor. Seja como for, vale a pena considerar sua crítica à moralidade cristã, tanto por si mesma quanto como um modelo para o resto de nós quando ousamos desafiar as ideias populares.)

Mill teme que o silêncio público sobre as ideias heréticas desencoraje aqueles que as adotam de argumentar com base em suas suposições reais, enquanto impede que as visões heréticas tenham "discussão justa e completa" (MILL, 1974, p. 95). O silêncio impede que as ideias não meritórias desapareçam sob o peso da crítica, ao mesmo tempo em que desencoraja muitas pessoas intelectualmente promissoras, mas relativamente tímidas, de seguirem seu pensamento até onde ele as leva. Isso desencoraja o aparecimento de grandes pensadores, assim como o desenvolvimento da mente de pessoas comuns em um ambiente intelectualmente ativo. Mill também considera essencial ouvir o lado de um argumento contrário ao seu, a fim de manter seu próprio ponto de vista com a devida compreensão e confiança:

> Esta disciplina para a verdadeira compreensão dos assuntos morais e humanos é tão essencial que, se não existirem adversários com verdades importantes, é indispensável imaginá-los e dar a eles os argumentos mais fortes que o mais hábil advogado do diabo pode invocar (MILL, 1974, p. 99).

Isto pode parecer exagerado, entretanto, vamos mais a fundo. Muitas vezes encontramos pessoas que nem sequer consideram argumentos contra suas opiniões — simplesmente rejeitando os adversários como indivíduos moralmente maus (ou, na melhor das hipóteses, enganados). Esses desprezadores muitas vezes parecem pensar que sabem as respostas para todas as objeções, mas isso pode ser porque eles aprenderam respostas pré-prontas para versões brutas ou tolas dessas objeções.

Mill prevê que haverá um aumento gradual do número de reivindicações que não são seriamente disputadas, o que ele vê como "salutar" quando elas são realmente verdadeiras e "nocivo" quando são falsas (MILL, 1974, p. 106). No entanto, mesmo quando são verdadeiras, Mill vê uma desvantagem: ele teme a perda, até certo ponto, de uma "apreensão inteligente e viva da verdade" quando esta já não precisa ser explicada e defendida perante os céticos (MILL, 1974, p. 106). A falta de contestação leva à compreensão preguiçosa e pouco clara de afirmações verdadeiras, tanto que devemos ser gratos a qualquer pessoa que procure fraquezas nas verdades recebidas ou erros em sua aplicação.

Isso merece reflexão. É outro dos pontos de Mill que pode parecer exagerado, mas acho que ele tem razão. Verdades amplamente aceitas são frequentemente compreendidas de forma simplificada e distorcida, e aplicadas sem pensar. À medida que uma ideia se torna popular, seu significado pode ser "perdido ou enfraquecido" (MILL, 1974, p. 116), e a sua expressão se torna então uma formalidade em vez de algo sincero e bem compreendido. A ideia de liberdade de expressão é um exemplo disso. Enquanto quase todos, nas democracias liberais contemporâneas, defendem *alguma* concepção de liberdade de expressão, as concepções rivais disponíveis tendem a ser simplistas, e muitas vezes têm pouca relação com os valores e considerações que tornam a liberdade de pensamento e de discussão tão importante.

Mill se volta para a possibilidade — a mais comum, como ele a vê — de que disputantes rivais possam ambos possuir elementos da verdade relacionada a uma determinada questão. Opiniões populares muitas vezes são verdadeiras, mas raramente representam toda a verdade, mesmo quando plantadas em terreno forte. Pelo contrário, "eles são uma parte da verdade — às vezes uma parte maior, às vezes uma parte menor —, mas exagerada, distorcida e desarticulada das verdades pelas quais devem ser acompanhados e limitados" (MILL, 1974, p. 108).

Embora esse detalhamento forneça um argumento contra a supressão de *opiniões* antipatizadas, Mill também insiste que não devemos suprimir o discurso apenas por causa de seu *tom intemperado*. Como ele diz, os adversários sempre nos verão como intemperados apenas por nos expressarmos de forma forte e direta — alguém apaixonadamente comprometido com uma visão rival provavelmente sentirá isso como um ataque. Existem, reconhece Mill, formas de expressar opiniões que são criticáveis, mas elas consistem menos em um tom intemperado e mais na supressão de fatos e argumentos e na deturpação de opositores. Mesmo essas falhas são difíceis de carimbar como moralmente culpáveis, segundo Mill, porque muitas vezes são "feitas de boa-fé por pessoas que não são consideradas — e em muitos outros aspectos podem não merecer ser consideradas — ignorantes ou incompetentes" (MILL, 1974, p. 117). Vale a pena levar esta observação a sério de duas maneiras.

Primeiro, devemos ter cuidado com a nossa própria tentação de tratar os adversários injustamente, mesmo que estejamos agindo de boa-fé. Em segundo lugar, talvez devêssemos pegar (um pouco mais) leve com os adversários que estão discutindo injustamente. Pode parecer deliberado e irritante, mas é uma fraqueza humana comum (ainda assim, é uma fraqueza que vale a pena ter em mente, chamando a atenção para ela quando acontece, já que pode fazer descarrilar a discussão mesmo entre pessoas bem-intencionadas).

Em relação à incivilidade geral — sarcasmo, insultos pessoais e afins —, Mill observa que a denúncia destes "mereceria mais simpatia" se fosse dirigida a ambos os lados de uma discussão, quando na prática é reservada a defensores de opiniões impopulares. Ele afirma que "a pior ofensa deste tipo que pode ser cometida por uma polêmica é estigmatizar aqueles que têm a opinião contrária taxando-os de homens maus e imorais" (MILL, 1974, p. 117). Mais uma vez, porém, ele considera que esta tática é utilizada principalmente contra oradores com opiniões impopulares. Como resultado, esses falantes são obrigados a empregar "a moderação estudada da linguagem e a mais cautelosa forma de evitar ofensas desnecessárias", enquanto os defensores das opiniões aceitas empregam uma "injúria desmedida" que "realmente dissuade as pessoas de professar opiniões contrárias e de ouvir aqueles que as professam" (MILL, 1974, p. 117).

Vale a pena notar que há uma tensão aqui. Mill reconhece que a injúria pode, de fato, elevar-se a um nível em que esfria a discussão, dissuadindo algumas expressões de opinião e, de qualquer forma, forçando os falantes a expressar seus pensamentos com extremo cuidado. Mill vê isto como um problema sobretudo para os oradores com opiniões impopulares, mas nas nossas circunstâncias atuais a situação pode ser menos óbvia. Em uma sociedade de tribos morais e políticas em conflito, uma variedade de pontos de vista pode atrair respostas altamente injuriosas e intimidadoras, dependendo das circunstâncias. Em alguns contextos, mesmo as opiniões que são populares na comunidade em geral podem não ser seguras para serem expressas dentro da tribo.

Mill sugere que a lei não deve restringir a linguagem injuriosa em nenhum dos lados de um argumento. Em muitas ou na maioria das circunstâncias, isto pode muito bem ser sábio (por exemplo, onde exatamente devemos traçar uma linha sobre o que é proibido?). No entanto, ele insiste naquilo a que chama "a verdadeira moralidade do debate público". Embora a lei deva permanecer às margens, a opinião deve condenar o apoio dado a qualquer lado de um argumento que mostre "falta de franqueza ou malignidade, fanatismo ou intolerância ao sentimento" — sem, no entanto, inferir esses vícios da visão substantiva de alguém sobre o assunto em questão. Pelo contrário, devemos honrar qualquer pessoa, independentemente da sua visão substantiva, "que tenha a calma de ver e a honestidade de afirmar o que realmente são seus opositores e suas opiniões, não exagerando nada para descrédito deles, e não guardando nada que diga, ou possa dizer, a favor dele" (MILL, 1974, p. 118). Este é um bom conselho para o mundo atual da política maniqueísta e da disputa online feroz.

Wolff sobre o conhecimento e a liberdade

Em *A miséria do Liberalismo*, Robert Paul Wolff critica a abordagem de Mill à liberdade de expressão, que ele entende como mera defesa da livre discussão para promover o crescimento do conhecimento. A crítica de Wolff é profunda, mas, em última análise, pouco faz para minar os argumentos de *Sobre a liberdade*. A certa altura, Wolff sugere que façamos distinções entre diferentes tipos de conhecimento, a fim de lançar luz sobre a relação entre conhecimento e liberdade:

> Entre os tipos de conhecimento real ou suposto que podem ser distinguidos, Mill presta particular atenção a pelo menos três, a saber: o conhecimento religioso, o conhecimento científico e o que pode ser chamado de conhecimento moral ou normativo. Penso que um olhar mais atento revelará que a utilidade da livre discussão para o avanço de cada uma destas espécies é bastante diferente (WOLFF, 1968, p. 12).

Isto é útil para destacar o interesse primordial de Mill na discussão de temas gerais — como religião, ciência, moralidade e política, filosofia, história e cultura —, em vez de, por exemplo, no que as pessoas individuais têm feito em suas vidas privadas. Das três categorias identificadas por Wolff, lidarei por último com o conhecimento religioso, pois ele levanta problemas especiais semelhantes àqueles com que já lidei (também em resposta a Wolff) no capítulo anterior.

Este autor não duvida que, via de regra, e deixando de lado desenvolvimentos tecnológicos tão assustadores como os das armas de destruição em massa, o avanço atual da ciência é socialmente benéfico. Todavia, não está tão claro, diz ele "que a investigação científica exige uma liberdade absoluta de expressão e de debate" (WOLFF, 1968, p. 15). Em particular, nada parece ser perdido pela supressão de grupos de teorias descartadas, como a frenologia, a astrologia e a teoria do flogisto. Na visão de Wolff, os físicos não precisam estudar essas teorias, ou mesmo como as teorias atuais vieram a ser estabelecidas. Portanto, "a ciência ortodoxa está 'estabelecida' na nossa sociedade da mesma forma que os credos religiosos particulares foram estabelecidos em tempos anteriores" (WOLFF, 1968, p. 16).

Por exemplo, a ciência convencional é ensinada em instituições educacionais que têm a sanção do Estado, posições oficiais estão disponíveis para os cientistas convencionais, e há fortes pressões sociais dirigidas contra teorias descartadas. Embora a crença em fenômenos como as influências astrais não seja legalmente proibida nas democracias liberais ocidentais, há muitas circunstâncias em que uma pessoa que acredita na astrologia seria gravemente desacreditada. Em alguns casos — Wolff destaca a prática da medicina —, há restrições legais sobre até que ponto os dissidentes da ciência convencional podem agir com base em teorias pseudocientíficas.

Wolff está correto, é claro, quando diz que os cientistas em exercício não precisam entender ideias desmascaradas como a teoria do flogisto. Dito isso, não faz mal nenhum quando as universidades ensinam a história da ciência, incluindo os meios pelos quais as velhas teorias foram refutadas. Embora esse conhecimento não seja crítico para o trabalho cotidiano dos cientistas, ele esclarece como a ciência progride, e esse entendimento pode ser importante para defender a ciência de seus inúmeros detratores. Nessa medida, estudar a história da ciência pode ter valor até mesmo para os cientistas que estão focados em sua própria pesquisa. Na verdade, penso que podemos ir muito além. Uma difusão maior do conhecimento de como a ciência avançou por meio da evidência e do raciocínio pode ter benefícios sociais consideráveis. Poderia ser útil, por exemplo, se mais pessoas soubessem como Galileu convenceu seus contemporâneos de que suas observações telescópicas forneceram imagens genuínas de objetos astronômicos e revelaram fenômenos novos como as luas de Júpiter (por exemplo, KITCHER, 1993, pp. 227-33). Ninguém pode esperar compreender a história completa, em todos os seus detalhes, de como foram construídas as bases atuais da ciência. Contudo, só vejo vantagens em um conhecimento mais generalizado do básico.

Talvez Wolff possa aceitar este ponto. No entanto, ele talvez insistisse que a crítica essencial permanece. Se ensinarmos, digamos, a teoria do flogisto da combustão química, ela deve ser apenas como um exemplo de uma *falsa* teoria.

Parece justo, mas mesmo aqui devemos ter cuidado. Há muita disputa sobre o que distingue a ciência da pseudociência, e há um animado debate acadêmico entre cientistas e filósofos sobre a natureza da metodologia científica. Isto inclui se qualquer abordagem única pode ser significativamente designada como *método científico*. Por exemplo, muita investigação científica provavelmente *não* é compreendida melhor em termos de testar hipóteses, enquadrar e refutar conjecturas, e assim por diante, apesar da importância de tais abordagens para estudar o mundo natural. Algumas pesquisas científicas podem ser descritas melhor como a observação sistemática de fenômenos naturais, ou como tirar conclusões baseadas em correntes convergentes de observação. No mínimo, entretanto, é claro que algumas hipóteses e teorias científicas foram totalmente desacreditadas e abandonadas.

Sendo assim, a teoria geocêntrica, a teoria do pistão, a frenologia, a astrologia e afins não devem desempenhar qualquer papel na deliberação sobre as políticas públicas, e não devem ser ensinadas como se fossem verdadeiras. Não está tão claro, porém, se defendê-las deva ser punido pelo Estado de maneiras que vão além de, digamos, demitir professores malucos de universidades públicas. Isso se deve, em parte, às preocupações mais gerais de confiar tal poder ao Estado; em parte porque esse tipo de supressão seria um desperdício de recursos públicos, e em parte porque até mesmo falsas teorias poderiam conter — se não exatamente um grão de verdade — pelo menos elegância e ingenuidade suficientes para serem preservadas. Não estou pensando apenas no seu valor estético, embora algumas possam tê-lo, mas também na possibilidade de alguns poderem fornecer analogias ou inspiração para pensadores posteriores.

Podemos precisar ser mais agressivos em alguns casos do que em outros sobre como lidar com ciência ruim e pseudociência. Podemos tolerar a astrologia, desde que não seja ensinada nas escolas e universidades como ciência legítima. Todavia, atitudes mais agressivas parecem necessárias para manter a propaganda antivacinação fora da política pública. Não estou sugerindo que o Estado deva chegar ao ponto de punir os ativistas antivacinação por meio do Direito penal. No entanto, alguns de seus esforços podem pelo menos torná-los inaptos para serem licenciados como médicos. Na medida em que ganha a adesão do público, o ativismo antivacinação pode também justificar campanhas de informação governamentais enérgicas em resposta.

Tudo isto sugere que Wolff só está correto até certo ponto. A situação do conhecimento estritamente científico é, de fato, complexa, talvez mais do que Mill descreve em *Sobre a liberdade*. Ao mesmo tempo, a própria conta do Wolff perde algumas nuances importantes. De toda forma, como Wolff reconhece, o avanço da ciência não pode aceitar obstáculos nas fronteiras do conhecimento. Os dogmas científicos — teorias que são tratadas como imutáveis e irreversíveis — podem impedir a criatividade científica, pelo que nenhuma delas deve ser isenta de críticas. Isso, penso eu, é uma visão reconhecidamente milliana.

Quando se trata de questões morais e políticas, Wolff pensa que Mill estava essencialmente certo: todas as opiniões devem ser permitidas, embora não necessariamente pelas razões apresentadas em *Sobre a liberdade*. Na verdade, o apelo de Wolff à experiência histórica é expresso de uma forma que lembra alguns argumentos pela tolerância *religiosa*:

> Mas quanto a ações sociais coletivas relativas a questões morais e políticas, a expressão mais livre possível de pontos de vista concorrentes parece ser necessária. Mesmo antes de termos raciocinado sobre os princípios fundamentais à correta ordenação da comunidade política, nossos instintos nos dizem que a sociedade é diminuída pelo sufocamento arbitrário de partidos dissidentes. A experiência sugere que uma competição vigorosa de políticas opostas, por mais perturbadora que seja à tranquilidade social, deve ser preferida ao silêncio forçado da repressão política (WOLFF, 1968, p. 17).

Embora tal abordagem seja persuasiva, só parecerá viável em uma sociedade que já favorece uma considerável tolerância religiosa. Ou seja, a tolerância religiosa parece ser, na prática, uma condição necessária, se não uma condição estritamente *suficiente*, para uma ampla tolerância de ideias morais e políticas. A razão, naturalmente, é que as organizações religiosas têm suas próprias opiniões sobre questões morais — e muitas vezes têm opiniões sobre questões mais estritamente políticas. Se uma organização religiosa particular ganhasse o controle do governo, o resultado provável é que muitas ideias morais e políticas logo seriam oficialmente heréticas. Assim, a liberdade de pensamento moral e político não é independente da liberdade de pensamento religioso (a que me referirei na próxima seção). Uma vez que essa última é aceita, por outro lado, o aumento da liberdade de pensamento moral e político é quase — se não estritamente — inevitável.

Wolff sugere que precisamos de um debate livre sobre questões políticas e morais por razões que não se relacionam com o avanço do conhecimento. Pelo contrário, necessitamos de uma garantia de que todos os cidadãos terão uma palavra a dizer na deliberação política e de que nenhuma queixa será deixada sem resposta devido ao silenciamento de alguns desses cidadãos. Assim, "a justiça, não a verdade, é o ideal servido pela liberdade de expressão" (WOLFF, 1968, p. 18).

Tudo isso soa retoricamente interessante e tem muito mérito intelectual, mas é propício fazer algumas advertências. Primeiro, não é como se Mill negasse a importância de tais considerações. Como já observei, ele inicia o capítulo II de *Sobre a liberdade* reafirmando a necessidade de liberdade de imprensa como uma segurança "contra o governo corrupto ou tirânico" (MILL, 1974, p. 75). Ele não desenvolve a questão com profundidade, mas provavelmente concordaria que a censura governamental dos pontos de vista morais e políticos deveria ser parcialmente posta de lado para que todas as queixas e preocupações legítimas possam ser ouvidas. Para Mill, isto é mais ou menos óbvio e incontroverso. Ele deixa o ponto subdesenvolvido porque propõe a introdução de ideias mais abrangentes. Assim, Wolff indica um ponto positivo valioso, mas não é em si uma crítica eficaz a Mill. Além disso, o ponto poderia ser desenvolvido para enfatizar que o governo não é a única instituição social que pode exercer poder tirânico sobre os indivíduos, criando preocupações que precisam de reparação. A liberdade de expressão é inestimável para resistir à tirania de *todas as* fontes.

Wolff também propõe que não temos conhecimento real no território das metas e normas — enquanto que, se a ética fosse matemática, haveria perícia e progresso genuínos, e poderíamos identificar um caminho pelo qual o conhecimento avançou, com "uma infinidade de doutrinas descartadas que não seria fecundo nem desejável manter vivas" (WOLFF, 1968, p. 18). Deixando de lado um ponto que eu já destaquei — que poderia ser prudente evitar suprimir até mesmo as teorias científicas mais desacreditadas —, há uma parte disso que parece correto. Mill concordaria que as questões morais e políticas são perenemente contestadas, de modo que estas são questões em que há sempre mais de um lado de uma discussão. Ele não concordaria, no entanto, que não há conhecimento moral real.

É controverso afirmar que não fazemos progressos na obtenção de conhecimento moral e político. Mesmo os relativistas morais podem explicar o progresso moral de um tipo não trivial (BLACKFORD, 2016, pp. 70-3). Além disso, podemos aprender muito sobre o mundo e sobre nós mesmos, o que é pelo menos *relevante* para o raciocínio moral e político. Mesmo que não haja nenhum fato objetivo, digamos, na discussão sobre se mentir para salvar outros do mal é moralmente necessário, permitido ou proibido, ainda assim pode ser verdade que algumas ideias morais e políticas são socialmente úteis. Mill, de fato, faz exatamente a observação de que os argumentos sobre ideias morais incluem outros sobre a utilidade ou não delas. Presumivelmente, pode haver conhecimento sobre *isso*. E esses argumentos sobre a utilidade das ideias morais inevitavelmente levantarão argumentos sobre a sua verdade, mesmo que esta última não possa ser resolvida, porque poderíamos duvidar da utilidade de uma falsa afirmação (ver MILL, 1974, p. 82). Esse conjunto de questões poderia nos levar longe, mas basta dizer que Mill tem coisas sutis a dizer que são pertinentes aos pontos levantados por Wolff.

Finalmente, a reivindicação mais ampla de *Sobre a liberdade* é que os indivíduos devem ser livres não apenas para formar e discutir opiniões, mas também, de forma mais geral, para viver como quiserem, desde que não prejudiquem os outros. Os jeitos de se viver, assim como as opiniões, podem contribuir para o progresso social. Quer ele lide ou não adequadamente com a questão, a abordagem geral de Mill apoiaria o desenvolvimento de ideias potencialmente valiosas sobre moralidade e política, mesmo que elas não fossem estritamente verdadeiras ou falsas.

Conhecimento religioso

Em relação ao conhecimento religioso, Wolff afirma que o cristianismo tradicional "promete a felicidade eterna e ameaça com o tormento eterno" (WOLFF, 1968, p. 13). Consequentemente, se eu achar que um credo em particular, como o dessa afirmação, possui alguma chance de estar correto, terei que me prender a ele inquestionável e dogmaticamente, rejeitando alternativas laicas e crenças concorrentes e me tornando intolerante e persecutório — como afirma Wolff. Isto, naturalmente, está relacionado com uma afirmação mais geral que Wolff discute no capítulo anterior: alguém com compromissos religiosos fortes, talvez teocráticos, pode muito bem rejeitar totalmente a visão geral de Mill.

Há muita coisa que poderia ser dita nessa conjuntura, e não quero repetir os pontos levantados sobre religião e moralidade religiosa no capítulo anterior. Embora eu pudesse discutir com Wolff longamente (por exemplo, e se eu estivesse escolhendo entre duas ou mais religiões rivais que oferecem salvação aos adeptos e condenação a todos os outros?), é bastante claro que há uma tensão entre o liberalismo iluminista e uma religião como o cristianismo. Uma vez que o cristianismo tradicional afirma ser o único caminho para a salvação, ele parece horrorizado com qualquer coisa que facilite, ou mesmo permita, a crença em religiões rivais (ou, é claro, a rejeição total de qualquer crença religiosa). Não surpreende, portanto, quando as organizações cristãs ganharam acesso ao poder do Estado durante o fim do Império Romano, elas se tornaram altamente perseguidoras de hereges e descrentes. Com a salvação eterna e a condenação em jogo, todos os outros valores são sobrepujados.

No entanto, considerando as pressões da história, muitas pessoas religiosas podem agora ser persuadidas de que não é o papel do Estado — e possivelmente nem do poder privado — coagir os outros em matéria de religião. Se pudermos concordar que o Estado não possui legitimamente um papel de resolver questões religiosas, e/ou esse papel não pode ser confiado a ele, uma das grandes barreiras para a liberdade de discussão sobre isso cai.

Na época de Mill, este não era um argumento consensual na Europa. O autor recebeu muitas críticas por sua temeridade ao examinar aspectos da moralidade cristã e ao considerar tais (supostamente certas) doutrinas, como a existência de Deus, abertas à dúvida e à discussão. Alguns críticos consideraram que seria uma resposta poderosa a *Sobre a liberdade* apontar a revelação divina como uma fonte infalível de conhecimento, sem a qual não haveria uma base adequada para o governo e a lei. Mill discutiu a religião, e especialmente as formas protestantes de cristianismo, com respeito evidente; mas ele, sem dúvida, pretendia liberar o debate sobre temas tais como as grandes reivindicações da religião. Embora a liberdade de religião tivesse tido grandes avanços em 1859, o apelo de Mill para a liberdade total de discutir tais tópicos ainda soava radical.

Daqui resulta um ponto muito mais amplo. Quanto mais valiosas as coisas em jogo (tal como as percebemos), menos provável será que permitamos que nossos adversários falem livremente. Isto se aplica fortemente se acreditarmos que almas imortais estão em jogo, ou que somos guerreiros em uma guerra cósmica do bem contra o mal. Todavia, também se aplica em contextos mais laicos: se acreditamos que nossas ideias devem prevalecer para fazer face a uma situação de emergência social e política, provavelmente daremos pouca atenção a qualquer fundo de verdade que possa ser encontrado no discurso dos nossos adversários.

Liberdade artística

Formas de expressão que tenham pouco a ver com ideias e opiniões são algo relativamente periférico ao pensamento de Mill em *Sobre a liberdade*. Embora seu foco não seja todo nisso, o pensador se preocupa principalmente com a pesquisa racional e com a expressão intelectual e discursiva. Em grande parte, *esta obra* representa uma reprovação à propensão dos governos, outros elementos com poder social e, claro, da opinião social em geral, para suprimir a heresia e punir os hereges. Isto continua a ser importante. A ênfase de Mill, no entanto, implica que *Sobre a liberdade* é inútil — ou melhor, menos útil do que poderia ter sido — para debates modernos sobre a censura de romances, peças, filmes, canções, músicas, pinturas e fotografias, jogos e outros produtos culturais.

Mill estava familiarizado com a longa história da Europa de julgamentos de heresia e guerras entre religiões, mas escreveu antes das discussões do século XX sobre obras literárias importantes, como as de James Joyce, D. H. Lawrence e Henry Miller. Não sabemos como ele reagiria a uma acusação detalhada de censura literária, como aquela ao monumental *Girls Lean Back Everywhere* [*Garotas dançam para todo lado*] , de Edward de Grazia (1992). Em *Sobre a liberdade*, Mill não aborda especificamente o papel da arte e da narrativa na expansão da compreensão e da simpatia humanas. Ele contempla que as opiniões serão expressas ferozmente no calor do debate público, mas não como podem ser expressas em formas que buscam abrir nossas mentes por meio de apelos à imaginação.

Qualquer pensador liberal que escreva segundo as tradições do Iluminismo tenderá naturalmente a apoiar a liberdade artística. Tal pessoa poderia facilmente concluir que a interferência na arte e na literatura — pelo menos para além de um certo ponto — é tirânica. Devemos, no entanto, reconhecer de passagem que Mill não era um defensor da expressão erótica. De acordo com O'Rourke (2001, p. 139), ele endossou a lei da obscenidade inglesa tal como existia em seu tempo (e até o século XX), incluindo o poder de Lord Chamberlain de proibir peças que comprometessem as boas maneiras, o decoro ou a paz pública. Isto faz sentido no contexto de *Sobre a liberdade*, uma vez que estas performances não são, pelo menos não diretamente, expressões de ideias e opiniões, e na perspectiva de Mill podem causar algum grau de dano.

Ainda assim, este foi possivelmente um ponto cego pessoal ou cultural de Mill. Para retomar um tema do capítulo anterior, a exposição indesejada a certas visões altamente impactantes pode produzir sentimentos de ofensa suficientemente fortes para contar como uma forma de dano. Assim sendo, poderá constituir uma razão para restringir, por exemplo, os atos sexuais praticados em público. No entanto, e quanto à exposição voluntária a vistas altamente impactantes em uma peça de teatro que as pessoas frequentam voluntariamente? Talvez devesse haver algum aviso de, por exemplo, cenas sexuais explícitas, mas a presença delas em um espetáculo teatral geralmente será notória e conhecida dos frequentadores com bastante antecedência. Em qualquer caso, quando assistimos a uma peça direcionada a um público adulto, devemos esperar sermos expostos a ações e diálogos emocionalmente poderosos, mesmo que não saibamos exatamente que forma assumirão.

Mill não foi confrontado com a censura incansável e filisteia da maior obra da literatura de sua época (a história contada de forma comovente por De Grazia). Em qualquer caso, as defesas mais modernas da liberdade de expressão vão além das ideias de livre investigação e discussão. Eles enfatizam a importância particular da linguagem, do simbolismo e da representação para nossa vida, para nossa apresentação pessoal e para nosso desenvolvimento. Isso inclui a grande importância pessoal de comunicar crenças religiosas e similares profundamente enraizadas, mas também pode incluir a importância da autoexpressão por meio da Literatura e da Arte.

Se valorizarmos a Literatura e a Arte como componentes importantes da individualidade, é provável que tomemos uma atitude hostil em relação à censura delas. Não basta permitir, digamos, que D.H. Lawrence expresse suas opiniões de forma discursiva enquanto seus romances e outros escritos criativos sejam censurados. É certo que a Literatura criativa raramente expressa uma opinião direta, o contrário da exploração das complexidades das questões e da provocação do pensamento. Contudo, mesmo que os romances de Lawrence fossem diretamente didáticos, não fica claro se ele poderia ter feito justiça a seu ponto de vista escrevendo apenas prosa discursiva — nem se seus leitores teriam tido a mesma experiência se ele tivesse se limitado tanto. Devemos resistir à censura da literatura e da arte — não apenas com o intuito de permitir todas as opiniões, mas também com o de não suprimir o desenvolvimento individual por meio da criação da arte e do engajamento com ela.

Enfim, o próprio Mill não se preocupava apenas com o avanço do conhecimento, embora esse seja o foco principal do capítulo II de *referido livro*. Ele estava interessado no desenvolvimento individual, no avanço intelectual e no progresso social em um sentido mais geral, e esses são valores que permeiam profundamente o projeto liberal tradicional. A certa altura, Mill encoraja a liberdade de viver como quisermos, sem prejudicar os outros, para estimular o progresso no "melhor gosto e sentido da vida humana" (MILL, 1974, p. 129), e é um passo natural ver o desenvolvimento da literatura e da arte como parte desse tipo de progresso. Não surpreende, portanto, que os sucessores da tradição liberalista de Mill tenham defendido fortemente a liberdade artística.

Os fundamentos da liberdade de expressão — juntando as razões

A análise deste ponto sugere uma série de conclusões. Em primeiro lugar, há poderosos argumentos que se sobrepõem na defesa da liberdade de expressão como um princípio político básico em qualquer democracia liberal. O próprio Mill explicava que a liberdade de pensamento e de discussão contribui para o desenvolvimento individual e social, principalmente por meio da sua contribuição para a busca da verdade e da compreensão. No entanto, ele também via isso como parte de uma maior liberdade de agir e falar como julgamos adequado, desde que não façamos mal aos outros. Ele reconhecia a importância do discurso político como um baluarte contra a tirania, e valorizava a liberdade de nos expressarmos como parte da nossa individualidade, para não sermos prejudicados rapidamente pela tirania dos governos ou da opinião social. Assim, Mill identificou a maioria dos valores invocados nas defesas mais recentes da liberdade de expressão — embora certamente enfatizando mais alguns do que outros.

Em segundo lugar, devemos notar que a liberdade de expressão não é um conceito simples, absoluto e opaco. É justificada por valores ainda mais profundos. Em terceiro lugar, porém, esses valores não são totalmente independentes, mas se sobrepõem em certa medida. Por exemplo, há uma sobreposição entre a liberdade pela realização pessoal e a liberdade de discutir questões profundas sobre como entendemos o mundo. Os valores subjacentes à liberdade de expressão estão estreitamente integrados a uma visão, como a de Mill, de que o progresso intelectual e social estão ligados, assim como o progresso a nível individual e social.

Em sua cuidadosa análise da natureza da liberdade de expressão e suas possíveis justificativas, Schauer conclui que não há um argumento que, sozinho, vença a discussão. Pelo contrário, existem vários argumentos aceitáveis e sobrepostos, cada um com um certo grau de força. Schauer suspeita um pouco da ênfase de Mill na busca da verdade, mas, em última análise, dá um certo apoio a esse argumento. Ao fazê-lo, porém, acrescenta o toque característico de que não podemos confiar aos governos o papel de árbitro da verdade: "A razão para preferir o mercado de ideias à seleção da verdade pelo governo pode ser menos a capacidade comprovada do primeiro do que a incapacidade frequentemente evidenciada do segundo" (SCHAUER, 1982, p. 34).

Então, no que se refere à abordagem de Schauer, deveríamos considerar a supressão de opiniões por parte dos governos como particularmente perigosa. Embora devamos ser devidamente céticos quanto à nossa própria capacidade de "distinguir sempre a verdade da falsidade", devemos, como regra geral, ser ainda mais céticos quanto à capacidade do governo de fazer o mesmo em nosso nome (SCHAUER, 1982, p. 34). Schauer se refere à experiência histórica para sugerir que os governos são simplesmente ruins de censura: "Eles são menos capazes de regular o discurso do que de regular outras formas de conduta". Com efeito, a história mostra governos que cometem "aquilo que hoje vemos como erros bastante evidentes", incluindo "a condenação de Galileu, a perseguição religiosa nos séculos XVI e XVII", a perseguição de patriotas por visões alegadamente sediciosas e "a proibição de numerosas obras de arte reconhecidamente grandiosas porque alguém as considerava obscenas" (SCHAUER, 1982, p. 81).

Muitos argumentos baseados em ideias que seguem um caminho perigoso falham (como ponto de partida, ver BLACKFORD, 2007), mas na abordagem de Schauer a ideia de um caminho perigoso é mais convincente quando se trata de liberdade de expressão. Vemos dificuldades em traçar linhas claras e elaborar regras simples e inteligíveis, e existem pressões psicológicas para empurrar os legisladores na direção da conformidade forçada da opinião. Segundo o desenvolvimento dos argumentos de Schauer, as pessoas em geral sentem um desejo por unanimidade. Isso pode se revelar especialmente forte quando se trata de unanimidade de opiniões atuais e divulgadas. É provável, para muitas pessoas, que "os valores da discordância e do desafio sejam especialmente contraintuitivos" (SCHAUER, 1982, p. 85). Como resultado, até mesmo governos democraticamente eleitos podem exagerar, tentando impor uma ortodoxia. Para Schauer, os argumentos a favor da liberdade de expressão são, em certa medida, sobrepostos, mas também, em certa medida, distintos. Embora não haja um único argumento decisivo, os melhores enfatizam uma distinção entre o indivíduo e o governo. Eles envolvem uma suspeita ou desconfiança do poder governamental quando se trata de regular o discurso:

> A liberdade de expressão é baseada em grande parte na desconfiança da capacidade do governo de fazer as distinções necessárias; na desconfiança das determinações governamentais de verdade e de falsidade; na apreciação da falibilidade dos líderes políticos; e em uma desconfiança um pouco mais profunda do poder governamental em um sentido mais geral (SCHAUER, 1982, p. 86).

A partir dessa análise, conclui-se que o argumento mais persuasivo para um princípio político de liberdade de expressão "é o que pode ser caracterizado como o argumento da incompetência governamental" (SCHAUER, 1982, p. 86). Devemos desconfiar de qualquer organismo governamental a quem seja concedida "a autoridade para decidir o que é verdadeiro e o que é falso, o que é certo e o que é errado, ou o que é seguro e o que é tolo" (SCHAUER, 1982, p. 34).

Embora Schauer faça várias críticas específicas aos argumentos de Mill, sua abordagem geral é consistente com a de Mill. Além disso, ambos são consistentes com a ideia geral de que precisamos de liberdade para expressar nossos pensamentos a fim de participar significativamente na deliberação democrática, para buscar conhecimento e compreensão de forma livre e corajosa, para promover nosso próprio desenvolvimento ou realização, e para desafiar várias reivindicações de autoridade sobre nossas vidas (e, assim, proteger todas as nossas outras liberdades). O ponto-chave de Schauer, para além de tudo isto, é sua grande ênfase na *incompetência governamental* quando se trata de regulamentar o que dizemos e como o expressamos. Em geral, ele defende fortemente a resistência ao poder do governo de censurar qualquer tipo de discurso ou expressão, talvez posicionando-os de forma bastante distante das principais preocupações de Mill.

Todavia, e os esforços e pressões não governamentais para produzir conformidade no modo como falamos e nos expressamos? Aqui, a abordagem de Schauer diverge claramente da de Mill. Devíamos, acho eu, ficar do lado de Mill.

Pressões não governamentais sobre a expressão

Schauer observa que "para Mill, liberdade de expressão significava não apenas liberdade de qualquer forma de controle governamental, mas também liberdade de pressões sociais privadas que também poderiam inibir o pensamento e a opinião" (1982, p. 113). Mill se refere à liberdade de pensamento e de discussão ou simplesmente à "livre discussão" (MILL, 1974, p. 99), não à "liberdade de expressão", mas Schauer está correto, na essência. Mill estava preocupado não só com a potencial tirania dos governos em controlar como vivemos e o que dizemos, mas (ainda mais) com a tirania da opinião social.

É verdade, naturalmente, que uma proteção arraigada como a Primeira Emenda à Constituição dos Estados Unidos é útil para manter o poder do governo sob controle, embora não tenha aplicação nas pressões de conformidade de pensamento de empregadores, comunidades religiosas, mídia de massa, e outras fontes não governamentais. No entanto, a maioria das nossas razões para valorizar o discurso franco e protegê-lo da censura governamental permanece em jogo quando o desejo de nos expressarmos vai ao encontro das pressões não governamentais para entrarmos em conformidade. Da mesma forma, o desejo generalizado de unanimidade — junto com o fato de que valorizar a discordância e o desafio tantas vezes parece contraintuitivo — nos dá uma razão para desconfiarmos dos esforços governamentais ou não para restringir o discurso. O desejo de unanimidade afeta os empregadores, as comunidades religiosas, os meios de comunicação social e muitos outros com opiniões sobre que expressão é aceitável. Nenhuma delas é necessariamente muito — ou mesmo nada — mais competente do que o governo como árbitro do que podemos dizer e de que forma o podemos.

Schauer aponta corretamente que nem todos os casos em que algum tipo de discurso é restringido localmente são, em um sentido pejorativo, de censura. Por exemplo, eu poderia ter um direito político — um direito em relação ao governo — para expressar meu apoio à astrologia ou à teoria da terra plana "a qualquer pessoa suficientemente tola para ouvir", sem ter um direito semelhante em relação ao meu empregador. Como Schauer salienta, "se sou professor de física em uma grande universidade, é tolo duvidar de que tais afirmações públicas poderiam validamente levar meus superiores a questionar se estou na linha errada de emprego e a agir em conformidade" (SCHAUER, 1982, p. 119).

Entretanto, e se eu *não* for um professor de física? Imagine que sou professor de antropologia e que não defendo nada tão desacreditado como a astrologia ou a teoria da terra plana. Em vez disso, tenho certas opiniões sobre a natureza humana, ou sobre tendências universais das sociedades humanas, que estão atualmente fora de moda na minha disciplina, mas permanecem como opções vivas. Estes pontos de vista são tão compatíveis com as evidências quanto os mais modernos, e nunca foram decisivamente refutados ou definitivamente rejeitados dentro da disciplina como um todo. Sua impopularidade atual é mais por razões políticas do que por causa de quaisquer conclusões empíricas particulares que os questionem. E se, *nestas* circunstâncias, meus superiores começassem a questionar se estou na linha errada do emprego e a agir em conformidade? Isso parece muito menos uma decisão pessoal socialmente aceitável e rotineira do que o exemplo de Schauer do professor de física. Sendo as outras coisas iguais — suponhamos que sou um professor competente etc. — isto parece, de fato, censura em um sentido pejorativo.

Em uma outra variação, e se estiver programada uma fala minha em uma conferência sobre um tema coerente com a minha especialidade e com o âmbito do evento? Subsequentemente, meus opositores realizariam uma campanha para que o meu convite para falar seja anulado. Sob pressão, os organizadores da conferência cedem: eles, de fato, fazem "*no-platforming*" comigo. Dizem-me que já não sou convidado a falar (talvez nem sequer seja bem-vindo). Nas mesmas circunstâncias — não cometi nenhum ato pérfido nesse período, não manifestei a intenção de falar qualquer coisa além do tema acordado etc. —, este exercício de *no-platforming* parece ser um caso de censura em um sentido pejorativo.

Schauer descreve muitas outras circunstâncias em que as pessoas parecem tomar decisões legítimas que afetam o discurso dos outros. Podem se recusar a publicar certos artigos que sejam submetidos para apreciação delas, decidir não permitir certos discursos nas suas instalações privadas ou comerciais, ou optar por não se associarem pessoalmente a indivíduos que tenham determinadas opiniões. Intuitivamente, nada disto parece inconveniente de forma alguma. Afinal de contas, estamos sempre fazendo escolhas desse tipo, e como observa Schauer: "Não posso convidar todos para minha casa, não posso ouvir tudo, e como editor [do, digamos, *The Times*] não posso publicar tudo" (SCHAUER, 1982, p. 121). Evidentemente, Schauer está correto. Cada uma dessas escolhas, tomadas individualmente, parece intuitivamente legítima. Todavia, mesmo com o exemplo do *The Times*, podemos começar a pensar se mudamos alguns pormenores.

E se os principais veículos midiáticos como um todo, ou pelo menos os meios de comunicação mais reverenciados, que desempenham um papel fundamental na vida política de uma nação, começarem a excluir sistematicamente certos tipos de pontos de vista? Imagine que essas visões são impopulares junto aos proprietários e editores por razões políticas e não por serem empiricamente insustentáveis e cientificamente desacreditadas. Talvez não haja nada a ser feito sobre esta situação, se ela surgir (exceto, talvez, procurar outros locais para publicar as visões impopulares em questão). E, no entanto, *algo* parece não estar bem se chegarmos a este ponto.

Com outras possibilidades, os problemas são mais flagrantes. Por exemplo, é bom para mim convidar pessoas da mesma opinião para jantar, beber vinho e conversar na minha casa — e certamente seria opressivo se o governo impedisse que eu aja assim. Contudo, e se um poderoso grupo de lobby faça um piquete diante da minha casa em protesto contra a minha escolha de convidados para jantar — com raiva devido a suas opiniões sobre alguma questão controversa? E se, como punição, esse grupo lança uma campanha que me deturpa e vilaniza? Alternativamente, e se numerosos indivíduos — alguns junto à grande mídia ou grandes bases nas redes sociais — colaborarem para lançar tal campanha? Esta pode vir acompanhada de acusações falsas e devastadoras. E se meu patrão me despedir por causa de uma escolha minha de alguém com quem me associo fora do horário de trabalho? *Essas* escolhas não parecem intuitivamente legítimas. Nenhum dos exemplos é um caso de censura governamental, mas ainda teria motivos para me ressentir do que fizessem comigo. Meus convidados para jantar teriam motivos semelhantes para ressentimento, especialmente se este tratamento for aplicado a *todos* aqueles que os convidam para visitar sua casa.

Assim, contrariamente à linha de argumentação de Schauer, não é um simples contraste dizer que "a escolha privada é [em certa medida] inevitável e a escolha do governo é muitas vezes supérflua" (SCHAUER, 1982, p. 122). É igualmente verdade afirmar que a escolha do governo é, em grande medida, inevitável, e que a escolha privada é frequentemente supérflua. Por exemplo, o governo e suas agências estão frequentemente envolvidos na atribuição de prêmios, títulos e bolsas, com base nas ideias e na expressão daqueles que os recebem. Aqui, é inevitável que alguns sejam escolhidos enquanto outros ficam de fora. Embora estes últimos possam ficar desapontados, não podem (a não ser que haja alguma circunstância especial) afirmar que estão sendo punidos ou vitimizados, ou que seu discurso está sendo suprimido.

Da mesma forma, a escolha privada muitas vezes *não é* inevitável. Na terminologia de Schauer, é muitas vezes "supérfluo". É inevitável que eu convide apenas algumas pessoas para os meus jantares, e é razoável o suficiente que eu prefira convidar pessoas com quem eu possa facilmente "ser eu mesmo" (com relativamente pouca filtragem do que digo ou como ajo). No entanto, não é inevitável que eu participe em campanhas de difamação — online ou não —, decisões de não dar palco a alguém e afins, punindo indivíduos pela sua expressão e dissuadindo outros de expressarem pontos de vista semelhantes. Não é uma questão de quais indivíduos escolho tratar desta forma. Não preciso agir assim de maneira alguma, ou poderia fazê-lo apenas em circunstâncias mais extremas envolvendo a sobreposição de valores.

Muitos esforços não governamentais para controlar os limites aceitáveis das ideias e opiniões — e da expressão de maneira mais geral — são perfeitamente legais e não poderiam ser proibidos sem criar mais problemas do que soluções. Isso torna impossível criar algo como uma espécie de proteção como a Primeira Emenda contra restrições não governamentais da livre discussão e da liberdade de expressão. Não estou exigindo nada disso. No entanto, alguns esforços para nos silenciar são, de fato, ilegais: alguns podem, por exemplo, envolver crimes, como atos de intimidação violenta; outros, violações contratuais. Mesmo nos casos em que as tentativas de suprimir o discurso não apreciado são legais e não podem ser feitas com segurança de outra forma, podemos pedir às pessoas que se comprometam voluntariamente a resistir ao desejo de suprimir as opiniões e outros discursos que não agradem a elas.

Pensamentos finais: sobre a terminologia e a substância

Mesmo que tenhamos decidido reservar o conceito *liberdade de expressão* para uma liberdade constitucionalmente arraigada contra a censura estatal, devemos reconhecer que existem muitas formas questionáveis de utilizar o poder não governamental para impedir a livre investigação e a livre discussão dos nossos pensamentos, opiniões e ideias. Da mesma forma, o poder não governamental pode prejudicar escritores e artistas criativos, assim como a forma como nos apresentamos e nos expressamos. Se, portanto, Mariazinha lamenta que sua empregadora tenha violado sua liberdade de expressão quando a demitiu por suas opiniões políticas, é de pouca ajuda pedir a ela (talvez de forma pedante ou talvez apenas incorretamente) que use outra expressão em vez de *liberdade de expressão*. Seja qual for a terminologia que utilizemos, e se outras coisas forem iguais — por exemplo, Mariazinha é uma funcionária competente e o seu trabalho ainda tem de ser executado por *alguém* —, ela foi maltratada.

Por todos os efeitos, então, controlaremos os esforços governamentais em suprimir o discurso e punir aqueles que falam. Entretanto, Schauer não está inteiramente correto quando escreve que "a intolerância privada foi um objeto digno da atenção de Mill, mas é um problema totalmente distinto das questões de filosofia política que geram um princípio político de liberdade de expressão" (SCHAUER, 1982, p. 122). Para dizer o mínimo, não é *totalmente* distinto.

O governo é um censor especialmente assustador. Contudo, os métodos não governamentais de repressão e punição são suficientemente assustadores, e são pessoal e socialmente prejudiciais. Se nos preocuparmos com a capacidade das pessoas de viver e falar de acordo com seus próprios valores, temperamentos, opiniões e ideias, e com a capacidade de oferecer e ouvir opiniões em um ambiente de discussão livre e aberta, não fetichizaremos o poder governamental — ver o Estado como um adversário único. Em seu livro *Freedom from Speech* [*Liberdade para a expressão*], de 2014, o ativista de alto nível pela liberdade de expressão Greg Lukianoff coloca bem esse ponto. Ele distingue entre a jurisprudência da Primeira Emenda e o que ele pretende pelo conceito de *liberdade de expressão*: uma ideia mais ampla que incorpora um conjunto de valores culturais. Todos estes são reconhecíveis como temas no liberalismo iluminista:

> dar ao outro lado uma audiência justa, reservar o julgamento, tolerar opiniões que nos enraivecem ou ofendem, acredita que cada um tem direito à sua própria opinião, e reconhecer que mesmo as pessoas cujos pontos de vista achamos repugnantes podem estar (pelo menos parcialmente) certas (LUKIANOFF, 2014, pp. 5-6).

Minha principal preocupação é com a liberdade de expressão neste sentido cultural, que não é discordar da importância das disposições constitucionais e dos sentimentos públicos que restringem a censura estritamente governamental. Lukianoff enfatiza justamente que a humildade epistêmica (ou modéstia epistêmica) está no cerne da liberdade de expressão. Como ele propõe, falar de humildade epistêmica é "uma forma extravagante de dizer que devemos ter sempre em mente que podemos estar errados, ou pelo menos que podemos sempre aprender algo ouvindo o outro lado" (LUKIANOFF, 2014, p. 6). No fim das contas, um pouco de humildade epistêmica é uma das melhores defesas para a livre investigação e discussão de ideias.

Nenhuma das análises deste capítulo pretende negar que algumas ideias foram demonstradas pela experiência como sendo muito ruins. Não pode haver mérito em tentar proteger as piores ideias, tais como as teorias raciais dos nazistas, para a posteridade — exceto como exemplos cautelosos. Assim, ao contrário de Mill, talvez algumas opiniões morais e políticas sejam tão desacreditadas e perigosas que valha a pena inibi-las de uma forma ou de outra. Todavia, até isto tem os seus perigos. Se pensaremos desta forma, que algumas ideias específicas são tão excepcionalmente ruins que merecem ser suprimidas, é melhor limitarmos as exceções o mais estritamente possível. Uma vez que consideramos a possibilidade de que algumas ideias estejam além dos limites da legitimidade democrática ou da tolerância liberal, há uma tentação natural de ampliar a categoria e consignar a ela as ideias de cada vez mais inimigos e oponentes nossos.

No capítulo 4, analisarei mais de perto os limites legítimos da expressão e os de sua supressão. Precisamos da lei da difamação? Devemos revelar informações muito privadas uns sobre os outros? Devemos tentar parar os discursos de ódio, ou pelo menos o pior deles, como a propaganda desumanizante? Tudo isto merece uma reflexão mais aprofundada.

4
OS LIMITES DE FALAR O QUE NOS VÊM À MENTE

Horizontes da tolerância

Como vimos, a concepção de John Stuart Mill de liberdade de pensamento e de discussão é ao mesmo tempo mais ampla e mais estreita do que muitas concepções atuais de liberdade de expressão. É mais ampla do que a ideia de liberdade de expressão como uma liberdade de censura governamental, uma vez que Mill se opõe à supressão de ideias e opiniões, seja pela ação governamental ou pela condenação social. Ao mesmo tempo, é bastante claro que Mill está pensando principalmente em opiniões sobre questões bastante gerais de, por exemplo, religião, ciência, moralidade e política, filosofia, história e cultura.

Embora *Sobre a liberdade* não inclua nenhuma análise detalhada do abuso de poder não governamental, é claro que Mill se oporia aos esforços privados para suprimir ideias e opiniões ou punir aqueles que as defendem. Ele propõe uma ética de discussão pública na qual, em particular, abstemo-nos de condenar indivíduos com ideias opostas como pessoas más e imorais. Nesta abordagem, devemos nos engajar na discussão com um espírito de caridade para com os adversários e suas ideias, sem fazer vista grossa para o que possa parecer convincente ou atraente em seus argumentos. Devemos elogiar os discutidores honestos, justos e caridosos, ao mesmo tempo em que condenamos os que têm a abordagem oposta.

Como o capítulo II de *Sobre a liberdade* é focado principalmente em ideias e opiniões e na liberdade de discuti-las, seus argumentos centrais não se aplicam a todos os tipos de discurso. Por exemplo, eles não têm nenhuma aplicação óbvia na publicidade puramente comercial destinada a divulgar um produto e exaltar sua qualidade e valor monetário (e, nas condições atuais, provavelmente tentando associá-lo ao prazer sexual, a boa e velha diversão, ou a famílias felizes). Talvez haja algo a ser dito sobre um toque leve de censura mesmo na publicidade comercial. Entretanto, uma avaliação da abordagem de Mill — e especialmente do que os argumentos do capítulo II *não* cobrem — ilumina por que a publicidade comercial não regulamentada não parece, intuitivamente, ser central para a liberdade de expressão.

Mais uma vez, mesmo que complementemos os argumentos específicos de Mill com outros que protegem melhor a literatura e a arte, isso pode não nos levar longe ao justificar a legalidade da maior parte da pornografia — que certamente não é original e não acrescenta nada à discussão pública de ideias e opiniões sobre temas gerais. O princípio mais amplo de dano pode, no entanto, proteger a produção comercial e a distribuição de material pornográfico (dependendo dos danos que se possa provar que causa). Em termos mais gerais, os argumentos baseados na incompetência governamental podem favorecer a proteção até mesmo das formas mais meretrícias de expressão contra a proibição legal.

Meu objetivo, portanto, não é sugerir uma censura agressiva da pornografia ou da publicidade comercial. A defesa de qualquer uma das formas de censura teria de ser feita com base em seus méritos e poderia muito bem fracassar. A publicidade comercial tem um papel útil no funcionamento dos mercados capitalistas (e parte dela tem valor estético). A pornografia tem valor para aqueles que a consomem, e a maioria dos tipos de pornografia pode ser total ou relativamente inofensiva: digo "a maioria dos tipos" porque a por vingança e a infantil me vêm imediatamente à mente como exceções. Fora dessas categorias excepcionais, pode ser perigoso começar a censurar mais ativamente a pornografia. Isso poderia nos levar de volta à censura de James Joyce, D.H. Lawrence e Henry Miller. Todavia, um ponto mais modesto permanece: proteger a pornografia e a publicidade comercial não é, pelo menos, *central* para as preocupações com a liberdade de expressão.

Essa distinção é relevante para várias formas de expressão que, sem dúvida, não devem ser protegidas. Elas podem estar além dos limites da tolerância liberal. Neste capítulo, preocupo-me com os tipos de discurso prejudiciais, ou que potencialmente o são: especialmente o discurso que incita, encoraja ou estabelece uma base para a violência, e o discurso que por sua natureza prejudica os indivíduos. Focarei especialmente na difamação, invasão de privacidade e material que equivale a propaganda de ódio.

O escopo e a força da proteção

Como Frederick Schauer salienta, a importância social e pessoal da comunicação é crucial para a nossa compreensão da liberdade de expressão e de qualquer direito que o proteja. O uso da linguagem é significativo, mas a comunicação pode incluir sons expressivos, símbolos visuais, vários tipos de imagens e qualquer outra coisa que tenha a possibilidade remota de comunicar uma mensagem. Por esta razão, então, todos os elementos comunicativos de conduta são protegidos por um direito à liberdade de expressão, mas os elementos não comunicativos podem não o ser (ver SCHAUER, 1982, pp. 99-101). Não posso, por exemplo, transmitir minha aversão a uma ideia assassinando um dos seus proponentes. Estaria no meu direito de *me opor à ideia*, mas não por meios que causassem danos a alguém de forma direta.

Em um certo sentido, a liberdade de expressão é ampla naquilo que abrange: a comunicação por uma vasta gama de meios. Contudo, o direito à liberdade de expressão — talvez consagrado na Constituição de um país — não precisa ser absoluto. Pode ser entendido como ceder a outras considerações se elas forem muito fortes em um caso particular. Por exemplo, a Carta Canadense dos Direitos e das Liberdades contém, entre outras disposições, proteções constitucionais contra a ação governamental sobre a "liberdade de consciência e de religião" e sobre a "liberdade de pensamento, crença, opinião e expressão, incluindo a liberdade de imprensa e outros meios de comunicação social". No entanto, todas as proteções da Carta são referidas, na Seção 1, como estando "sujeitas apenas aos limites razoáveis previstos na lei que possam ser comprovadamente justificados em uma sociedade livre e democrática". Isso coloca um pesado, mas não impossível, fardo sobre o governo (seja federal, provincial ou municipal) de justificar violações das liberdades relevantes. Ele precisa demonstrar algum interesse imperioso e preponderante diante dos tribunais canadenses.

Na prática, os tribunais têm derrubado algumas legislações que restringem a expressão, enquanto preservam algumas ao interpretá-las de forma restrita: tratando-as como destinadas apenas aos tipos de discurso mais extremos e socialmente perigosos, tipos de expressão que poderiam se enquadrar dentro de suas definições. A formulação da Carta dá aos tribunais — e, em última análise, ao Supremo Tribunal do Canadá — um poder discricionário relativamente amplo para decidir quando uma restrição à liberdade de consciência, religião, pensamento, crença, opinião etc. "pode ser comprovadamente justificada", mas os tribunais parecem ter exercido o poder discricionário de forma bastante cautelosa (Nos casos em que os tribunais canadenses têm sido brandos demais ao permitir que os exercícios de poder governamental restrinjam a expressão, eles estão, naturalmente, abertos à crítica).

Embora eu seja um tanto simpático ao modelo canadense, há um argumento mais geral a ser feito. Podemos apoiar a liberdade de expressão com justificativas fortes — como as discutidas no capítulo anterior

—, sem pensar que essas justificativas se sobrepõem a todas as outras considerações. A relevância dos "valores da liberdade de expressão" varia de acordo com as circunstâncias. Em alguns casos, até mesmo nossa suspeita justificada de reivindicações governamentais de competência não é suficiente para excluir restrições legais à expressão.

Paradoxo explicado — difamação e lei da privacidade

Em relação a esse ponto, uma coisa é certa: os argumentos de Mill fornecem recursos muito limitados para defender discursos difamatórios e invasões de privacidade pessoal. De fato, o discurso difamatório e pessoalmente invasivo pode ser usado para punir pessoas por suas opiniões, de modo que o apoio à livre discussão milliana pode, às vezes, dar justificativa adicional às restrições. Isto pode parecer paradoxal, mas é facilmente explicado.

Se eu responder à sua opinião sobre um tema, não com os meus argumentos contra, mas com uma campanha para puni-lo e dissuadi-lo de expressar opiniões semelhantes, não estou servindo um ambiente social onde é mais fácil formular e discutir nossos pensamentos. O efeito pode ser completamente o oposto. Lembrem-se de que o objetivo principal de Mill, ou pelo menos aquele ao qual ele dá mais atenção no capítulo II de *Sobre a liberdade*, era assegurar que as ideias e opiniões sobre temas gerais não fossem tratadas como heréticas pela lei ou pela sociedade como um todo. Esse objetivo é bem diferente de permitir ataques difamatórios ou invasivos a indivíduos.

Em vários momentos de sua carreira como filósofo, intelectual público e parlamentar, Mill se voltou para a questão do discurso difamatório e do que expõe a conduta privada ao olhar público. Sua abordagem habitual consistia em permitir verdadeiras reivindicações sobre outros, embora com reservas sobre questões que não são de interesse público. Em 1834, chegou até mesmo a argumentar contra uma proposta legislativa que teria feito da verdade uma defesa contra alegações de difamação, uma vez que acreditava que as acusações sobre imoralidade realizadas fora da vista pública violavam a privacidade da pessoa acusada (O'ROURKE, 2001, p. 35).

Para Mill, a discussão pública na imprensa (o que agora chamaríamos de julgamento pela mídia) não era um procedimento apropriado para julgar tais acusações. Era melhor deixar esse julgamento para os indivíduos familiarizados com todos os aspectos do caráter de uma pessoa. Ao mesmo tempo, ele via a privacidade como algo necessário à liberdade individual. Ele previu dois possíveis resultados de uma imprensa com poder de intervir nas nossas vidas privadas e depois contar com uma defesa da verdade. Ou a maioria das vidas se tornaria "completamente artificializada" — como Mill a expressou em uma carta a William John Fox —, em uma tentativa de evitar aparições escandalosas, ou uma proliferação de escândalos e calúnias minaria a credibilidade da imprensa até que "ninguém acredite em nada que apareça na imprensa" (ver O'ROURKE, 2001, p. 35). Isso foi premonitório: certamente chegamos a um ponto em que a mistura desses resultados é a realidade atual. Vemos a manutenção cuidadosa de sua imagem por quase qualquer pessoa que possa ser submetida ao menor escrutínio público, mas ao mesmo tempo há um cinismo generalizado, e amplamente justificado, sobre a exatidão e a justiça das reportagens que saem na imprensa.

Em suma, a lei da difamação (calúnia e injúria) tem um papel legítimo no nosso sistema jurídico. Basicamente, isto depende do fato de sermos animais sociais. Sem a boa opinião dos outros na sociedade em que vivemos e da qual dependemos econômica e psicologicamente, qualquer liberdade que mantivermos não tem qualquer valor para nós. Em seu inovador livro *The Future of Reputation* [*O futuro da reputação*], Daniel J. Solove ressalta que nossas reputações afetam nossas concepções de nós mesmos e nossa capacidade de nos engajarmos até mesmo nas atividades sociais mais básicas:

> Dependemos que outros engajem em transações conosco, sejam nossos amigos e nos ouçam. Sem a cooperação de outros na sociedade, muitas vezes não conseguimos fazer o que queremos fazer. Sem o respeito dos outros,

> nossas ações e realizações podem perder seu propósito e significado. Sem a reputação apropriada, nosso discurso, embora livre, pode cair em ouvidos moucos. Nossa liberdade, em suma, depende em parte de como os outros na sociedade nos julgam (SOLOVE, 2007, p. 31).

Solove aceita que não desejamos que as pessoas tenham controle total de suas próprias reputações. Até certo ponto, precisamos bisbilhotar uns aos outros e compartilhar informações sobre quem pode ser confiável. Mas também não devemos querer resultados falsos negativos sobre a reputação um do outro.

Em seu livro *Making the Social World* [*Construindo o mundo social*], John Searle discute casos em que o indivíduo que é o alvo real de um discurso é prejudicado pelos efeitos desse discurso *sobre outros oradores* sobre os quais tal indivíduo não tem controle. É o caso do discurso difamatório:

> Se você diz algo hostil para mim, cabe a mim, em um sentido importante, o quão magoado ficarei. Mas se você disser algo sobre mim, algo que seja inteiramente falso e deliberada e maliciosamente falso, a outro, isso pode me causar grandes danos de uma forma que está totalmente fora do meu controle. [...] Para mim, parece que as leis da calúnia e da injúria deveriam, antes de mais nada, ser mais fortes nos Estados Unidos do que são (SEARLE, 2010, p. 191).

No entanto, as leis relativas à difamação devem ser definidas cuidadosamente (tão estreita e claramente quanto possível) de modo a não esfriar o debate público. No Reino Unido, este ponto foi destacado na memória recente por um processo de difamação contra o escritor científico popular Simon Singh. Isso se seguiu a um artigo dele no *The Guardian*, publicado em abril de 2008. Intitulado "Cuidado com o golpe na lombar", criticava a prática e o marketing da quiropraxia e, em particular, a atitude da Associação Quiroprática Britânica (BCA em inglês):

> A Associação Quiroprática Britânica afirma que seus membros podem ajudar a tratar crianças com cólicas, problemas de sono e de alimentação, infecções frequentes dos ouvidos, asma e choro prolongado, apesar de não existirem provas. Esta organização é o rosto respeitável da profissão quiroprática e, no entanto, promove alegremente tratamentos falsos (SINGH, 2008).

Em resposta, a BCA processou Singh por difamação e obteve um resultado favorável em uma audiência preliminar. Em uma decisão emitida em maio de 2009, o juiz presidente sustentou que o fraseado de Singh significava que (como uma afirmação de fato, e não uma questão de opinião) a BCA, por meio de seus funcionários, promovia conscientemente tratamentos para os quais não havia evidência de apoio (buscar sobre o caso *British Chiropractic Association vs. Simon Singh*, de 2009). Ao elaborar, o juiz sustentou que a imputação era de desonestidade simples e reconhecida sobre o que eram apenas remédios charlatões. Uma vez que a verdade sobre tais imputações seria quase impossível de provar em futuros processos, Singh, como réu no processo, foi colocado em uma posição indefensável.

No final, no entanto, ele venceu. Em abril de 2010, ganhou um recurso recebido pelo England and Wales Court of Appeal (buscar sobre o caso *British Chiropractic Association vs. Dr. Singh*, de 2011). Isso deu a ele o direito de defender suas palavras como um comentário justo ou uma opinião honesta. A BCA retirou a sua reivindicação e, em resposta a estes acontecimentos, a lei de difamação inglesa foi alterada pelo Parlamento para tornar mais difícil mover ações judiciais em tais disputas. Entre as reformas promulgadas pela Lei da Difamação de 2013, os queixosos foram doravante obrigados a demonstrar graves danos causados pela alegada difamação. No entanto, a vida de Singh foi virada do avesso e seu caso destacou o poder perigoso da lei da difamação.

Devemos suspeitar de *quaisquer* restrições governamentais àquilo que podemos dizer — recordemos, mais uma vez, o importante ponto de Schauer sobre a incompetência governamental. Como o filósofo e jurista Brian Leiter observa em um contexto relacionado, "os intervenientes do governo têm muitos incentivos óbvios para exagerar ao colocar restrições à fala" (LEITER, 2010, p. 155). A princípio, no entanto, a lei da difamação tem um papel importante. E se, por exemplo, um cético dos tratamentos quiropráticos tivesse acusado falsamente certos funcionários da BCA de pedofilia — talvez como forma de os desacreditar no debate público? Em tais circunstâncias, um processo por difamação seria inteiramente justificado. A questão não é abolir totalmente a lei da difamação, mas mantê-la no seu lugar.

Nos Estados Unidos, a Suprema Corte já viu a difamação como estando fora da proteção da Primeira Emenda porque não era essencial para a exposição de ideias. Isso tem uma certa lógica — pelo menos superficialmente, encaixa-se bem nos argumentos em *Sobre a liberdade*. No entanto, a posição jurídica mudou em 1964, com o caso histórico *New York Times vs. Sullivan*. Isso restringiu a capacidade legal das figuras públicas de iniciarem processos de difamação: nos Estados Unidos, elas devem agora provar a *verdadeira malícia* no sentido de confirmar o conhecimento do réu de que uma imputação é falsa, ou pelo menos provar o descaso imprudente do réu pela sua verdade ou falsidade.

A política em operação aqui é proporcionar uma margem de segurança para críticas duras aos funcionários públicos e a outros que exercem o poder político. Em vez de esfriar essas críticas deixando que seja fácil mover uma ação judicial com base nelas, os tribunais estadunidenses permitirão a publicação de críticas imprecisas feitas sem conhecimento ou com falsidade imprudente. Assim, algumas mentiras prejudiciais acabam recebendo proteção legal como preço pelo papel histórico da imprensa na resistência a governos tirânicos. Isso é tudo salutar. Como Anthony Lewis, o grande jornalista jurídico, aponta em *Freedom for the Thought That We Hate* [*Liberdade para os pensamentos que odiamos*], o resultado no caso *New York Times vs. Sullivan* encorajou os repórteres estadunidenses a desafiar a verdade oficial — levando à "cobertura penetrante da Guerra do Vietnã e do Watergate" (LEWIS, 2007, p. 56).

Todavia, Lewis questiona os desenvolvimentos subsequentes na lei estadunidense, segundo a qual celebridades — como as estrelas de cinema — e pessoas comuns que se lançaram em controvérsia pública (talvez sobre questões meramente locais) também devem provar que a malícia é verdadeira. Como resultado, eles perderam muito da proteção da lei da difamação. Lewis pergunta por quê, se a imprensa publica "uma história sensacionalista sobre uma atriz de cinema", ela deve passar no mesmo teste que um político poderoso. Ele acrescenta: "O que ela tem a ver com o que a decisão *de Sullivan* chamou de 'o significado central da Primeira Emenda', o direito de criticar as autoridades governamentais?" (LEWIS, 2007, p. 57). Essa evolução da legislação estadunidense parece muito menos salutar. Deveria ser reconsiderada pelos tribunais, e espero que não seja replicada em jurisdições não estadunidenses.

Invasão de privacidade

Há um choque mais direto entre a liberdade de expressão e a lei da privacidade do que entre a liberdade de expressão e a lei da difamação, uma vez que na primeira a informação pode ser verdadeira (SOLOVE, 2007, pp. 126-7). Se assim for, a lei pode operar para censurar a verdade. No entanto, Solove argumenta que a privacidade — e com ela uma infração de divulgação pública devidamente enquadrada — serve muitos dos mesmos interesses que a ideia de liberdade de expressão. Por exemplo, invasões da nossa privacidade, com subsequente publicidade dada ao nosso comportamento privado, podem prejudicar nossa autonomia (ou realização pessoal, para usar a mesma linguagem do capítulo anterior), intimidando-nos a ponto de nos levar a evitar atividades consideradas tabus sociais e nos mantendo em silêncio, mesmo em privado, sobre nossas queixas e ideias impopulares. Invasões de privacidade e subsequentes divulgações públicas podem inibir nossa formação de opiniões sobre tópicos que surgem para deliberação democrática. E, é claro, muita informação sobre a vida privada das pessoas não tem valor algum para qualquer busca pela verdade ou compreensão relacionadas a questões gerais.

Solove examina como a divulgação de informações privadas sobre outros indivíduos pode não necessariamente permitir julgamentos mais precisos sobre eles. Na verdade, pode levar a mal-entendidos sobre suas circunstâncias e julgamentos errôneos sobre seu caráter. Em resposta à visão (atribuída ao jurista estadunidense Richard Posner) de que ocultar informações sobre nós mesmos é como ocultar defeitos de um produto, Solove insiste: "Pessoas são muito mais complexas do que produtos. Conhecer certas informações, especialmente fora do contexto de uma familiaridade mais profunda com a pessoa, pode distorcer o julgamento de outra pessoa em vez de aumentar a sua precisão" (SOLOVE, 2007, p. 66).

Tudo isto parece correto. Por exemplo, se eu fosse um homossexual vivendo em um ambiente onde tal conduta é considerada pecaminosa, o conhecimento da minha sexualidade por outros poderia ser altamente prejudicial quando fossem decidir se podem confiar em mim, digamos, em parcerias de negócios. Em muitos contextos, o mesmo se aplica a quase todos os interesses sexuais não convencionais. Mesmo que não sejam considerados perversões, eles podem pelo menos ser vistos como indicações de alguém que não deve ser levado a sério. Mesmo nossos gostos por livros, filmes ou programas de televisão podem, por vezes, colocar-nos sob uma falsa luz. Como afirma Solove, alguns fatos podem ser especialmente estigmatizantes, como, por exemplo, fatos sobre "dependência, alcoolismo, tentativas de suicídio, transtornos mentais, desemprego e analfabetismo" (SOLOVE, 2007, p. 70). Da mesma forma, acrescenta, isso se aplica no caso de certas doenças como a AIDS e, de forma diferente, como o câncer.

Privacidade não é um conceito simples. É "um conjunto complicado de normas, expectativas e desejos que vai muito além da noção simplista de que se você está em público não tem privacidade" (SOLOVE, 2007, p. 166). Todos nós temos personalidades complexas e multifacetadas, e o eu que apresentamos em qualquer contexto particular será "moldado pelos papéis que desempenhamos"; e, assim, porque muito disso é amplamente (se não explicitamente) compreendido, "a sociedade reconhece e aceita que o eu público é uma construção parcialmente fictícia" (SOLOVE, 2007, p. 69).

Solove discute casos de vídeos de voyeurismo, como fotografias tiradas às escondidas por sob saias, fotos de atletas nus em vestiários e fotos de espectadores nus em festivais como o festival Burning Man. Em todos estes casos, o ambiente pode não ser estritamente privado — se usássemos uma concepção binária de privado e público —, mas existem expectativas sociais legítimas, embora flexíveis, de que seja concedido um certo grau de privacidade. Inevitavelmente, isto levanta questões difíceis para a lei. É difícil desenvolver um conceito de privacidade flexível e detalhado, mas existe uma "larga faixa de meio-termo entre os domínios do que é absolutamente privado e o que é absolutamente público" (SOLOVE, 2007, p. 170).

A redação precisa da lei é difícil em uma área como esta, mas há espaço teórico, reconhecido até mesmo na legislação estadunidense com sua interpretação ampla da Primeira Emenda, para um delito de divulgação pública. Ou seja, precisamos de um direito rigorosamente definido de processar por conta de formas de expressão não dignas de notícia que revelem fatos particulares de um tipo que a maioria das pessoas vivenciaria como profundamente violador. A lei poderia empregar uma expressão como "altamente ofensivo para uma pessoa razoável", mas a ofensa de alto nível envolvida não poderia ser apenas um aborrecimento intenso. Pelo contrário, é a experiência de ter a cortina arrancada de assuntos profundamente privados, expondo-os ao olhar público.

Hulkster vs. Gawker

As grandes organizações de mídia oferecem fóruns para discussão de tópicos importantes, e elas deveriam desfrutar a ampla liberdade da interferência do governo. No entanto, as próprias organizações de mídia podem ser aplicadoras da conformidade. Elas podem ferir indivíduos inconformados contando mentiras sobre eles, expondo pequenas fraquezas (até então conhecidas apenas por algumas pessoas ou por um grupo limitado), ou invadindo profundamente suas vidas privadas.

Consideremos um exemplo controverso. Em março de 2016, um júri da Flórida concedeu 140 milhões de dólares ao lutador profissional Hulk Hogan (nome real Terry Bollea) em processos judiciais contra a Gawker Media e vários réus relacionados. Esta soma extraordinária foi eventualmente negociada em novembro do mesmo ano para um valor menor (mas ainda enorme) de "apenas" 31 milhões de dólares. O acordo envolveu o abandono do direito de recurso por parte da defesa e o processo pode agora ser considerado encerrado.

Há uma questão distinta — para além do âmbito da presente discussão — relacionada à atribuição de montantes esmagadores a indenizações por perdas e danos. Isso se aplica a qualquer processo judicial em que os danos sejam desproporcionados em relação ao prejuízo que possa ser identificado. Contudo, com essa ressalva, o resultado a favor de Hogan foi, segundo creio, correto em princípio. O tribunal concedeu a ele indenizações compensatórias e punitivas pela publicação online, no blog Gawker, de uma gravação que o mostrava tendo relações sexuais com sua antiga amiga Heather Clem. O efeito foi a falência da Gawker Media e a destruição do próprio Gawker, o que provocou muitas reclamação na imprensa em geral e nas redes sociais. Muitos comentaristas trataram o caso como uma ameaça à liberdade de expressão ou à liberdade de imprensa, mas devemos ser céticos a este respeito. Se o que mais nos interessa é a liberdade de pensamento e de discussão, onde está o problema? Talvez a indenização devesse ter sido menor, o que poderia permitir que o Gawker sobrevivesse e publicasse qualquer material que quisesse que realmente tivesse valor social. No entanto, o tratamento invasivo que deram à vida de Hogan não acrescentou nada à deliberação política ou à discussão pública de tópicos de importância geral.

Este é um exemplo de como expressões como *liberdade de expressão* e *liberdade de imprensa* podem se tornar pouco mais do que slogans. Em vez de ver o conflito Hogan-Gawker simplesmente como censura estatal do Gawker, via tribunais, faríamos melhor em perguntar se realmente queremos que as organizações de mídia ricas decidam sobre a culpa ou inocência de indivíduos acusados de crimes — ou mesmo de comportamentos não criminosos, mas profundamente estigmatizados. Quando a mídia, incluindo a imprensa online, como o Gawker, estabelece-se como investigadores, promotores e juízes de delitos reais ou imaginários, isso pode ser injusto e socialmente perigoso. Infelizmente, muitas pessoas bem-intencionadas se posicionaram dizendo "Estou com o Gawker". Em maio de 2016, essas palavras foram usadas para a manchete de um *New York Times* cuja página de opiniões foi escrita por Stephen Marche, romancista e editor contribuinte do *Esquire*. Elas até se tornaram uma hashtag do Twitter.

Parte da simpatia por Gawker surgiu do fato de que foi revelado que Peter Thiel, um bilionário controverso do Vale do Silício, financiava o litígio de Hogan. Thiel tinha, ele próprio, sido tratado duramente pelo Gawker, criando uma aparência de que estava apoiando litígios contra o blog como um meio de vingança — e ele provavelmente o fez. Um medo óbvio quando indivíduos imensamente ricos, como Thiel, subscrevem processos é que isso, por si só, passará uma mensagem silenciosa: que eles podem se vingar dos meios de comunicação, mesmo quando eles próprios não têm reivindicações legais plausíveis. É preciso estarmos atentos a como indivíduos como Thiel empregam sua riqueza, possivelmente para silenciar o debate sobre temas importantes.

Neste caso, porém, Thiel não fez nada tão inescrupuloso. Ao financiar a queixa de Hogan contra uma defesa cimentada e determinada, ele tornou o sistema jurídico mais acessível àqueles com casos fortes de alegação de terem sido legalmente injustiçados. Quando muito, o problema aqui é que mesmo alguém como Hogan — ele próprio um homem bem-sucedido e rico — precisou da ajuda de alguém como Thiel para fazer valer a sua reivindicação.

Incitações e desumanização

Deixando de lado ataques difamatórios ou invasivos contra indivíduos, um possível limite à liberdade geral de pensamento e discussão aparece no famoso exemplo de Mill do distribuidor de milho e da "multidão excitada" reunida em frente à casa dele (MILL, 1974, p. 119). Segundo o autor, a expressão da opinião de que os distribuidores de milho são os responsáveis pela fome dos pobres deve ser permitida na imprensa regular. Se, no entanto, esse direito de expressão for entregue à multidão entusiasmada, pode provocar violência imediata — e isso pode merecer condenação social ou uma correção legal. Assim, Mill está permitindo tanta liberdade quanto ele acredita ser seguro. Ele estabelece o limite para a expressão social e juridicamente tolerável em um ponto em que a expressão se funde em ação: existe, então, um perigo imediato de violência com pouco a fazer a esse respeito. É tarde demais para persuasão ou reflexão, já que um ataque ao distribuidor de milho ou à sua propriedade pode ser iminente.

Embora isto pareça razoável, pode nem sempre constituir uma solução simples para os problemas sociais atuais. Há agora muitas circunstâncias que se inserem em uma zona cinzenta entre observações retóricas nos meios de comunicação social e uma demagogia total que pode incitar uma multidão potencialmente violenta. E se um jornal imprime, em vez de uma observação meramente retórica sobre os distribuidores de milho em geral, uma chamada para assassinar uma pessoa específica? E se houver uma campanha pública para exterminar os distribuidores de milho, ou algum outro grupo odiado, como uma classe de malfeitores, inimigos públicos, ou pior? E se esse chamado for de um demagogo político ou — talvez pior ainda, porque é ainda mais provável que ele tenha acólitos fanáticos — de uma autoridade religiosa venerada? Pense na famosa sentença de morte pronunciada contra Salman Rushdie em 1989 pelo aiatolá Khomeini (ver capítulo 7 para mais informações). E se o pedido de homicídio e de extermínio não for publicado em um jornal, mas se tornar viral na internet? Ou e se não for um único artigo, mas sim uma campanha de ódio conduzida dia após dia por meio do rádio e de outras mídias?

Antes de perdermos a perspectiva, *não* devemos adotar a ideia de que o Estado pode proibir toda e qualquer expressão que possa tender, por meio de quaisquer processos diretos ou indiretos, a causar hostilidade ou violência. Isso poderia afetar uma vasta gama de expressões intuitivamente legítimas, incluindo muitos livros sagrados. Se a promulgação de certas ideias encoraja a hostilidade por meio de um processo relativamente indireto e incerto, poderemos ter de combater a tendência com um discurso melhor e outros meios mais sutis do que as proibições. Contudo, em alguns casos, talvez tenhamos razões para agir de forma mais assertiva. Deve ficar claro que a incitação à violência não precisa estar fisicamente próxima a um evento violento em potencial para corresponder ao exemplo do distribuidor de milho de Mill. As comunicações a distância que envolvem grandes aiatolás em países estrangeiros podem criar perigos iminentes e específicos para indivíduos como Rushdie e os seus associados. As políticas públicas devem refletir esta realidade atual.

Podemos também considerar os efeitos do caso pior de discurso de ódio racial, e um bom ponto de partida é o livro desafiador de David Livingstone Smith, *Less than Human* [*Menos que humano*]. O autor descreve como o discurso de ódio pode explorar a propensão humana para ver pessoas de outros lugares e culturas como algo que não é exatamente humano e, portanto, (inevitavelmente) sub-humano. Uma vez que estamos no controle desta forma de pensar e falar, podemos facilmente acabar vendo os outros como demônios ou predadores, como presa para ser caçada, como gado substituível, ou (o pior de tudo) como vermes ou pestes: muitas vezes como cobras, ratos, aranhas ou baratas. Aplicada a todo um grupo de pessoas, a desumanização é muitas vezes "um prelúdio e uma companhia da violência extrema" (SMITH, 2011, p. 13). O grupo desumanizado é geralmente entendido em termos raciais e identificado pelas características faciais (forma dos olhos, lábios e nariz) e pela cor da pele. Entretanto, seus marcadores também podem incluir roupas, costumes, crenças e outras características culturais. A desumanização pode mesmo ser aplicada a profissões e classes sociais odiadas, como acontece com o extermínio soviético dos culáques — agricultores independentes ou camponeses relativamente ricos (SMITH, 2011, p. 147-8).

A desumanização vai muito além de ver um grupo de pessoas como adversários ou inimigos. Estes podem às vezes atrair nossa caridade e ganhar nossa admiração ao mesmo tempo em que os criticamos, opomo-nos ou lutamos contra eles. Uma vez efetivamente desumanizadas, as pessoas são vistas como não sendo realmente humanas, apesar das aparências, e, portanto, não merecem um tratamento melhor do que aquele que damos aos predadores perigosos que devem ser caçados ou às pestes que devem ser exterminadas: "Para os nazistas, os judeus não eram apenas não humanos; eram ratos em forma humana. E para os *genocidaires* de Ruanda, os tutsis eram baratas" (SMITH, 2011, p. 223). Quando grupos odiados são percebidos como seres humanos falsos, isso os faz parecer ainda mais perigosos e sinistros.

Há muita coisa que é retoricamente atraente na afirmação de que nenhuma ideia deve ser vista como herética ou além dos limites da tolerância. No entanto, podemos nos perguntar como literalmente entender isso quando pensamos na ideia de que certos grupos de pessoas em nosso meio são falsos humanos e pestes. Esse parece poder ser um caso excepcional.

No século XVII, John Locke sugeriu que algumas crenças são especialmente subversivas da ordem social e podem ser suprimidas pelo Estado de maneira justa (não por qualquer fundamento teológico, mas porque essas crenças pareciam, para Locke, incompatíveis com o funcionamento da própria sociedade). Nesta abordagem, o Estado poderia legitimamente suprimir a negação da existência de Deus e de uma vida após a morte, bem como doutrinas tais como a de que os cidadãos não precisam cumprir promessas, a de que os príncipes podem ser destronados se diferirem da religião "correta", a de que o orador tem a pretensão de domínio sobre todas as coisas, a de que não se deve ter fé nos hereges, e a de que se juntar à religião do orador — e portanto a "correta" — exige se sujeitar a um poder estrangeiro (LOCKE, 1983, p. 49-51).

Os exemplos de Locke podem não ser bons, e Mill lida de forma bastante robusta com os dois primeiros que mencionei (MILL, 1974, p. 90-3). Todavia, talvez Locke estivesse certo ao dizer que não podemos tolerar simplesmente *todas* os pontos de vista, não importando quão extremos e potencialmente subversivos sejam. Os pontos de vista baseados em — e defendendo — a inimizade racial podem ser bons candidatos ao que está fora dos limites da expressão legítima em uma democracia liberal contemporânea. A experiência histórica sugere que as pessoas podem estar especialmente, e irracionalmente, inclinadas para estes tipos de pontos de vista (comparar com SCHAUER, 1982, p. 28), e nós conhecemos o horror que pode resultar disso. Uma sociedade em que algumas pessoas são amplamente consideradas como animais nocivos já está ameaçada. Se, apesar de tudo, ela se mantiver estável, poderá ser às custas de uma classe de pessoas que são oprimidas de maneira atroz.

É uma mistura explosiva quando pontos de vista raciais extremos são expressos com uma linguagem e com imagens desumanizantes visceralmente poderosas. Mesmo quando não objetiva a incitação de atos específicos de violência, é provável, como diz Smith, que seja o prelúdio e a companhia da violência. Tudo isto nos dá razões para levar muito a sério a propaganda desumanizante de ódio e condená-la com a máxima severidade. Se devemos ir mais longe e tentar proibi-la por lei, é outra questão.

Respondendo ao ódio

Em sua fascinante biografia *Defending My Enemy* [*Defendendo meu inimigo*] , Aryeh Neier (1979), um distinto ativista das liberdades civis da herança judaica, explica porque ele estava preparado para defender o direito dos nazistas de marchar em Skokie, Illinois, em 1977. Skokie é um subúrbio majoritariamente judeu de Chicago, e na época muitos de seus moradores eram sobreviventes do Holocausto Nazista ou intimamente relacionados aos sobreviventes dele. Neier escreve comoventemente sobre o Holocausto e seu impacto sobre os judeus nos Estados Unidos e de outros lugares, incluindo o sentimento generalizado expressado por muitos judeus e outros de que tal coisa nunca mais deve acontecer. Um ponto de vista judaico perfeitamente compreensível foi o de que todos os sinais de um ressurgimento nazista devem ser interrompidos o mais cedo possível, incluindo a suspensão das marchas e dos esforços de propaganda dos nazistas.

A própria visão de Neier, tal como expressa em *Defending My Enemy*, é bastante diferente: é a de que qualquer coisa que não seja liberdade absoluta de expressão, ou pelo menos de discurso político e de protesto, não é de interesse dos judeus como um grupo único e singularmente vulnerável. Caso contrário, sob esse ponto de vista, a probabilidade é de que quaisquer restrições serão usadas contra judeus perseguidos quando for necessário.

Neier inclui um breve capítulo sobre a história e a queda da República de Weimar, muitas vezes vista como um exemplo do poder destrutivo da propaganda de ódio racial se for permitido que ela floresça. No entanto, ela foi também uma sociedade dilacerada pela amarga experiência da derrota na Primeira Guerra Mundial e pela contínua violência política em uma escala extraordinária, com muitos assassinatos realizados por organizações paramilitares de direita e um número um pouco menor por grupos de esquerda, como os Espartaquistas. A primeira, pelo menos, ficou em grande parte impune ou irrisoriamente punida. O próprio Adolf Hitler foi punido complacentemente depois do fracassado Putsch da Cervejaria em Munique, em 1923. A República de Weimar impôs suas leis contra o discurso ofensivo com alguma agressão, mas isso não impediu a ascensão dos nazistas ao poder (mesmo que isso tenha prejudicado grandes artistas e figuras literárias como George Grosz e Bertolt Brecht).

A lição que Neier tira disso não é a de que são necessárias leis contra a propaganda de ódio. Pelo contrário: "A lição da Alemanha na década de 1920 é que uma sociedade livre não pode ser estabelecida e mantida se não agir vigorosa e contundentemente para punir a violência política" (NEIER, 1979, p. 167).

Há muito que se pode dizer a favor e contra a ideia de que leis elaboradas de forma restrita e aplicadas com prudência contra a propaganda desumanizante, em particular, poderiam desempenhar um papel útil no combate à divisão racial e à violência. No fim das contas, estou disposto a apoiar leis que proíbam os piores tipos de propaganda de ódio racial, mas apenas com dúvidas e reservas. Estas leis trazem seus próprios riscos e devem, pelo menos, ser usadas com moderação. Um perigo óbvio, como sugerido por relatos como o de Neier (e ver também BOROVOY, 1988, pp. 40-53), é que levar nazistas e outros propagadores de ódio a julgamento pode ser ineficaz ou pior. Pode até amplificar seu discurso e transformá-los em mártires. Poderia ser mais eficaz se sua linguagem fosse recebida com desdém social, análise cautelosa como parte da educação das crianças e, talvez, um conjunto de normas legais e sociais relativamente pouco obstrutivas, tais como padrões de transmissão (impostos pelos governos ou adotados por emissoras como códigos voluntários).

Não tenho certeza de que haja uma única resposta correta sobre onde devemos traçar a linha que define o discurso do ódio, ou como devemos formular quaisquer proibições se decidirmos, após a devida reflexão, que elas são sábias. As melhores respostas podem variar de uma jurisdição para outra e podem depender das atuais circunstâncias locais. As mentes razoáveis provavelmente divergirão na ponderação das considerações e na decisão exata sobre o que deve ser feito.

Quaisquer que sejam as leis redigidas, elas devem, no entanto, ser tão claras quanto possível e tão limitadas quanto as circunstâncias permitirem. Em princípio, a expressão que incita ou abre caminho para a violência é um alvo justo para as proibições legais; no entanto, a administração e a aplicação da lei terão de ser criteriosas. Quaisquer ações judiciais teriam de visar casos de desumanização verdadeiramente graves dos grupos vulneráveis, tanto para refletir a política por trás da lei quanto para evitar que a lei seja desacreditada. Note, por exemplo, que nem todas as metáforas com animais, quando falamos de adversários, inimigos ou simplesmente pessoas com quem estamos bravos no momento, são seriamente desumanizantes no sentido em discussão. Há um enorme abismo entre descrever uma pessoa ignorante como burra (ou mesmo descrever uma pessoa sem higiene como um porco) e produzir a incessante propaganda antitutsi que foi transmitida em

Ruanda em 1994. Este último retratou os tutsis como serpentes e baratas a serem exterminadas, e desempenhou um papel crucial nos massacres genocidas em que oitocentos mil tutsis foram mortos.

Há sempre um perigo em encarar as opiniões em si como além dos limites da tolerância. Uma vez que identifiquemos mesmo uma classe de pontos de vista formalmente proibidos, pode-se esperar que ideólogos rivais envolvidos em conflitos culturais expandam essa classe ou identifiquem outras que eles argumentam serem "igualmente ruins" ou, pelas luzes de um ideólogo em particular, "realmente ainda piores". Quanto mais tentamos alargar o leque de opiniões consideradas intoleráveis, mais não liberais nos tornamos: mais parecemos pequenos autoritários, em vez de verdadeiros liberais e sucessores do Iluminismo e de John Stuart Mill. Assim, pressões compreensíveis para definir um discurso seriamente desumanizante como além dos limites da tolerância devem ser acompanhadas por uma contrapressão para definir as categorias de discursos proibidos de forma tão estreita e precisa como é prático para as necessidades da sociedade.

Os perigos de proibir a expressão

Infelizmente, pode ser tentador procurar proibições legais e intolerância social para pontos de vista que simplesmente não nos agradam (esse é um tema de *Freedom from Speech*, LUKIANOFF, 2014). Nas circunstâncias do século XXI, a tentação se aplica especialmente a pontos de vista sobre relações comunitárias, questões de gênero (amplamente compreendidas), imigração, práticas culturais e crenças religiosas. Embora se trate de temas complexos e sensíveis, mesmo um debate acalorado sobre eles é, em si mesmo, perfeitamente legítimo.

Por exemplo, algumas culturas podem ser mais resistentes do que outras a princípios liberais como a liberdade individual e (em seus vários sentidos) a liberdade de expressão. Alguns podem ser mais racistas, duramente patriarcais, sexualmente puritanos, homofóbicos, militaristas, inclinados a glorificar a violência interpessoal ou desagradáveis do que outros. Alguns podem favorecer práticas nocivas como rixas, vinganças, reclusão de mulheres ou mutilação genital feminina. Todas essas são questões legítimas para se pensar e discutir com outros. Da mesma forma, algumas religiões podem ser ameaças maiores à liberdade individual do que outras — seja porque têm códigos morais mais severos, porque estão mais inclinadas a impor suas visões laicas por meio do poder do Estado, ou mais geralmente porque têm sido menos "domesticadas" por eventos históricos. Muitas religiões têm tendências socialmente perigosas ou regressivas, e pode ser bastante racional se preocupar com elas e discuti-las.

Ajudaria, sem dúvida, se todas essas discussões fossem conduzidas com graça e civilidade. Todavia, tais tópicos despertam emoções fortes, e os sentimentos podem se inflamar em mais de um dos lados de uma discussão. Em qualquer caso, mesmo o discurso mais calmo sobre esses tópicos tem potencial de ferir sentimentos e provocar suspeitas. Isso é simplesmente parte de um debate público robusto; não deve ser usado como um teste para determinar se uma determinada expressão está ou não além dos limites da tolerância.

Leis excessivamente protetoras, tentando suprimir discursos meramente ofensivos, perturbadores ou antipáticos, acabam servindo aos abusos. Conversas importantes, e contribuições importantes para elas, podem ser caladas, pelo menos localmente, e ideias indesejadas podem ser retiradas do âmbito público local. Um exemplo proeminente nos últimos anos foi a infeliz saga de *The Hindus: An Alternative History* [*Os hindus: uma história alternativa*], um livro da estudiosa estadunidense Wendy Doniger. Ele foi publicado pela primeira vez pela Viking Penguin em 2008 (DONIGER, 2008), e uma edição foi lançada mais tarde pela Penguin India. Esse último foi alvo de críticas que alcançaram o nível da indignação.

Na época, Doniger era — e continua a ser — uma importante contribuinte internacional para o domínio da Indologia. Ela possui o título de professora (com grau de distinção de serviços *Mircea Eliade*) de História das Religiões da Universidade de Chicago. Em suma, ela é uma acadêmica altamente respeitada, com um longo e impressionante histórico de ensino e publicação. Embora seja inovador, e talvez iconoclasta em alguns aspectos, *The Hindus* é um livro acadêmico sério e baseado em pesquisas profundas. Quando eu mesmo o li, achei-o fascinante, e sou testemunha de que ele não trata o tema de uma forma zombeteira ou depreciativa (há uma certa dose de humor suave a animar a sua prosa, mas isso é tudo. Não é óbvio, em qualquer caso, por que as religiões devem ser protegidas contra zombarias, sátiras ou críticas severas por autores menos simpáticos a elas do que Doniger.)

The Hindus despertou a raiva dos grupos de direita (nacionalistas hindus) na Índia, e no início de 2010 a ativista Dinanath Batra enviou um aviso legal à Penguin India e ao Penguin Group, sediado nos Estados Unidos. Em 2011, Batra e outros peticionários iniciaram um processo judicial invocando a Seção 295A do Código Penal Indiano, que prevê, de forma relevante, a punição penal de qualquer pessoa que deliberada e maliciosamente ultraje os sentimentos religiosos:

> Quem, com intenção deliberada e maliciosa de ultrajar os sentimentos religiosos de qualquer classe de cidadãos da Índia, através de palavras, faladas ou escritas, ou de sinais ou de representações visíveis ou de outra forma, insultar ou tentar insultar a religião ou as crenças religiosas dessa classe, será punido com prisão por um período que pode ser de até três anos, ou com multa, ou com ambos.

Poderíamos esperar que o elemento mental de alto nível nessa ofensa legal (o nível alto de *mens rea*, ou má fé) tornasse difícil obter condenações por violação da Seção 295A. É difícil provar algo tão forte como "intenção deliberada e maliciosa". Esta formulação ultrapassa mesmo o conceito de malícia real, que é tão difícil de provar em casos estadunidenses de difamação apresentados por figuras públicas. Na prática, no entanto, mesmo com este componente de *mens rea*, a Seção 295A cria um efeito de amenização na fala e expressão na Índia. Essa amenização se estende até ao discurso acadêmico. A Penguin finalmente resolveu o caso no início de 2014, retirando o livro do mercado indiano e removendo todas as cópias restantes dentro de sua jurisdição. No final de 2015, *The Hindus* foi republicado na Índia pela Speaking Tiger, uma editora independente.

Como tantas vezes em casos como esses, o autor em questão pode ter acabado vendendo mais cópias de seu livro do que teria feito de outra forma. Falando por mim, comprei e li uma cópia em parte devido a um sentimento de apoio a Doniger, e em parte para ver em primeira mão do que se tratava a confusão. Não é claro se o processo judicial e seu resultado produziram ou não um prejuízo econômico global para a autora e o seu editor, mas esse não é o ponto mais importante. Mesmo que Doniger e Penguin se saíssem melhor como resultado da notoriedade do livro, casos como esse podem intimidar outros autores e editores que podem não ter tantos recursos (como a Penguin), não ser tão ousados (como a Speaking Tiger), ou não ser tão renomados e bem estabelecidos (como o Doniger).

Se um livro como *The Hindus* pode ser entravado em outros países depende não só da legislação local, mas também das atitudes dos juízes locais, funcionários do governo e da população em geral. Não consigo imaginar o livro tendo um destino assim no Reino Unido ou na Austrália (e certamente não teria nos Estados Unidos), mas deve-se enfatizar novamente que a disposição legal indiana invocada contra Doniger não foi especialmente adversa à posição tática dos réus. Apesar disso, a Penguin decidiu se contentar com termos aparentemente desfavoráveis. Em muitos outros casos, em uma ampla gama de jurisdições, a expressão legítima sobre tópicos de interesse político ou geral tem sido punida ou dificultada por uma ou outra forma de ação legal.

A moral desta história não é que o Estado deve se manter totalmente fora da regulação da expressão que envolve sensibilidades religiosas, raciais, culturais e similares. Não há nenhum argumento definitivo para isso, e parte dessa expressão é fundamentada em formas de hostilidade que podem evoluir em intensidade até os piores tipos de racismo. A hostilidade a estrangeiros e culturas estrangeiras, e às religiões de outras pessoas, pode revelar ignorância, medo irracional, tribalismo irrefletido e atitudes insensíveis a qualquer um que seja visto como o Outro. Tudo isso merece crítica, mas deve haver alguma margem para que ela aconteça, ou muitas expressões legítimas serão amenizadas ou punidas injustamente. A moral da história, então, é que quaisquer restrições a expressões ofensivas ou discursos sobre tópicos sensíveis devem ser constantemente escrutinadas. Isto inclui a forma como as leis são elaboradas e a forma com que são interpretadas e aplicadas na prática. Se vamos ter estas leis, temos de mantê-las focadas nos piores casos de propaganda de ódio.

Necessidade de vigilância

Como deve ser dito repetidamente, os governos são perigosos quando começam a restringir nossa expressão, mas não são apenas censores incompetentes. Na verdade, o governo pode ter um papel valioso na detenção das piores formas de difamação, discurso invasivo e discurso desumanizador que incita ou estabelece as bases para a violência. Pode haver outras categorias onde o envolvimento do governo é, tudo considerado, necessário ou desejável, mas os perigos devem nos levar a suspeitar de quaisquer leis que restrinjam o que podemos pensar e dizer. É imperativo que continuamente escrutinemos, desafiemos e controlemos a censura governamental.

Ao mesmo tempo — e isso também deve ser dito reiteradamente — temos razões para escrutinar e desafiar as restrições não governamentais à nossa expressão. Devemos nos preocupar com quaisquer respostas sociais excessivamente amplas ou zelosas às formas de expressão que alguns não gostam ou acham perturbadoras. Ataques não governamentais contra pessoas, ideias e produtos culturais podem resfriar opiniões e a criatividade. Muitas forças sociais e participantes da sociedade impõem um ou outro tipo de conformidade por meio de mecanismos sutis ou não tanto. Devemos mantê-las sob escrutínio, expô-las a uma discussão mais ampla e, se e quando necessário, opor-nos energicamente a elas.

Se adotarmos essa abordagem, podemos decepcionar os absolutistas com relação à liberdade de intervenção do governo na expressão, embora na prática — pelo menos em jurisdições fora dos Estados Unidos, com sua abordagem única entre as democracias liberais — normalmente busquemos reduzir, em vez de ampliar, as atuais restrições à expressão. Podemos também desapontar aqueles que apoiam uma infinidade de restrições governamentais ou não à expressão ofensiva.

Parece que cada vez mais pessoas, especialmente nas gerações mais jovens, agora apoiam restrições legais substanciais e outras restrições formais às formas de expressão das quais não gostam. Elas podem ser muito agressivas em relação a essa visão, e algumas consideram a defesa da liberdade de expressão como sendo politicamente suspeita. Neste ambiente, os defensores da liberdade de expressão, não importa quão conscienciosos, bem informados, convincentes e simpáticos aos outros possam ser, podem esperar acusações de intolerância ou de agendas secretas. Na melhor das hipóteses, serão acusados de insensibilidade e desinformação. Essas suspeitas e acusações podem, infelizmente, ser o preço que temos de pagar. Muitas vezes, a única alternativa é permanecer em silêncio sobre o tratamento injusto de indivíduos, desenvolvimentos sociais não liberais e uma tendência antiliberal que é aparente em grande parte do pensamento de esquerda ou liberal (revisionista).

5
CONFORMIDADE E SEUS LIMITES

Conformidade, prós e contras

Em *Making the Social World*, John Searle observa que parece haver um "desejo humano de estar em conformidade, de ser como as outras pessoas e de ser aceito por elas como membros do grupo" — e isso nos motiva a aceitar as instituições e convenções que constituem nossa realidade social (SEARLE, 2010, p. 108). Em grande parte dos casos, o impulso é benigno, e as sociedades humanas não poderiam funcionar sem ele. Em muitas situações, algumas convenções devem ser acordadas — quer se trate dos valores atribuídos ao dinheiro na moeda local ou de uma regra oficial sobre a mão correta das vias.

No entanto, a conformidade tem um lado negativo. Ela tende ao tribalismo, à punição de não conformistas inofensivos (ou até mesmo socialmente úteis) e à demanda por formas de expressão e ação desnecessariamente uniformes. Na maioria dos casos, infelizmente, a conformidade não envolve reservas e discernimento. Ou seja, a aceitação geral das atitudes, crenças e formas de agir e falar do grupo não combina com áreas seletivas de dúvida ou dissidência. A conformidade individual com os valores e práticas de um grupo tende a ser tudo ou nada. Os indivíduos dentro de um grupo tendem a desenvolver um consenso tácito sobre o que parece ser um membro prototípico do grupo. Cada um será mais aceito, receberá mais confiança e será mais recompensado à medida em que se assemelhe ao protótipo. Os membros do grupo mais marginais ou periféricos — aqueles que divergem do protótipo por qualquer razão — são altamente vulneráveis:

> Eles serão vistos como desviantes ou indivíduos marginais em vez de pessoas que simplesmente têm opiniões diferentes e se comportam de maneiras diferentes dentro do grupo. A diversidade é traduzida em desvio e patologia (HOGG, 2005, p. 251).

Há penalidades para pensar independentemente, enquanto há recompensas sociais para se aproximar ao protótipo tanto quanto possível — e particularmente para imitar as opiniões e comportamentos dos líderes do grupo. Estranhamente ou não, os membros marginais são por vezes os mais zelosos na aplicação das normas do grupo, "os mais ferozmente intolerantes da diversidade normativa" (HOGG, 2005, p. 253), embora alguns acabem por se afastar do grupo. As pressões para que ideias e opiniões entrem em conformidade, incluindo a exclusão de alguns indivíduos, produzem resultados prejudiciais para o próprio grupo — de modo mais óbvio quando ideias potencialmente valiosas são rejeitadas ou um conhecimento útil é mantido escondido. A rejeição de indivíduos pelo grupo prejudica os mesmos, é claro, e as consequências podem se propagar se (como é provável) os membros rejeitados se tornarem hostis:

> A experiência da exclusão social torna as pessoas hostis e agressivas. A rejeição intensifica as respostas agressivas típicas após a provocação, mas também instiga respostas agressivas na ausência de qualquer provocação. Quando as pessoas são alienadas e excluídas da comunidade social, os

> resultados são prejudiciais — não só para esses indivíduos, mas para a comunidade em geral (CATANESE; TICE, 2005, p. 305).

Roy F. Baumeister e Mark R. Leary são os autores de um importante artigo que examina o que eles veem como uma necessidade humana fundamental de participar de grupos e de buscar relacionamentos estreitos. Sua principal ênfase é no valor do contato próximo frequente, mas também salientam o impacto psicológico devastador da exclusão e da solidão:

> Um padrão geral pode muito bem ser o de que culturas usem a inclusão social para recompensar e a exclusão para punir seus membros como forma de fazer valer os seus valores. Como é bem sabido, muitas civilizações antigas equivaliam o exílio e a morte, que parece sugerir que a vida é desejável somente dentro da rede de relacionamentos próximos a que a pessoa pertence (BAUMEISTER; LEARY, 1995, p. 521).

A conformidade é orientada por uma variedade de fatores, e a pesquisa continua na área das ciências sociais para estabelecer exatamente como esses fatores interagem, e em que circunstâncias. A conformidade é obtida, em parte, por meio de todas as seguintes medidas:

- Socialização das crianças para que aceitem valores e crenças locais;
- Padrões de manipulação emocional e propaganda;
- A superioridade genuína de certos métodos sobre outros;
- A necessidade social de resolver problemas de coordenação (e manter as soluções);
- Uma tendência humana aparentemente inata de entrar em conformidade;
- E, é claro, o uso de indução e punições (formais ou não).

Na maioria dos casos, as punições não precisam ser mais do que expressões de desaprovação, mas podem se transformar em depreciação, humilhação e sanções legais formais.

Como de costume com tópicos como este, John Stuart Mill tinha algo importante a dizer. Em *Sobre a liberdade*, queixa-se de que mesmo os reformadores sociais procuram a conformidade e não gostam da espontaneidade individual:

> a espontaneidade não faz parte do ideal da maioria dos reformadores morais e sociais; ao contrário, é vista, com inveja, como uma obstrução perturbadora e talvez rebelde à aceitação geral do que estes reformadores, em seu próprio julgamento, pensam que seria melhor para a humanidade (MILL, 1974, pp. 120-1).

Conformidade e cascatas

Em um artigo sobre os mecanismos de conformidade, Sushil Bikhchandani e seus colaboradores reconhecem os fatores geralmente identificados na literatura acadêmica. No entanto, invocam a existência de "cascatas informacionais" como um mecanismo adicional e poderoso para explicar o fenômeno da conformidade localizada (a tendência a um comportamento social uniforme em qualquer lugar e tempo específicos) e daquilo que chamam de "a fragilidade dos comportamentos em massa". Observam que a maioria dos fatores postulados como mecanismos de conformidade sugerem que esta assumiria uma forma rígida, mas na prática "o comportamento em massa não raro é frágil no sentido de que pequenos choques podem frequentemente conduzir a grandes mudanças de comportamento" (BIKHCHANDANI; HIRSHLEIFER; WELCH, 1992, p. 993).

Como definido por Bikhchandani, Hirshleifer e Welch (1992, p. 994), uma cascata informacional ocorre "quando é ideal para um indivíduo, tendo observado as ações daqueles que estão à sua frente, seguir o comportamento do anterior independente da informação que ele próprio tem". Se, por exemplo, pedirem que eu revise um artigo para possível publicação em uma revista acadêmica, posso considerar (se de alguma forma eu tiver como saber) o fato de que ele foi rejeitado por uma revista anterior. Se um revisor da próxima revista (de alguma forma) descobre que o artigo foi rejeitado duas vezes, isso pode parecer uma forte evidência de sua baixa qualidade, e assim estamos em uma cascata de decisões, já que os tomadores de decisão sucessivos confiam em seu conhecimento do que foi decidido pelos anteriores.

Se os adolescentes estão decidindo se experimentarão ou não drogas, "um forte motivo para experimentar [...] é o fato de que os amigos o estão fazendo. Por outro lado, ver amigos rejeitarem as drogas poderia persuadir um jovem a ficar limpo" (BIKHCHANDANI; HIRSHLEIFER; WELCH, 1992, p. 994). Assim, uma sequência de decisões pode assumir vida própria, independentemente dos méritos (vistos de fora da sequência como um todo) das primeiras decisões. Tomadores de decisão posteriores na sequência não estão agindo irracionalmente ao usar decisões anteriores como evidência — do tipo convincente —, mas suas decisões não serão necessariamente as melhores para o propósito em questão, ou para atender a critérios independentes de mérito. As cascatas podem, em outras palavras, "estar frequentemente equivocadas" (BIKHCHANDANI; HIRSHLEIFER; WELCH, 1992, p. 995).

Como resultado, líderes de opinião confiantes e bem informados exercem enorme influência. Se, como é provável na prática, eles tomarem decisões no início de uma sequência, serão seguidos por indivíduos menos confiantes. Nas circunstâncias (talvez incomuns) em que eles entrem na sequência mais tarde, podem confiar mais do que outros em suas próprias informações e ser capazes de quebrar uma cascata. As cascatas também podem ser quebradas por outros meios, como quando novas informações são divulgadas ao público.

À medida em que as cascatas informacionais operam por meio dos indivíduos — "especialmente aqueles com pouca informação ou experiência" — que procuram orientação nas decisões dos outros, o mecanismo não é coercivo (BIKHCHANDANI; HIRSHLEIFER; WELCH, 1992, p. 1013). No entanto, indivíduos que são julgados negativamente em alguma etapa de uma sequência de julgamentos podem ser injustamente estigmatizados. Um exemplo é um candidato a emprego que é recusado por empregadores parcialmente com base na informação de que foi recusado pelos anteriores; ele pode então se tornar inapto para a contratação embora seja bem qualificado e competente. Inversamente, "um candidato a emprego que recebe ofertas de emprego antecipadas" pode receber o estatuto de "estrela" sem necessariamente possuir qualquer mérito extraordinário (BIKHCHANDANI; HIRSHLEIFER; WELCH, 1992, p. 1014). E, assim, as cascatas fornecem um mecanismo que tende para a conformidade.

Loury sobre a conformidade política

Em um artigo muito discutido em 1994 ("Autocensura no discurso público: uma teoria sobre a 'retidão política' e fenômenos relacionados", LOURY, 1994), o economista estadunidense Glenn C. Loury examina os mecanismos da conformidade política: em particular, a conformidade com as ideias políticas e com a linguagem. Ele explica uma lógica perniciosa pela qual uma política ou maneira de falar pode assumir um significado simbólico. Qualquer oposição às políticas que são atualmente favorecidas pelo grupo será interpretada como dissidência dos valores do grupo — revelando o dissidente como um apóstata e provavelmente como alguém que compartilha os valores desprezados que pertencem àqueles de fora do grupo. Isso cria uma pressão para autocensurar quaisquer dúvidas, com o efeito adicional de que apenas aqueles que realmente rejeitam o sistema de valores do grupo são propensos a expressar quaisquer dúvidas que tenham. O resto de nós guarda silêncio ou fala sem sinceridade.

Mesmo as afirmações fatuais podem se tornar fetiches ou xiboletes, quer sejam verdadeiras ou não. Um exemplo citado pelo economista e cientista político Timur Curam, em seu livro *Private Truths, Public Lies* [*Verdades privadas, mentiras públicas*], refere-se à incidência da homossexualidade masculina. Escrevendo em meados da década de 1990, Kuran apontou que o número de homens exclusivamente homossexuais nos Estados Unidos era frequentemente citado como 10% da população masculina em geral, apesar de um estudo rigoroso publicado em 1993 ter encontrado um valor de apenas 1,1%, mais outros 1,2% que tinham tido relações sexuais homossexuais na década anterior (KURAN, 1995, p. 11).

Mais de duas décadas depois, ainda não conhecemos a proporção exata de homens exclusivamente gays nas atuais populações ocidentais, com problemas metodológicos inerentes na obtenção de dados e uma variedade de números diferentes citados na literatura relevante das ciências sociais (GATES, 2011, pp. 3-5). No entanto, o valor de 10% ainda é frequentemente utilizado, embora seja, sem dúvida, demasiado elevado. Com base na pesquisa de Gates, esse número seria quase certo, e mesmo ligeiramente baixo, apenas se fosse usado para todos os indivíduos de ambos os sexos que reconhecem pelo menos alguma atração pelo mesmo sexo. Esse é um conceito muito diferente. Como uma experiência social informal, tente discutir sobre isso da próxima vez que ouvir alguém mencionar o número de 10%, e veja como a conversa se desenvolve. Não falaremos sequer das complexas questões fatuais relacionadas com os diferentes padrões de atração, atividade e identificação sexuais nas populações masculina e feminina.

Contudo, por que isso importa? Nosso apoio aos direitos dos homossexuais, lésbicas, bissexuais e outros deve ter pouco — ou nada — a ver com estimativas de sua quantidade, ou da sua presença como percentagem, na população total. Eles não fazem mal nenhum ao serem atraídos e desfrutarem a intimidade sexual e o prazer com outras pessoas do mesmo sexo. É opressivo para eles, e claramente injustificável, quando são considerados pela lei como cidadãos de segunda classe, ou quando são tratados com hostilidade social. Isso deveria ser o suficiente para que ganhassem o apoio de pessoas bem-intencionadas de todas as orientações sexuais. Tudo isto decorre de princípios liberais muito familiares.

As pressões no sentido da conformidade, da autocensura e da solidariedade política dentro de nossos vários grupos têm consequências quase inevitáveis. Acabamos com um debate empobrecido e, possivelmente, com a implementação de políticas erradas. Isto se aplica à clássica caça às bruxas política dos julgamentos de McCarthy. Durante esta época, muitos estadunidenses simpatizaram com os ideais de um poderoso adversário global, a União das Repúblicas Socialistas Soviéticas (URSS) liderada por Stalin, levando a esforços governamentais para identificar e, de alguma forma, neutralizar os comunistas locais. Nas circunstâncias da época, qualquer escrúpulo ou demanda de direitos civis ou de processo legais poderia facilmente ser retratado como prova de deslealdade:

> Afinal, havia verdadeiros comunistas entre nós, empenhados em fazer avançar a agenda da União Soviética. Além disso, quem eram exatamente essas pessoas, exprimindo objeções processuais tão veementes à utilização de salvaguardas razoáveis contra eventuais violações da segurança? Que tipo de pessoa iria, dadas as circunstâncias, discutir sobre as liberdades civis de alguns comunistas e dos seus companheiros de viagem? (LOURY, 1994, pp. 443-4).

Loury continua com uma descrição vigorosa da expansão da URSS na Europa e de outros aspectos da suposta ameaça comunista. Ele então apresenta algumas perguntas devastadoras:

> Não poderíamos inferir algo sobre os valores deles [isto é, libertários civis e arruaceiros] a partir de sua recusa em "dar nomes" ou da sua vontade de falar abertamente em nome dos acusados? Aqueles que se opõem aos nossos métodos de investigação não deveriam ser sancionados? (LOURY, 1994, p. 444).

Em nota de rodapé, acrescenta, por prudência: "Declaro, para o devido efeito, que este relato não exprime minha opinião pessoal, mas descreve os pontos de vista hipotéticos de um 'estadunidense típico' no início da Guerra Fria" (LOURY, 1994, p. 457). Como ele implica, mesmo este aviso pode não ser necessariamente suficiente para evitar interpretações duras. Afinal de contas, como poderiam pensar mentes desconfiadas, um traidor de valores progressistas diria algo assim, não é verdade?

Sob as circunstâncias sociais dos Estados Unidos do início da Guerra Fria, até mesmo os libertários civis genuinamente anticomunistas se calavam sobre o que estava acontecendo. Durante algum tempo, neste período obscuro da história dos Estados Unidos, Joseph McCarthy e outros caçadores de bruxas foram deixados livres para dizer o que quisessem sobre os outros — por mais extravagante, vicioso, infundado e até mesmo completamente falso que fosse —, sem que se cobrasse sua responsabilidade. Este fenômeno de manchar reputações — e assim destruir vidas — estende-se, como demonstra Loury, a muitas situações que parecem distantes dos medos de comunistas da época da Guerra Fria. Em muitas circunstâncias, é fácil representar os adversários em uma questão específica, ou em um aspecto de alguma, não só como errados, mas também como moralmente infundados (Mill nos advertiu contra isso, é claro, em *Sobre a liberdade*, 1974, p. 117).

Reclamar quando tais difamações são usadas para reprimir o debate será tomado como um sinal especialmente forte de mau caráter e lealdade a valores odiosos. Assim, a lógica da difamação cria uma situação como a de Ardil-22: a difamação em si não pode ser desafiada sem custos pessoais pesados. Como Loury (1994, p. 446) o expressa, "sob uma convenção de expressão pública reprimida, pessoas prudentes não protestam pelo direito de dizer coisas imprudentes". Os oradores com mentalidade estratégica podem tentar dar algum espaço para suas opiniões com afirmações fracamente formuladas e imprecisas — mas mesmo que isso às vezes funcione para proteger reputações, mina uma discussão útil.

Loury define o politicamente correto, ou PC, como uma forma de restrição social: "Eu trato o fenômeno do PC como *uma convenção social implícita de restrição à expressão pública, operando dentro de uma determinada comunidade*" (1994, p. 430; itálicos de Loury em todas as citações relevantes). As queixas sobre o politicamente correto são, em si mesmas, amplamente vistas como marcas de insanidade moral.

Há também uma questão, pessoalmente para mim, de que tais queixas são frequentemente de indivíduos com opiniões substantivas bastante distantes das minhas (ver capítulo 1). Em alguns contextos, posso ser acusado de politicamente correto apenas por apoiar os direitos ao aborto ou o casamento entre pessoas do mesmo sexo. Por isso, tenho dúvidas quanto ao termo "*politicamente correto*". Até mesmo Loury adverte que as queixas sobre o politicamente correto por vezes parecem não ser mais do que sobre o quanto as opiniões particulares da pessoa que se queixa são impopulares localmente. Se assim for, o termo não ajuda.

Entretanto, mesmo com todas essas ressalvas, Loury está analisando um problema real. Poderia ser melhor chamar isso de o problema da conformidade política do que usar tal termo contestado e transformado em arma como *correção política* — mas, como quer que o chamemos, o problema está aqui, diante de nós. A pressão incessante para entrar em conformidade distorce a consideração de questões importantes. Como Loury explica com cuidado, o maior problema não são os excessos recentes do policiamento linguístico nos campi universitários e nas faculdades, embora estes sejam preocupantes para a liberdade acadêmica e por outras razões (para as quais ver LUKIANOFF, 2014), mas sim as pressões mais universais para se conformar. Convenções de restrição à expressão pública podem surgir, diz Loury, porque:

> (a) uma comunidade pode precisar avaliar se as crenças de seus membros são consistentes com seus propósitos coletivos e formalmente reconhecidos, e (b) o escrutínio de suas declarações públicas é muitas vezes uma maneira eficiente de determinar se as crenças dos membros estão de acordo com as normas comunitárias (LOURY, 1994, p. 430).

O policiamento resultante conduz à autocensura quando indivíduos cujas crenças geralmente coincidem com as do grupo, "mas diferem de algum aspecto da sabedoria comunitária", calam-se por medo do ostracismo (LOURY, 1994, p. 430). Isso leva Loury a uma discussão perspicaz sobre o comportamento estratégico na forma como comunicamos nossos pensamentos. A maioria dos oradores logo aprende sofisticação suficiente para editar e censurar o que eles dizem, embora alguns claramente tenham menos jeito para isso (ou menos paciência para tal) do que outros. Estes correspondem às "personalidades galileias" identificadas por Alice Dreger no *Galileo's Middle Finger* (DREGER, 2015, p. 141). Abordaremos algo sobre isso em capítulos posteriores.

Agindo estrategicamente e indo a extremos — conformidade vitaminada

O resultado das pressões para se entrar em conformidade pode ser uma corrida armamentista na qual os ideais de humildade epistêmica, a conversa sincera e a abertura a outros pontos de vista são perdidos. Os oradores querem persuadir, e eles certamente não querem ser desconsiderados, ou mesmo demonizados, sem que se considere o que eles estão realmente tentando dizer. Seus ouvintes querem destilar informações úteis, mas não querem ser enganados ou manipulados. Como diz Loury, "ambas as partes têm de se comportar *estrategicamente*" (LOURY, 1994, p. 431). Ele continua na mesma linha:

> A comunicação ingênua — em que um orador afirma literalmente tudo o que pensa, e/ou um público aceita as suas representações pelo seu valor nominal — é rara, e tola, na política. A *expressão* de um orador político é mais frequentemente um esforço calculado para alcançar algum fim escolhido, e essa *impressão* do público sobre o orador é geralmente alcançada, de modo que ele reconheça que é assim (LOURY, 1994, p. 431).

Assim, com o discurso político, estamos sempre lendo nas entrelinhas. Perguntamos se as pessoas que se dirigem a nós compartilham dos nossos valores e se podemos confiar poder a elas. Devemos, como diz Loury, "perguntar: 'que tipo de pessoa falaria assim comigo?'" (LOURY, 1994, p. 432). Dessa forma, a busca para interpretar o significado envolve julgamentos sobre o caráter do orador, enquanto os oradores que sentem isso ajustam suas mensagens como proteção contra quaisquer julgamentos que os ouvintes possam fazer, empregando alguns argumentos e expressões enquanto evitam outras — não para fins de peso lógico, mas para uma performance bem-sucedida. Esse ajuste e camuflagem, essa falta de sinceridade e ofuscação podem se estender além da política e da discussão acadêmica. Também podemos vê-los em ação em muitos debates religiosos, culturais e morais — em vez de estritamente políticos — na esfera pública. Eles podem se infiltrar em conversas privadas, parando — se é que param —, apenas em trocas confidenciais entre entes queridos e amigos íntimos. Assim, Loury comenta com tristeza a provável recepção de seu próprio artigo:

> Considere este ensaio como um caso para análise. É público e político, apesar do verniz acadêmico. Abordar o tema do "politicamente correto", quando o poder e a autoridade dentro da comunidade acadêmica estão sendo contestados por ambos os lados dessa questão, é convidar ao escrutínio dos próprios argumentos por parte dos potenciais "amigos" e "inimigos" (LOURY, 1994, p. 434).

A mesma coisa se aplica, é claro, a escrever este livro! Em cada caso, o autor será escrutinado à procura de lealdades a certas tribos e motivações ocultas. Isso, de acordo com o relato de Loury, envolverá avaliações de caráter baseadas em quaisquer pistas disponíveis. Como autores, ele e eu estamos cientes disso, e podemos fazer qualquer coisa que não simplesmente ignorar esse fato. Seja em maior ou menor medida, nós inevitavelmente "escrevemos entre as linhas" (LOURY, 1994, p. 435), sabendo que os leitores lerão o que há nas entrelinhas. Minha própria intenção é ser o mais transparente possível sobre minhas suposições, crenças, valores e motivos, e mesmo assim me encontro (frustrantemente) fazendo exatamente os tipos de ajustes finos aos quais Loury se refere.

Dentro de um ambiente de conformidade política, qualquer pessoa que se pronuncie sobre um determinado tema de uma maneira particular será julgada pessoalmente. Significados serão lidos em sua maneira de se expressar, e seus argumentos podem nunca ser examinados por seus méritos. As perguntas sobre seus dados e seu raciocínio podem muito bem ser postas de lado e, em vez disso, a pessoa será avaliada como alguém que estava disposto a falar daquela determinada forma, naquele determinado momento, sobre aquele determinado tópico. Isso pode revelá-la como uma apóstata do seu grupo, especialmente se seus verdadeiros crentes estiverem escondendo quaisquer dúvidas que *eles* possam ter em relação à ortodoxia local. Uma consequência provável é que os moderados e dissidentes internos de um grupo serão expulsos das conversas, ou pelo menos forçados a manter silêncio sobre as suas opiniões moderadas e dissidentes (LOURY, 1994, pp. 43-6).

Um outro resultado é que o processo contribui para a polarização grupal, um fenômeno estudado por psicólogos desde o início da década de 1960. Como o ilustre estudioso jurídico Cass Sunstein expressa a ideia em seu livro sobre o assunto, *Going to Extremes* [*Caindo para os extremos*] "membros de um grupo de deliberação geralmente acabam em uma posição mais extrema da mesma direção geral que tinham suas inclinações antes da deliberação começar" (SUSTEIN, 2009a, p. 3). Como resultado, um grupo com a mesma mentalidade se voltará para a opinião mais extrema ou (quando visto de fora) implausível que pode ser encontrada dentro do grupo antes do início da discussão e deliberação. Na verdade, o resultado pode ser uma opinião mais extrema do que aquela com que qualquer um no grupo começou.

A polarização interna amplifica as diferenças entre os grupos, mas diminui a diversidade de pontos de vista dentro de cada um. A dinâmica de interação entre os seus membros encoraja variações extremas sobre quais pontos de vista são considerados aceitáveis. O resultado é, por assim dizer, uma conformidade vitaminada. Os membros do grupo provavelmente definirão suas posições para impressionar os demais, muitas vezes assumindo posturas mais radicais do que poderiam honestamente justificar. Eles podem reter quaisquer informações que possuam e que possam moderar os pontos de vista do grupo ou pôr em cheque nos pontos de vista de seus membros de alto escalão. Se este comportamento for recompensado com status, elogios e outros benefícios — enquanto a defesa da moderação é punida — o resultado pode ser um ponto de vista do grupo muito distante de qualquer tipo de apoio em evidências.

A polarização de um grupo nem sempre é ruim. Às vezes, pode ter efeitos socialmente úteis se os membros do grupo pressionarem uns aos outros para que respondam de forma decisiva às injustiças. Ela é, no entanto, um perigo para opiniões precisas e bem comprovadas — e os pontos de vista exóticos que elas geram podem ser aplicados pela patrulha da política da pureza para anular dissidências internas. Isto bloqueia o desenvolvimento de ideias mais moderadas e mais comprovadas.

Um outro resultado da conformidade é que as únicas opiniões que são frequentemente expressas em praça pública serão aquelas que já são aceitáveis para um ou outro grupo politizado:

> Para cada ato de "expressão aberrante" visto como merecedores de punição pela "patrulha do pensamento", há inúmeros outros argumentos críticos, dissensões da verdade aferida, relatórios factuais desagradáveis ou desvios não conformistas de pensamento que não são expressos, ou cuja expressão é distorcida, porque os potenciais palestrantes temem, com razão, as consequências de uma exposição sincera de suas opiniões (LOURY, 1994, p. 438).

O processo de ajuste e distorção pode levar ao uso de palavras-chave que tranquilizem certos públicos e evitem certas expressões (talvez úteis anteriormente) que se tornaram palavras-chave usadas por oponentes. Alguns tópicos até passam a ser considerados fora dos limites, exceto para indivíduos com "proteção natural". A menos que você possa reivindicar a identidade de um grupo relevante, má-fé pode ser assumida. Assim, indivíduos pensadores podem ser acovardados até ficarem em silêncio, pelo menos se tiverem algo a dizer além da concordância mais banal com a visão da tribo. (Uma outra implicação discutida por Loury é que os elementos de dentro que têm uma aparência de destaque podem ser tratados com muita severidade se romperem relações publicamente com seus aliados políticos: esses elementos podem ter *credibilidade demais* junto ao público em geral. Como um intelectual público afro-americano de alto nível, Loury está muito atento a essas questões.)

A politização da discussão e do debate afeta até mesmo a prática da pesquisa acadêmica, com cientistas e estudiosos sob a pressão de não seguir certas linhas de pesquisa. Neste ambiente, a academia se torna um campo minado para negociar em segurança. As pressões para a autocensura podem distorcer o que é publicado e o que conta como conhecimento. Além disso, concessões sobre a verdade tal como a entendemos se acumulam ao longo do tempo e entre os muitos agentes envolvidos. Cedemos a um sistema em que a verdade geral é nublada, embora, em algum nível, estejamos todos cientes disso e sejamos cúmplices dele.

Falsificação de preferências

Em *Private Truths, Public Lies*, Timur Kuran discute os clássicos experimentos de conformidade conduzidos por Solomon Asch nos anos 1950 (e variantes executadas desde então). Estas experiências revelam o efeito poderoso das percepções expressas por outros em indivíduos isolados. Os participantes dos experimentos receberam um conjunto de tarefas simples. Eles foram instruídos a combinar uma "linha padrão" em um grande cartão branco com uma das três "linhas de comparação" (para uma descrição da configuração experimental básica e instruções, ver ASCH, 1952, pp. 451-7). Duas das linhas de comparação eram clara e substancialmente diferentes ao longo da linha padrão, não deixando margem para dúvidas sobre qual a resposta correta. No entanto, os participantes dos experimentos foram colocados junto com aliados dos pesquisadores, que agiram de acordo com as instruções para fornecer respostas manifestamente errôneas em ocasiões pré-estabelecidas. Cada participante era uma minoria formada de um indivíduo dentro do grupo nas ocasiões em que o resto do grupo escolhia uma linha de comparação incorreta.

Apesar da esmagadora evidência visual, os participantes dos experimentos frequentemente entraram em conformidade com os julgamentos incorretos dos aliados. Como diz Asch (1952, p. 457), "Ocorreu [...] um movimento pronunciado em direção à maioria; seus anúncios errôneos contaminaram um terço das estimativas dos participantes críticos". No entanto, houve também "diferenças individuais extremas em resposta à pressão da maioria, desde a independência total até a produção completa" (1952, p. 459). "Muito simplesmente", diz Kuran, "a experiência [...] demonstra o poder considerável da pressão do grupo sobre a escolha individual" (KURAN, 1995, p. 27; ver, mais geralmente, o relato completo em ASCH, 1952, pp. 450-501 e o breve relato em SUNSTEIN, 2009b, pp. 29-30).

Quando tais experimentos são conduzidos, e os participantes dos experimentos são interrogados, estes muitas vezes explicam que pensaram que seus julgamentos deveriam estar errados, ou mesmo (em uma minoria de casos) que eles realmente perceberam o que o grupo fez. Parece que muitas vezes as pessoas falsificam o que sabem, ou silenciam suas dúvidas, para entrarem em conformidade com o grupo. Em sessões de interrogatório, os sujeitos também relataram um desejo de estar em sintonia com os outros do grupo, e que muitas vezes tinham a preocupação de "que eles pudessem parecer estranhos e absurdos para a maioria" (ASCH, 1952, p. 465). Curiosamente, o efeito foi "acentuadamente enfraquecido" (p. 477) quando até mesmo um dos membros do grupo cooperante foi instruído pelo experimentador a dar respostas consistentemente corretas. Parece que qualquer apoio de outros reduz grandemente a pressão sobre um indivíduo.

Kuran também discute o famoso experimento de Stanley Milgram do início dos anos 1960, no qual muitos participantes de experimentos foram preparados para infligir o que eles entendiam como choques elétricos de alta voltagem a aliados dos pesquisadores. Na verdade, tais choques não foram dados, mas os aliados agiam de forma convincente, como se os estivessem recebendo. Os participantes de experimentos acreditavam estar envolvidos em um estudo sobre como a punição afeta a aprendizagem, e — sob instruções do pesquisador — a maioria estava preparada para aumentar o nível dos supostos choques mesmo diante de dor e do estresse severos expressos pelos "estudantes". O trabalho de

Milgram é especialmente relevante para o tema da subserviência humana à autoridade. Além disso, porém, como Kuran observa: "A experiência como um todo demonstra de forma mais viva nosso medo da crítica social" (1995, p. 29).

Kuran se volta para o tema que motiva este capítulo, as recompensas sociais e punições por expressar preferências "certas" ou "erradas" em nossas interações públicas:

> Algumas preferências do público provocam gestos desaprovadores, como sobrancelhas erguidas e olhares sarcásticos. Outros também geram observações negativas, que podem variar de críticas velada a vilipêndios impiedosos. Outra forma de punição é a negação de oportunidades. Uma pessoa considerada do lado errado de uma questão pode ser impedida de trabalhar ou pode ser recusada por um clube social. Outra forma ainda é a física. O indivíduo pode sofrer assédio, encarceramento, tortura, até mesmo morte. Pelo lado positivo, uma pessoa pode receber vários benefícios por uma preferência expressada. As recompensas possíveis incluem sorrisos, vivas, elogios, popularidade, honras, privilégios, presentes, promoções e proteção (KURAN, 1995, p. 29).

Private Truths, Public Lies é fundamentalmente sobre a falsificação de preferências, o que envolve a manipulação das percepções dos outros sobre nossas preferências e disposições. Pode incluir simplesmente ficar quieto, bem como projetar deliberadamente opiniões que não temos. A frase "*viver uma mentira*" capta sucintamente o que isso significa (KURAN, 1995, p. 4).

No capítulo 2, discuti os comentários de Lord Devlin, feitos há mais de meio século, de que "há agora na Inglaterra homens que secretamente não veem nada de errado com o relacionamento homossexual" (DEVLIN, 1965, p. 87) e, mais tarde em *The Enforcement of Morals*, "não creio que haja alguém que afirme vocalmente que a homossexualidade é um bom jeito de se viver, mas pode haver quem acredite que assim seja" (DEVLIN, 1965, p. 116). Uma palavra importante e preocupante na primeira citação é "secretamente". Embora, evidentemente, ele não visse nada de desagradável na situação, estava descrevendo um efeito poderoso de conformidade social. Se confiarmos na sua compreensão da sociedade que o rodeia — e, provavelmente, deveríamos fazê-lo até certo ponto, uma vez que ele era um homem de experiência considerável — as pessoas da época que não viam nada de errado com a homossexualidade estavam sob pressão para guardar suas opiniões para si mesmas.

Na terminologia de Kuran, a *opinião pública* é a distribuição de preferências expressas publicamente entre indivíduos de uma população. Assim, não se trata da distribuição das preferências detidas efetivamente pelos membros do público: a distribuição das preferências que eles detêm de forma privada é, na terminologia de Kuran, uma *opinião privada*. Poderíamos dizer que a opinião pública é a distribuição das preferências que as pessoas dizem ter, em oposição àquelas que têm genuinamente. Tudo isto pode ser distinguido de *discurso público*, "o corpus de afirmações, argumentos e opiniões no domínio público" (KURAN, 1995, p. 157).

Na opinião de Kuran, a falsificação da preferência nem sempre é negativa em suas consequências: pode, por vezes, revelar-se benéfica na prática, suprimindo alegações que são realmente falsas, restringindo impulsos perigosos ou reforçando a cooperação social, atenuando divergências menores. No entanto, é um fardo porque normalmente envolve sentimentos de culpa, raiva e ressentimento quando sentimos a necessidade de falsificar nossos pensamentos reais. Podemos também não conseguir transmitir ideias e conhecimentos que seriam valiosos para os outros.

A falsificação das preferências afeta o discurso público: quando ocultamos nossas verdadeiras preferências, escondemos também o conhecimento no qual elas se baseiam. Sob pressão social, podemos esconder o que sabemos, impedindo esse saber de entrar em discussões públicas onde poderia ter sido útil. Assim, reforçamos nossa preferência pela falsificação de *conhecimento*. "Ao fazê-lo", diz Kuran, "distorcemos, corrompemos e empobrecemos o conhecimento no domínio público. Escondemos dos outros fatos que sabemos serem verdadeiros, e expomos os outros aos fatos que consideramos falsos". Podemos acabar com "a persistência de resultados sociais indesejados e a geração de ignorância generalizada" (KURAN, 1995, p. 19). Em suma, a opinião pública tende a moldar o discurso público, enquanto este tende a moldar a opinião privada, uma vez que afeta o conhecimento que está disponível para as pessoas e, portanto, influencia suas crenças e preferências.

Tudo isto já é preocupante o suficiente, mas fica pior. Kuran discute como as pessoas muitas vezes sentem uma pressão para encontrar, em algo mais, suporte a suas expressões de apoio a uma ou outra posição política. Afinal de contas, a simples declaração de apoio é fácil mesmo para alguém que não é sincero. Para mostrar — ou talvez simular — sinceridade, as pessoas podem se envolver em atividades como provocar políticos opositores, elogiar editoriais de apoio, participar de manifestações e fazer doações. "Tomadas por indivíduos pelas suas necessidades reputacionais próprias, todas essas ações ajudam a moldar as pressões sociais que influenciam as escolhas de preferência pública dos outros" (KURAN, 1995, p. 61).

Precisa haver algum limite para isso, como explica Kuran, já que não se espera que todos os participantes de uma causa recebam todas as recompensas e punições que dizem respeito a ela. Enquanto o participante se envolver em algumas formas de ativismo e seu comportamento estiver em conformidade com a agenda relevante de modo geral, ela receberá o benefício da dúvida quando necessário. No entanto, há sempre pressão para fazer mais do que concordar com as posições favorecidas coletivamente, e para fazer muito mais do que apenas manter o silêncio. Em muitas situações, mesmo a saída silenciosa de um grupo pode exigir mais coragem do que podemos razoavelmente esperar de pessoas vulneráveis.

A opinião pública tende a moldar a opinião privada, mas seu poder para tal acaba por ser limitado. Afinal, cada um de nós retém o conhecimento com base na nossa própria experiência e nas nossas respostas emocionais e cognitivas. A opinião pública alcançará um equilíbrio quando estiver reproduzindo a si mesma, mas este não é necessariamente o ponto em que a opinião pública e a privada estão alinhadas. As pressões que produzem a falsificação das preferências podem, assim, ocultar uma oposição generalizada, embora oculta, a um *status quo*. Com qualquer choque no equilíbrio, uma revolução inesperada pode por vezes ocorrer:

> em algum momento, o evento certo, mesmo que seja o intrinsecamente menor deles, pode fazer com que alguns indivíduos suficientemente descontentes cheguem a seus limites para se manifestarem contra o *status quo*. A mudança desses leva os outros a adicionar suas próprias vozes à oposição. A oposição pública pode crescer por meio de um efeito cascata, com cada adição gerando mais adições até que grande parte da sociedade se oponha publicamente ao *status quo* (KURAN, 1995, p. 20).

Efeitos enormes na mudança de opinião privada podem ocorrer sob a superfície de uma opinião pública observável. Como Kuran argumenta em *Private Truths, Public Lies*, esses efeitos podem ser acionados em uma espécie de reação em cadeia por pequenos eventos, dependendo de quão delicado possa ser o equilíbrio atual. Porque como a oposição ao *status quo* está oculta, a mudança revolucionária não pode ser antecipada, mas será mais fácil de explicar em retrospectiva. Uma vez que o descontentamento é revelado publicamente, sua natureza e extensão podem ser investigadas. (Mesmo assim, no entanto, uma complicação é que muitas pessoas que estavam contentes sob o antigo regime alegarão que foram sempre revolucionários suprimidos).

O modelo de preferência dual e a ignorância pluralista

Kuran se refere ao seu modelo dos efeitos da falsificação das preferências como *modelo de preferência dual* porque "a sua característica central é a dualidade entre preferências privadas e públicas" (KURAN, 1995, p. 21). Na sua abordagem, as pressões da opinião pública e as sanções que elas impõem não constituem a totalidade daquilo que nos motiva. As recompensas e punições de certo indivíduo por expressar certas preferências são sua *conveniência de reputação*, enquanto há também uma *conveniência intrínseca* para essa pessoa como resultado da implementação de uma ou outra opção. Assim, independentemente do que eu realmente pense, posso ter interesse em expressar lealdade a certas políticas (conveniência de reputação) mesmo que a implementação de políticas bastante diferentes realmente me beneficie (conveniência intrínseca).

Mesmo isso não é tudo, porque também ganhamos algum benefício psicológico ao agirmos de forma autêntica e honesta falando o que nos vem à mente. Na terminologia de Kuran, a satisfação que vem da expressão pública de verdadeiras preferências é a nossa *conveniência expressiva* — não confundir (como explicado em KURAN, 1995, p. 32) com mero anticonformismo, um prazer aparentemente perverso de ir contra a multidão. "Como indivíduos", diz Kuran, "estamos evidentemente preparados para suportar algum conflito social para dizer ou fazer o que realmente queremos" (KURAN, 1995, p. 31). É com prazer que dizemos o que realmente pensamos, agimos como nosso verdadeiro eu, resistimos às pressões sociais e mostramos que somos pessoas com as quais devemos contar, enquanto sentimos desconforto quando notamos que estamos suprimindo nossa verdadeira identidade. Ao discutir fenômenos culturais como os filmes ocidentais, Kuran aponta o modo que vemos a independência intransigente como uma característica heroica, em parte porque "ela é a exceção na história humana, não a regra", e em parte porque "todos nós nos identificamos, em algum nível, com a independência pessoal" (KURAN, 1995, p. 34).

Na maioria das vezes, entramos em conformidade — mas um vetor de forças ligeiramente complicado controla se e quando nos expressamos honestamente. Em muitos casos, minha conveniência intrínseca é praticamente tudo o que digo ou faço. Ou seja, tenho pouca influência, enquanto indivíduo, nas escolhas e nos resultados sociais — e, consequentemente, em quanto estes serão ou não benéficos para mim. Nestes casos, minhas conveniências intrínsecas esperadas para diferentes opções podem ser excluídas da minha gama de escolhas se eu expressar minhas preferências verdadeiras. Se estou decidindo o que dizer (ou se ficarei em silêncio) com base no meu interesse próprio racional, haverá um compromisso entre minha conveniência expressiva e minha conveniência de reputação. Se as pressões da opinião pública — e, portanto, as perdas reputacionais decorrentes da minha expressão honesta — forem suficientemente fortes para ignorar minhas necessidades expressivas, oferecerei qualquer opinião segura de me expressar (ou melhor, uma opinião pela qual eu possa até ser recompensado), mesmo que eu discorde privadamente dela.

Isso sugere que as pessoas com fortes necessidades expressivas são as que têm mais probabilidade de falar honestamente diante de provável punição. As pessoas cujas necessidades expressivas não são tão fortes receberão pouca recompensa psicológica caso se expressem em público, embora a honestidade básica possa pelo menos levá-las a ficar em silêncio em vez de se pronunciar.

Estudantes de psicologia verão ligação entre o modelo de preferência dual de Kuran e o fenômeno da ignorância pluralista, que foi identificado pela primeira vez por psicólogos sociais nos anos 1920 e 1930, e desde então tem gerado um extenso material de literatura acadêmica. A ignorância pluralista ocorre quando múltiplos indivíduos (pelo menos dois, mas na prática geralmente muito mais) subestimam o grau em que outros compartilham suas crenças e sentimentos. De forma mais ampla, o conceito se aplica a quando múltiplos indivíduos estão enganados — de uma forma ou de outra — sobre o grau em que os outros concordam com eles (ver O'GORMAN, 1975, p. 314).

Superestimar a concordância dos outros com o que pensamos e com o que sentimos pode ter consequências pessoais e sociais indesejáveis: por exemplo, pode reforçar nossa aceitação de ideias incorretas ou prejudiciais. Para muitos efeitos, porém, a concepção mais restrita da ideia de ignorância pluralista — que envolve *subestimações* da concordância dos outros com as nossas crenças e sentimentos — é mais importante. Tais subestimações podem ter consequências variadas. Por exemplo, podemos ficar desnecessariamente amargurados, alienados do nosso grupo ou desconfiados daqueles que nos rodeiam. Poderíamos ser levados a nos pronunciar em oposição àquilo que consideramos ser a opinião da maioria e, levando ao extremo, poderíamos até abandonar o grupo. Muito mais provável, porém, é que nos refugiemos no silêncio ou até mesmo deturpemos o que pensamos, sentimos ou queremos. É provável que entremos em conformidade, no nosso discurso e na nossa conduta — e talvez eventualmente no nosso pensamento —, em relação àquilo que erroneamente consideramos ser a opinião maioritária.

Ocorre então que um efeito poderoso da ignorância pluralista é encorajar a falsificação das preferências. Por sua vez, um ambiente já permeado pela falsificação de preferências fornece a cada indivíduo dados falsos sobre as crenças, atitudes e desejos dos outros. Contribui, portanto, para a ignorância sobre a distribuição da opinião privada dentro de uma sociedade ou de um grupo. A deturpação das opiniões privadas dos membros do grupo é, assim, reconhecida na literatura acadêmica como a fonte típica da ignorância pluralista sobre normas sociais (por exemplo, PRENTICE; MILLER, 1993, p. 244). Infelizmente, concepções erradas sobre as opiniões de outros nos nossos vários grupos podem mesmo levar, como sugere Kuran, à aplicação de normas com as quais discordamos em privado. Os pesquisadores Willer, Kuwabara e Macy chamam isso de "falsa aplicação" e a definem como "a aplicação pública de uma norma que não é endossada de forma privada" (WILLER; KUWABARA; MACY, 2009, pp. 452 e 460). Infelizmente, como Willer e seus colegas encontraram em seus experimentos, os seres humanos podem não ser hábeis para reconhecer a falsa aplicação quando a veem (WILLER; KUWABARA; MACY, 2009, pp. 480-1). Ou seja, é provável que confundam a falsa aplicação —de um ponto de vista ou norma que o executor não aceita em privado — com uma motivada por um acordo sincero com o grupo.

Em resumo, as pessoas muitas vezes expressam preferências e opiniões que contradizem positivamente o que realmente pensam: elas sabem que mesmo o silêncio pode trair um elemento de dissidência. Elas podem ir além e punir os outros por violarem as normas do grupo que elas — aquelas aplicando a punição — não aceitam genuinamente.

Uma implicação é que, se o contexto não se alterar, devemos ter cautela sempre que vemos outros expressarem preferências e opiniões que parecem inerentemente implausíveis, mas que são opções localmente seguras. Isto se aplica ainda mais se os outros interessados tiverem chance de ser recompensados por demonstrações entusiásticas de conformidade.

Contra a pressão

Não tentei, neste capítulo, destrinchar todos os fatores precisos que nos levam à conformidade na forma como vivemos, que opiniões expressamos e em como o fazemos. No entanto, muitos dos fatores são bem conhecidos dos cientistas sociais e comportamentais, além de amplamente consensuais. Somos animais que gostam de conformidade em uma intensidade que vai além do que é genuinamente necessário para o funcionamento social; estamos sob várias pressões poderosas para seguir a liderança de nossos vários grupos, e para parecer membros prototípicos do grupo tanto quanto possível. Somos pressionados a viver de formas socialmente aceitas e a ter opiniões socialmente aceitas (obviamente, dentro de nossos próprios grupos e tribos).

Há muitas situações em que uma determinada visão é a única segura para expressar, mesmo que ela possa ter falhas ou tenha apenas um apoio empírico fraco. Talvez ela seja quase correta, e só precise de algumas críticas e melhoramentos. Contudo, mesmo isso pode ser arriscado demais de ser dito, dadas as circunstâncias. Espero que estas situações se tornem menos normais à medida que nos tornemos mais conscientes das alternativas. Entretanto, este capítulo — e todo este livro — pode ser visto, em parte, como o meu esforço para aumentar a conveniência dos leitores em falar honestamente sobre temas difíceis, mas importantes. Se um número suficiente de nós for mais honesto, isto pode tornar a honestidade uma opção mais segura para todos. Se nos concebermos como pessoas honestas com necessidades expressivas, talvez isso tenha seu próprio efeito psicológico. Se nos conectarmos com outros como nós mesmos, e se dermos apoio uns aos outros, a desvantagem reputacional da honestidade pode ser reduzida. Essas estratégias podem nem sempre funcionar — mas vale a pena tentar.

6
IDEOLOGIA, PROPAGANDA E ULTRAJE

Ideologias e os ideólogos ideológicos que as promovem

O significado comum de *ideologia* no uso contemporâneo é capturado pela quarta definição do *Dicionário Oxford de Inglês* (*Oxford English Dictionary*, OED): "Um esquema sistemático de ideias, geralmente relacionadas à política, economia ou sociedade, e que formam a base da ação ou política; um conjunto de crenças que governam a conduta" ou "a formação ou manutenção de tal esquema de ideias". Quanto a *ideológico*, o sentido comum é, sem dúvida, a terceira definição do OED, que se refere transversalmente à quarta definição de *ideologia*: "De, ou em relação a, uma ideologia política, econômica ou outra ideologia [...]; baseada em um princípio ou conjunto de crenças inabaláveis".

O inglês, assim como o português, também tem a útil palavra *ideólogo*, que igualmente segundo a definição do OED é: "Um proponente ou adepto de uma ideologia política, econômica ou outra, especialmente uma que seja intransigente ou dogmática".

Os exemplos históricos de uso listados pelo OED incluem a própria democracia liberal como uma ideologia, e isso parece justo. As ideias envolvidas no conceito geral de democracia liberal podem ser desenvolvidas sistematicamente de uma forma ou de outra, fazendo dela uma ideologia política (ou um grupo delas) no sentido proposto pelo OED. Na discussão cotidiana, o capitalismo e o comunismo são frequentemente contrastados como "ideologias" rivais — embora possa haver dúvidas sobre se o capitalismo se enquadra bem na definição (é um conjunto de *ideias*, exatamente?), e tendo em conta que este contraste provavelmente é proposto com menos frequência do que há algumas décadas, antes do colapso da URSS e de vários outros Estados comunistas. A República Popular da China é uma superpotência em ascensão com um governo nominalmente comunista autoritário, mas me pergunto quantas pessoas pensam em sua rivalidade atual com os Estados Unidos como essencialmente uma entre o comunismo e o capitalismo.

É difícil identificar as nuances de qualquer conceito em uma definição de dicionário relativamente breve, que incita os filósofos a não levar as definições de dicionários ao pé da letra. Ainda assim, pretendo me manter bem próximo das definições do OED quando usar a palavra *ideologia* e seus cognatos. Estas definições parecem refletir a compreensão contemporânea das palavras relevantes. Não empregarei, portanto, as palavras em sentidos mais técnicos que derivem, por exemplo, do trabalho de Marx ou de teóricos inspirados por ele. Entretanto, darei a elas uma ligeira torcida — de acordo com o uso comum e sugerido nas próprias definições do OED. Note que a definição de *ideologia* que citei do OED soa neutra: afinal, pode haver esquemas sistemáticos de ideias melhores e piores, ou mais e menos precisos, relacionados (por exemplo) à política, à economia e ao funcionamento da sociedade. No entanto, *ideologia*, e ainda mais *ideológico* e *ideólogo*, carrega alguma força pejorativa em muitos contextos cotidianos.

Podemos encontrar uma sugestão disso na referência do OED — ao definir *ideologia* — a "crenças inabaláveis"; do mesmo modo, essa sugestão está presente na definição de *ideologia*, com sua referência aos proponentes de ideologias que são "intransigentes e dogmáticos". Quando falamos que a abordagem de alguém é ideológica, então, normalmente transmitimos que ela é baseada em dogmas em vez de ser fundamentada em evidências e aberta à revisão. Se você me acusa de pensar ideologicamente, você está insinuando que eu baseio meus julgamentos em um sistema de ideias que não estou aberto a reconsiderar, e ao qual subordino muitas das minhas conclusões, escolhas e ações. E, no entanto, assim diz a sugestão, estas são ideias sobre questões profundamente controversas — particularmente questões políticas — em que até mesmo os especialistas discordam razoavelmente. Alguém que pensa e se comporta assim é o tipo de pessoa a quem chamamos ideólogo.

A palavra *ideologia* é, penso eu, mais neutra do que *ideológico*. No entanto, a implicação quando se diz que alguém é motivado pela sua ideologia é, muitas vezes, que ele adere a um sistema de crenças políticas, ou semelhantes, que ele adotou de forma acrítica, e a ele se apega de forma um tanto dogmática. Quando falamos de uma forma mais abstrata da influência da *ideologia* (não de uma ideologia particular, mas sim da tendência para pensar ideologicamente), a implicação é geralmente clara: estamos preocupados com dogmas e pensamentos acríticos fundamentados em sistemas de ideias políticos ou semelhantes. Também podemos estar preocupados que as crenças políticas estejam sendo aplicadas fora do que consideramos ser o seu domínio próprio, por exemplo, quando os julgamentos artísticos são feitos por meio da lente de um sistema de ideias sobre política (em vez de serem julgamentos de, digamos, intensidade criativa ou habilidade artística formal).

Ideologias, religiões e visões de mundo

Ideologias não são exatamente a mesma coisa que religiões — mas uma ideologia pode desempenhar um papel semelhante a uma religião na vida de um proponente. As religiões são (muito grosseiramente) sistemas de crenças e práticas que incluem elementos sobrenaturais ou de outro mundo de algum tipo: envolvem a crença em algo que transcende o mundo observável ou que foge à investigação empírica. Além disso, as religiões ensinam que há uma dimensão sobrenatural nas vidas humanas, e que isso tem pelo menos algo a ver com o modo que devemos agir neste mundo. As religiões quase sempre envolvem rituais de algum tipo, e tipicamente incluem normas morais que recebem uma racionalização sobrenatural ou esotérica (Para uma discussão mais detalhada do conceito de religião, ver BLACKFORD, 2012, pp. 5-10 e as obras ali referidas; para um relato um pouco diferente, mas indiscutivelmente complementar, ver LEITER, 2013, pp. 33-53.)

Uma religião pode não ter nada — ou pelo menos muito pouco — a ver com política. Contudo, muitas religiões têm fortes elementos políticos. Da mesma forma, as ideologias sociais e políticas podem incluir componentes religiosos. Por exemplo, uma religião, ou uma interpretação particular dela, pode dizer a seus seguidores que suas práticas rituais e morais devem ser impostas por meio do poder político laico. Algumas religiões prescrevem em detalhe como as sociedades e economias devem operar. Por outro lado, uma ideologia política pode favorecer ou desfavorecer determinadas religiões. Pode alegar, por exemplo, que as doutrinas e os padrões morais de uma determinada religião devem ser promulgados como lei laica. Alternativamente, que certas religiões estão ameaçando a ordem social e devem ser suprimidas.

Algumas ideologias que, de outro modo, seriam laicas também têm armadilhas surpreendentemente semelhantes às das religiões: oferecem conhecimentos especiais àqueles a quem são ensinados os detalhes do sistema; oferecem transformações psicológicas profundas a adeptos comprometidos, análogas às conversões religiosas; e por vezes preveem, ou mesmo tentam provocar, transformações sociais em grande escala. Estas não são diferentes das transformações apocalípticas que algumas religiões prometem.

Nem todo mundo tem uma ideologia — pelo que quero dizer um esquema explícito e (pelo menos um pouco) sistemático de ideias políticas, econômicas, sociológicas ou similares que motiva a pessoa, quer a ela tenham sido ou não ensinados todos os seus detalhes. Talvez todas as pessoas tenham *algum tipo de visão de mundo*, mesmo que seu conteúdo não seja totalmente transparente para ela, mas isso é outra coisa. Qualquer que seja a visão de mundo que ela tenha, talvez em grande parte inconscientemente, pode incluir lacunas onde ela suspende seu julgamento ou em que simplesmente não está interessada. Na verdade, ela pode não ter opiniões fixas sobre política, economia e funcionamento da sociedade. Suas várias crenças sobre o mundo podem ser frouxamente integradas, ao invés de sistemáticas, caso em que alterar ou abandonar uma determinada crença pode ter pouco efeito sobre as outras. Novamente, muitas de suas crenças, fora de qualquer coisa que sua sociedade ou grupo considere senso comum e experiência, podem não ser mantidas de forma tão dogmática.

Assim, nem todos nós aderimos a ideologias ou algo parecido, não somos todos ideológicos, e certamente não somos todos ideólogos. Muitas vezes ouço dizer que todo o conhecimento é ideológico, mas isto não é verdade enquanto estivermos usando palavras nos seus sentidos comuns. Pelo que posso concluir disso tudo, todo o conhecimento pode ser *baseado em alguns pressupostos* — talvez sobre os padrões de verdade absolutos, ou mesmo pressupostos sobre certas afirmações de fundo amplamente aceitas e aparentemente comuns —, mas, mesmo assim, isso é uma coisa completamente diferente.

Mesmo alguém que adere a uma ideologia pode fazê-lo a uma que é relativamente modesta. Seu conteúdo pode formar muito menos do que uma visão de mundo total, e pode ser de textura aberta. Ela pode, por exemplo, sustentar que algumas decisões devem ser deixadas à escolha individual ou à deliberação democrática, em vez de serem controladas de uma forma mais direta e específica pela própria ideologia. Correndo o risco de estar elaborando um ponto, as ideologias nem sempre são coisas ruins, mas devemos nos preocupar com elas quando vemos seus proponentes se tornarem ideológicos ou ideólogos absolutos. E me permita sublinhar que algumas ideologias são realmente perigosas. Em seus piores casos, elas exigem uma mudança extremamente destrutiva e rápida na tentativa de inaugurar uma sociedade perfeita. Na prática, isto é normalmente desastroso.

Note que até mesmo as ideias deste livro podem ser sistemáticas o suficiente para contar como uma ideologia política por definição minha ou do EOD. Se sim, tudo bem. Não proponho que condenemos tudo e mais um pouco que possa ser classificado como ideologia. Pelo contrário, devemos reconhecer os perigos que as ideologias e o pensamento ideológico podem representar para a liberdade, para a deliberação política democrática e para o bem estar humano (ou mesmo não humano) individuais. O pensamento ideológico é muitas vezes destrutivo para a arte, para a cultura e para nossas vidas pessoais, mas sua destruição pode ser em uma escala muito maior do que isso, tal qual com as atrocidades de Stalin, Hitler e Pol Pot.

John Kekes, em seu livro *The Art of Politics* [*A arte da política*] de 2008, emprega uma concepção semelhante à minha (e a do *OED*) de ideologia, embora a dele seja mais específica:

> Uma ideologia é, portanto, uma forma sistemática de pensar a política. Tem uma componente teórica e uma componente prática. Esta última é uma aplicação da primeira. A componente teórica é um conjunto de crenças sobre a natureza humana e outro conjunto sobre um sistema ideal de bens políticos. Os dois conjuntos estão intimamente ligados porque o sistema ideal especifica o que são os bens políticos, dado que os seres humanos têm uma certa natureza. Existem e existiram muitas ideologias, e elas diferem em parte porque contêm crenças diferentes sobre a natureza humana e o sistema ideal de bens políticos (KEKES, 2008, pp. 9-10).

Para Kekes, a política ideológica é uma política fanática e pessoalmente intrusiva. No entanto, ele não classifica sua própria consideração da política como uma ideológica, uma vez que ela é pluralista e não reivindica que qualquer valor ou pequeno conjunto de valores seja predominante em todas as circunstâncias. Kekes valoriza o pluralismo e a flexibilidade, e não tenta reduzir sua visão da política a um sistema. Todavia, mesmo que o seu relato se qualificasse como uma *ideologia*, não teria automaticamente todos os perigos sugeridos pelas palavras *ideológicas* e *ideólogo*.

Propaganda

Tal como *a ideologia*, a palavra *propaganda* pode ser usada em um sentido um tanto neutro. Em seu uso comum dentro da política, no entanto, é improvável que esse uso seja outra coisa que não pejorativo.

Na década de 1950, Solomon Asch dedicou um breve capítulo final de sua influente *Social Psychology* [*Psicologia social*] à questão da propaganda — e tanto esse capítulo quanto o livro como um todo contêm muitos *insights* que ainda são de valor 65 anos depois. Asch (1952, p. 617) define *propaganda* como "a tentativa deliberada das agências organizadas de produzir mudanças de opinião e sentimento" . Isso combina bem com o significado original da palavra, em que ela não era pejorativa e a "agência" em questão era a Igreja católica. A palavra se refere ao trabalho de *propaganda fide* da Igreja: a propagação da fé. Durante o século XIX, no entanto, *a propaganda* adquiriu um significado mais amplo de disseminação sistemática de informação ao público. Esse significado em si era neutro, mas durante as primeiras décadas do século XX a palavra ganhou um tom desagradável em reação às histórias mentirosas e ultrajantes espalhadas durante a Primeira Guerra Mundial. Foi afirmado, por exemplo, que os alemães dirigiam uma fábrica para ferver os cadáveres dos seus próprios soldados no campo de batalha, extraindo a gordura para uso em produtos domésticos e militares (ver MARLIN, 2002, pp. 70-6).

Nas circunstâncias contemporâneas, a ideia de algum tipo de falsidade ou desonestidade, combinada com manipulação emocional, tornou-se importante para o nosso conceito de propaganda. Além disso, pode não haver nenhuma agência organizada envolvida (talvez apenas um movimento político ou uma convergência de pensamento tribal). No entanto, muito do que reconhecemos como propaganda ainda vem de fontes governamentais, e muito do problema é que a propaganda é um discurso ampliado, voltado para uma população que, como afirma Asch, não tem seu próprio acesso diário a dados relevantes.

Atualmente, quando acusamos alguém de se envolver em propaganda, estamos alegando que algo falso ou desonesto está envolvido. Estamos sugerindo que o discurso, a escrita ou outro material relevante ultrapassou a falta de nuance e chegou à unilateralidade sobre uma questão que realmente tem mais de um lado, e que esse elemento depende de manipulação emocional. Tal como acontece com a *ideologia*, o significado da *propaganda* é ligeiramente confuso. Contudo, geralmente significa esforços que assumem um lado, são emocionalmente manipuladores e (mais especialmente) enganosos ou desonestos quem tem o intuito de influenciar a opinião pública e o sentimento. Se, por exemplo, eu me referir a anúncios antitabagismo do governo como propaganda, estou implicando que a mensagem foi além da informação e do encorajamento e entrou no território da falsidade ou da desonestidade.

Em seu livro *How Propaganda Works* [*Como funciona a propaganda*], de 2015, o filósofo Jason Stanley, baseado em Yale, discute o exemplo de advertências exageradas sobre os cigarros, como "cigarro mata". Elas nos parecem aceitáveis, pensa ele, e não as consideramos normalmente como propaganda, apesar de serem hiperbólicas e emotivas. Em contrapartida, temos uma atitude mais dura em relação aos discursos políticos de um ditador. Stanley sugere que temos permitido tacitamente que órgãos como os ministérios da saúde transmitam mensagens contendo tudo o que precisamos saber no caso de não termos tempo para fazer a pesquisa relevante. Se, como cidadãos, não tivermos dado esta permissão tácita, as advertências de saúde e afins são "democraticamente problemáticas" (STANLEY, 2015, p. 59).

Há algum mérito nesta ideia, embora possamos nos perguntar por que tal ministério não poderia nos dar informações *precisas* em vez de empenhar em hipérboles e manipulação emocional. Se esses materiais não são propaganda, certamente são quase isso. Dependendo dos nossos sistemas de valores individuais, podemos considerá-los como uma forma de propaganda que é justificada por considerações utilitaristas prevalecentes. Tudo considerado, poderíamos aprovar a propaganda com objetivos suficientemente benevolentes em oposição à que visa fomentar, digamos, a guerra, as perseguições ou a inimizade racial.

De forma alternativa, podemos pensar que as mensagens oficiais que nos são transmitidas sobre os cigarros são — embora hiperbólicas — suficientemente exatas para não serem muito enganadoras. A hipérbole atrai a atenção, mas (poderíamos pensar) ninguém acredita *realmente* que o fumo mata em todos os casos, ou isolado de todas as outras influências sobre nossa saúde. Se as encararmos desta forma, as campanhas governamentais antitabagismo são suficientemente honestas para não contarem como esforços de propaganda. Contudo, o que aconteceria se incluíssem informações claramente falsas, tais como afirmações de que certos indivíduos específicos morreram devido ao tabagismo quando este não estava efetivamente envolvido nessas mortes? Seria *isso* mais claramente uma campanha de propaganda? Sim, seria. A partir de um certo ponto, a propaganda o é claramente, mesmo que tenha uma mensagem subjacente verdadeira e tenha sido emitida com intenções benevolentes.

Embora os materiais de propaganda sejam comumente dirigidos a grandes populações, o "público" relevante pode ser menor. Assim, podemos falar de propaganda destinada a influenciar a opinião pública em um setor industrial, ou dentro de uma população bastante pequena, como os estudantes de uma universidade ou os membros de um clube. O rótulo pejorativo de *propaganda* pode ser justificado mesmo que o público seja pequeno, desde que os seus membros sejam sujeitados a materiais emotivos, unilaterais e enganosos ou desonestos destinados a influenciar os seus pensamentos.

Embora muitas narrativas de atrocidades, como a da fábrica alemã de cadáveres, tenham sido completamente desmascaradas, tais histórias de horror são, com frequência, amplamente aceitas como verdade enquanto veiculam. Elas despertam emoções poderosas, e líderes políticos, ativistas e todas as variedades de ideólogos confiam nelas por essa mesma razão. Histórias de condutas atroz, verdadeiras ou falsas, podem gerar uma sensação de urgência extraordinária. Elas encorajam um ambiente em que as vozes da moderação serão ignoradas ou punidas. Mesmo que entendamos isso em teoria, a maioria de nós tende a acreditar em histórias que combinem com nossos preconceitos. Ninguém, suspeito, é totalmente imune a ser carregado por ondas de indignação popular. Não é assim tão difícil reconhecer uma história como — muito provavelmente — propaganda atroz quando ela apoia um ponto de vista que encaramos com ceticismo. É muito mais difícil quando a história apoia nossas crenças, suspeitas, desgostos e medos existentes.

Embora a definição de *propaganda de* Asch fosse neutra, seu capítulo expressa preocupação com a esmagadora barragem de material a que somos submetidos todos os dias, tentando nos persuadir de uma forma ou de outra. O problema certamente não diminuiu desde a década de 1950, quando Asch escrevia — muito pelo contrário. Pior ainda, pode ser difícil traçar a linha entre propaganda direta e mensagens mais precisas e honestas. Como usou uma definição neutra, Asch pensou que havia um bom tipo de propaganda. Todavia, talvez devêssemos usar *campanhas de informação pública* ou *campanhas publicitárias*, ou algo do gênero, quando a informação essencialmente correta e honesta é distribuída pelo governo em circunstâncias de urgência. Mesmo assim, como sugeri com hipotéticas campanhas antitabagismo, pode chegar um momento em que a linha que marca o território da propaganda é claramente ultrapassada.

Democratas contra republicanos: acusações e incompreensão mútuas

Em seu recente livro sobre a cena política estadunidense, *Asymmetric Politics* [*Políticas assimétricas*], Matt Grossmann e David A. Hopkins (2016) distinguem o Partido Republicano, como partido de compromisso ideológico, do Partido Democrata, como partido dedicado à construção de coalizões e à busca de soluções para problemas sociais específicos. De acordo com esse relato, os democratas tendem a refletir os pontos de vista das pesquisas e bolsas acadêmicas dominantes, e da discussão política em curso na mídia de notícias dominante. Além disso, nenhuma ideologia particular ou visão de mundo é exigida. Em contraste, os republicanos estão menos interessados em desenvolver políticas específicas e em ajudar grupos específicos que experimentam problemas sociais. Todavia, em comparação com os democratas, os republicanos são mais homogêneos ideologicamente.

Com relativamente pouca diferença de ênfase entre si, os republicanos compartilham uma ideologia política baseada em um conjunto de valores não negociáveis. Eles promovem a religiosidade cristã tradicional e sua moralidade associada, mantêm uma forte fé em mercados capitalistas não regulados, e enfatizam a força militar estadunidense junto à prontidão para lutar em guerras estrangeiras. Tudo isso pode ser desenvolvido sistematicamente por um ou outro pensador ou líder conservador, mas estes valores fundamentais são sem dúvida suficientes para a maioria dos eleitores.

O Partido Republicano tem demonstrado desconfiança em relação ao consenso científico sobre questões como o alerta global antropogênico, embora, como Grossmann e Hopkins salientam, isto não resulte de uma hostilidade inerente à ciência. A situação é mais o contrário: os republicanos tendem a raciocinar de trás para a frente de modo a rejeitar a ciência quando suas descobertas são inconvenientes. No caso do aquecimento global, por exemplo, os republicanos rejeitam as soluções propostas por motivos relacionados com a sua antipatia pela intervenção do governo no mercado, e a partir disso eles "trabalham de trás para frente para rejeitar a evidência", apoiando as soluções intervencionistas desprezadas (GROSSMANN; HOPKINS, 2016, p. 194).

Em maior medida do que os democratas, os republicanos criaram seus próprios *think tanks*, localizados fora das universidades e faculdades mais tradicionais, para fornecer uma base de pesquisa. Eles esperam então que os peritos escolhidos tenham reconhecimento igual ao dos que trabalham nas instituições acadêmicas tradicionais, sendo ou não possível de justificar isso objetivamente (alguns casos são certamente mais plausíveis do que outros). Novamente em contraste com os democratas, os republicanos passaram a ver os meios de comunicação dominantes como tendenciosos, e assim eles confiam em meios de comunicação abertamente conservadores. Ao longo das últimas duas a três décadas, eles têm sido cada vez mais influenciados por programas de rádio conservadores, Fox News Channel e canais de direita na internet. Como resultado, os eleitores republicanos comprometidos são muitas vezes encasulados em seu próprio universo midiático, amplamente isolados da ciência convencional, do conhecimento humanista e da opinião política. Quando são expostos à opinião pública nessas áreas, é provável que ela seja filtrada e distorcida.

As estrelas dos meios de comunicação conservadores nos Estados Unidos às vezes criticam os políticos republicanos e uns aos outros. Entretanto, eles têm em comum o suficiente para criar um quadro geral da sociedade estadunidense e dos assuntos internacionais que está dramaticamente em desacordo com a opinião da grande mídia e da pesquisa acadêmica. Nos últimos anos, a mídia conservadora tem pintado um retrato distópico da situação da sociedade estadunidense. Nem todas as estrelas conservadoras da mídia aprovaram ou endossaram a campanha presidencial de Donald Trump em 2016, mas seu retrato da sociedade estadunidense em crise preparou o caminho para um slogan como "*Make America Great Again*", de Trump.

O Partido Republicano avançou acentuadamente para a direita política ao longo do último meio século. Cada vez mais, ele está interligado com o cristianismo conservador, bem como à representação de interesses empresariais e de vários valores tradicionais, embora não necessariamente laicos. Favoreceu candidatos politicamente reacionários a todos os níveis de governo e, em particular a nível federal, estes indivíduos têm desempenhado frequentemente o papel de desagregadores — políticos mais preocupados em bloquear (ou inverter) as iniciativas democráticas do que em prosseguir as suas próprias iniciativas, não dispostos a aceitar sequer a legitimidade democrática dos seus opositores. Os políticos republicanos que realmente tentam governar — fazendo acordos e procurando soluções viáveis para os problemas — podem acabar punidos pelo seu próprio partido e pela sua base eleitoral. Neste contexto, será fascinante ver como o presidente Trump se relaciona com grupos de interesses variados à medida que o seu mandato prossegue. Trump afirma ter os seus próprios planos, e se apresenta como negociador. Até quando escrevo estas palavras, no início de 2018, ele demonstrou ocasionalmente uma tendência para manobrar sua oposição no Partido Democrático e para surpreender seus colegas republicanos. Em geral, porém, ele mostra poucos sinais de se desviar da abordagem padrão do Partido Republicano à política e à governança.

Em contrapartida, o Partido Democrático se moveu de forma menos acentuada em qualquer direção política. Grossmann e Hopkins detectam algum movimento líquido na esquerda desde a década de 1960, resultante da deserção dos Democratas do Sul pró-segregação (GROSSMANN; HOPKINS, 2016, p. 12; comparar com HAIDT, 2012, p. 362). Contudo, o Partido Democrático não é de esquerda segundo os padrões europeus. Em particular, é muitas vezes hesitante em relação à política externa e relutante (em comparação com os partidos europeus de esquerda) em regular o comércio e os mercados financeiros. Em democracias liberais fora dos Estados Unidos, seria considerado como um partido relativamente conservador, ou centrista, pró-negócio. É digno de nota que a ênfase do Partido Democrata está na assistência a grupos identificáveis, em vez de em conceitos "universais" ou Iluministas de, por exemplo, liberdade, individualidade e progresso intelectual e social conjunto. Isso significa que nenhuma instituição política poderosa nos Estados Unidos é motivada principalmente por esses conceitos.

Como Grossmann e Hopkins explicam, a natureza assimétrica da política estadunidense leva a algumas de suas características mais desagradáveis, e estas agem na esfera pública mais ampla de debate e discussão que vai além da política em um sentido restrito. Os democratas e republicanos estão inclinados a atacar uns aos outros em termos muito incivis. Os republicanos veem os democratas como aderentes a ideologias políticas de esquerda ou socialistas — embora isso raramente seja o caso de candidatos políticos convencionais do Partido Democrata —, e até mesmo como indivíduos que tentam provocar o declínio militar e moral de seu país. Em muitos casos, os democratas, e especialmente seus eleitores e aliados mais diretamente de esquerda, veem os republicanos como motivados pelo racismo, intolerância e uma defesa cínica dos privilegiados e ricos.

As últimas acusações têm um fundo de verdade: mesmo que os republicanos raramente sejam intolerantes, estes têm mais probabilidade de votar em candidatos do Partido Republicano do que nos do Partido Democrata. No entanto, um fundo de verdade não é nada além disso. É muito fácil caricaturar políticos republicanos e seus eleitores, compreendendo mal os valores que realmente motivam a maioria deles. Esses valores estão firmemente alicerçados na tradição estadunidense e cristã (especialmente protestante).

Nos últimos anos, Jonathan Haidt obteve destaque como psicólogo social especializado no estudo da moralidade e das emoções relacionadas a ela. Sua obra é esclarecedora na identificação de diferentes valores morais fundacionais que parecem motivar pessoas com diferentes orientações políticas básicas. As conclusões de Haidt são controversas e, sem dúvida, requerem mais discussão e crítica do que posso fornecer aqui. No entanto, ele parece estar em terreno sólido quando identifica o valor mais sagrado para os conservadores estadunidenses como "preservar as instituições e tradições que sustentam uma comunidade moral" (HAIDT, 2012, p. 306). Por outro lado, Haidt identifica o valor mais sagrado para os liberais como a (assim chamada) "assistência às vítimas de opressão" (2012, p. 297).

Enquanto uma política de assistência às vítimas de opressão poderia facilmente ser considerada uma lógica liberal do Iluminismo, ela parece ter se tornado um valor predominante para os que eu chamo de liberais revisionistas. Em grande parte do debate atual, ela se sobrepõe às ideias liberais do Iluminismo como razão, livre investigação e discussão, processos justos para os acusados de crimes e delitos, humildade epistêmica e busca pela verdade. Temos, portanto, uma receita para a incompreensão mútua entre democratas e republicanos, mas também entre liberais na tradição de Mill e liberais revisionistas, focados principalmente em ajudar grupos demográficos e culturais.

A Indústria de Ultraje

Contra o pano de fundo da política estadunidense, o cientista político Jeffrey M. Berry e a socióloga Sarah Sobieraj discutem o que eles chamam de Indústria de Ultraje nos Estados Unidos, com especial destaque para o papel de personalidades da rádio como Rush Limbaugh. Um dos exemplos proeminentes em seu livro, *The Outrage Industry* [*A Indústria de Ultraje*], é a depreciação e o vilipêndio impiedosos de Sandra Fluke por parte de Limbaugh, em 2012 (BERRY; SOBIERAJ, 2012). Limbaugh atacou Fluke devido à sua apresentação de uma declaração preparada em nome da associação Estudantes de Direito de Georgetown a Favor da Justiça Reprodutiva ao Comitê de Direção e Política Democrática da Câmara. Entre outras retóricas tóxicas, ele a descreveu repetidamente como uma "vadia" e uma "prostituta".

O ultraje de direita se tornou cada vez mais diversificado e sofisticado. Uma das manifestações é o site de notícias *Campus Reform*, fundado em 2009. Ele dificultou a vida de muitos acadêmicos de esquerda nos Estados Unidos. Embora seu objetivo declarado seja expor o viés liberal nas instituições estadunidenses de ensino superior, o *Campus Reform* vai muito além. Em conjunto com outros elementos da Indústria de Ultraje da direita, nomeadamente o Fox News Channel, o site frequentemente mira pessoalmente os professores das faculdades e universidades. As personalidades do ultraje da direita desenvolveram competências especiais para minar o emprego de acadêmicos cujas declarações públicas podem ser interpretadas como um apelo ao preconceito contra os brancos. O resultado cumulativo de seus esforços é uma imagem apocalíptica da vida no campus estadunidense (Há problemas reais nos campi estadunidenses, mas eles não têm essa escala e não serão resolvidos pela caça às bruxas racializada contra educadores individuais de esquerda).

Um exemplo recente da Indústria de Ultraje em ação — em junho de 2017 — foi a suspensão, e depois a demissão, de uma comentarista afro-americana da mídia, Lisa Durden, de sua posição como professora adjunta no Essex County College. Isso se seguiu a uma entrevista acalorada com Durden no Fox News Channel, conduzida por Tucker Carlson. Usando linguagem descuidada e zombeteira em resposta às provocações de Carlson, Durden defendeu um evento em comemoração ao Memorial Day realizado exclusivamente para participantes negros. Previsivelmente, isso levou a uma tempestade de ultraje nas redes sociais.

Berry e Sobieraj observam que o ultraje politizado nos Estados Unidos assumiu um papel novo e muito mais proeminente nas últimas décadas:

> Conteúdos controversos como este sempre existiram em pequenas bolhas do panorama mediático, mas nos últimos vinte e cinco anos essa forma de comentário se tornou, por si própria, um novo gênero de meios de mídia de opinião política a que chamamos *ultraje*. O gênero tem vários atributos distintivos, mas é mais facilmente reconhecível pela retórica que o define, como sua toxicidade característica, a difamação dos oponentes e as reinterpretações hiperbólicas dos acontecimentos atuais (BERRY; SOBIERAJ, 2014, p. 5).

Berry e Sobieraj atribuem o crescimento da Indústria de Ultrage a mudanças estruturais, incluindo desenvolvimentos tecnológicos e novas políticas regulamentares aplicáveis aos meios de comunicação social (nomeadamente a eliminação, no contexto dos Estados Unidos, de qualquer requisito legal de equilíbrio político). Essas mudanças tornaram a adoção do ultraje como modelo mais rentável para as organizações de mídia e para os indivíduos contemporâneos. Embora Berry e Sobieraj se concentrem no cenário da mídia estadunidense, é provável que sua análise possa ser generalizada, pelo menos em parte, ao Reino Unido e a outras democracias liberais ocidentais. Em um ambiente de mídia mais fragmentado, a recompensa vai para aqueles que chocam, e não para aqueles que são vistos como inofensivos. Personalidades que usam do ultraje, e as corporações de mídia que dependem delas, não visam um público transversal amplo, mas sim atrair seus próprios grandes, mas personalizados, nichos de audiência.

Personalidades que usam do ultraje, seja trabalhando na televisão ou na rádio ou buscando nichos na blogosfera ou no YouTube, criam cultos de personalidade ao seu redor. Quaisquer que sejam as suas opiniões políticas específicas — geralmente extremas, de uma forma ou de outra —, eles constroem audiências de admiradores e acólitos, muitas vezes com a presença de terminologias especiais próprias ao grupo, alusões históricas compartilhadas e a percepção de si mesmos como uma comunidade de pessoas especiais que sabem o que realmente está acontecendo.

O quadro que emerge do estudo de Berry e Sobieraj, e das pesquisas que eles citam, é que a sociedade estadunidense pode não ser mais polarizada do que anteriormente no sentido de ser mais extrema em seu alcance geral. Sempre houve pessoas com opiniões políticas extremas — e qualquer tendência maior para isso, se existe, não explica o fenômeno do ultraje e o florescimento dos guerreiros de ultraje. Ao mesmo tempo, mesmo que a *difusão* de opiniões não esteja se expandindo, a sociedade estadunidense está agora mais dividida. O centro está se esvaziando. As pessoas se encaixam mais claramente em grupos rivais, e assim há mais tribalismo e menos tolerância com as tribos rivais.

Berry e Sobieraj argumentam que as táticas de ultraje prejudicam a discussão política significativa. Eles "tornam extraordinariamente difícil falar de política para além dos nossos círculos mais íntimos, complicando nossa capacidade de ter discussões significativas sobre política nas nossas comunidades" (BERRY; SOBIERAJ, 2014, p. 6). A retórica de ultraje pode minar nossa tolerância individual em relação aos pontos de vista dos outros e distorcer a nossa compreensão das questões. Em uma escala maior, mina o espírito de moderação e meio-termo: "A nível institucional, a indignação está trabalhando para estigmatizar o meio-termo e o bipartidarismo, e minando as perspectivas políticas de vozes mais moderadas" (BERRY; SOBIERAJ, 2014, p. 221). O processo todo tende à desarmonia social:

> Quando os apresentadores do ultraje vilipendiam e depreciam as pessoas com quem discordamos e inflacionam nosso próprio senso de retidão própria, diferentes perspectivas sobre o papel do governo na abordagem de questões públicas são insufladas a partir das preferências políticas em testes decisivos de decência humana. Este deslize entre a crítica das ideias e os detentores das ideias provavelmente limita nossa abertura a outras perspectivas e às pessoas que as detêm. Perceber os outros como maliciosos e ineptos sem dúvida torna as conversas e a colaboração política transversais ainda mais difíceis do que já são (BERRY; SOBIERAJ, 2014, p. 222).

Embora muitos dos exemplos mais marcantes de ultraje envolvam guerreiros da cultura de direita, Berry e Sobieraj deixam claro que ele também pode ser encontrado na esquerda política. Tais guerreiros se concentram nos meios de comunicação de ultraje de direita — que eles consideram mais desenvolvidos e (nesse sentido) maduros do que os meios de comunicação do da esquerda (ou seja lá o que corresponder à esquerda em termos estadunidenses) —, mas eles reconhecem que a participação na Indústria de Ultraje não está confinada a um lado da política. Além disso, embora não tenha sido discutido por Berry e Sobieraj, o ultraje aparece agora nos debates sobre a cultura popular e outras questões atuais com tanta frequência quanto naqueles sobre a política partidária mais convencional.

Como vimos, o Partido Democrata é relativamente não ideológico comparado ao Partido Republicano, e não é um verdadeiro partido de esquerda com uma ideologia socialista. No entanto, há muito espaço nos Estados Unidos para que ideólogos de esquerda mais óbvios floresçam. Mesmo estes, no entanto, raramente pensam e falam em termos de classe social. Eles muitas vezes empregam análises políticas e sociais que teorizam sobre as lutas de grupos historicamente oprimidos, incluindo mulheres, grupos raciais minoritários e aqueles que formam a comunidade LGBT (ou talvez LGBTQI). O proletariado industrial e rural está, no entanto, conspicuamente ausente destas análises. O pensamento dos esquerdistas baseados nos Estados Unidos pode conter muito do que é correto ou meritório, mas pode facilmente endurecer na forma de uma ideologia inflexível, apoiada por técnicas de propaganda e mecanismos de conformidade que incluem punição por meio de ultraje focado.

Nos Estados Unidos, a Indústria de Ultraje se tornou sofisticada, institucionalizada e facilmente reconhecível. Os estadunidenses lideram o campo, se é que *liderança* é um conceito apropriado aqui. Todavia, por outro lado, eles têm uma concorrência de longa data por parte de redatores e editores dos tabloides britânicos; de fato, leitores de muitos países reconhecerão suas próprias Indústrias de Ultraje locais. O programa de pesquisa de Berry e Sobieraj poderia ser estendido a todas as democracias liberais ocidentais. Entretanto, é seguro concluir que vivemos em uma era de mídia de ultraje.

Técnicas de propaganda

E as técnicas dos propagandistas? Como Asch entende *propaganda* como uma palavra neutra, usa a expressão *propaganda exploradora* para propaganda de um tipo ruim e desonesto. Entre suas características estão o engano, meias verdades, omissões deliberadas, simplificação de problemas complexos, ataques "às qualidades pessoais de indivíduos e grupos" (ASCH, 1952, p. 626), identificação insistente de um estado de crise e promoção de um estilo de pensamento dualista (bem versus mal). Tudo isto rejeita a complexidade causal e a nuance moral. Propaganda (propaganda exploradora na terminologia de Asch) encoraja o maniqueísmo moral e político — um mundo moral/político dividido de forma ordenada entre os lados do bem e do mal. Todas as questões são vistas por meio de uma única lente: qualquer ideologia (e com ela, qualquer crise real ou imaginada) motiva o propagandista. Valores, ideias, organizações e indivíduos múltiplos — e muitas vezes muito diferentes — são fundidos como uma oposição única, que é então tratada como um inimigo absoluto.

Haidt descreveu uma forte tendência ao maniqueísmo, ampliada pelos esforços de propaganda, em particular na política estadunidense contemporânea (HAIDT, 2012, pp. 361-6). A mesma tendência opera de forma mais geral na política ocidental, se não na mesma medida que nos Estados Unidos. Os disputantes políticos tratam suas divergências como uma luta entre o bem e o mal absolutos. A pureza ideológica é exigida, o meio-termo é visto como um pecado, e o resultado é um ambiente político envenenado (HAIDT, 2012, pp. 309-12). Asch observa que a propaganda (novamente, propaganda exploradora em sua terminologia) mina qualquer espírito de acordo. Em seu lugar, o princípio prevalecente se torna: "Aquele que não está completamente comigo está completamente contra mim" (ASCH, 1952, p. 632). A atmosfera de crise real ou falsa se torna uma de fanatismo. Independência e moderação são vistas com desconfiança:

> Independência moderada, que em condições mais assentadas teria todas as características de ser ponderada e responsável, adquire o estatuto de carácter de imprudência — senão de traição. Eventualmente, a falta de oposição ou de independência já não é suficiente; para estar acima de qualquer suspeita é preciso prestar contas do que não foi dito e não foi feito (ASCH, 1952, p. 632).

Como Asch também identifica, a propaganda é frequentemente apoiada por censura e represálias mais fortes: onde propaganda é emitida pelo Estado, ela apoia e é apoiada pelo poder policial. No meu próprio entendimento de propaganda, ela não é necessariamente uma atividade do Estado, mas algo muito semelhante se aplica quando é usada por organizações não estatais, movimentos políticos e afins. Embora estes não tenham os poderes do Estado, eles possuem armas similares. Eles muitas vezes têm o poder de afastar dissidentes, manchar suas reputações e comprometer seus empregos e carreiras. Como observa Asch, no entanto, a propaganda nem sempre é eficaz, especialmente se aqueles que são expostos a ela têm algum acesso independente a fatos relevantes. Assim, o silêncio diante da propaganda nem sempre indica concordância ou falta de resistência intrínseca à mensagem: "Quando o medo de represálias reina, o silêncio ou a aprovação externa pode parecer consentimento, embora possa representar, na verdade, um forte ceticismo ou desilusão" (ASCH, 1952, p. 634). Este é, em essência, o fenômeno da falsificação da preferência discutido no capítulo anterior.

Uma conquista significativa da filosofia acadêmica recente tem sido o desenvolvimento de ferramentas sutis para analisar o que é comunicado pela linguagem: não apenas seu conteúdo semântico literal, mas também o que é transmitido pragmaticamente pelas palavras em seus variados contextos. Estas ferramentas podem ajudar os filósofos a analisar, compreender e explicar as técnicas dos propagandistas. Em *How Propaganda Works*, Jason Stanley assumiu a liderança no uso da pragmática contemporânea para exatamente esse propósito. Ele se concentra em uma parte estreita, embora sem dúvida significativa, do fenômeno: um estilo de retórica que ele associa com a direita política estadunidense. Ele analisa as formas pelas quais a retórica de direita que invoca ideais que soam a valores — como a humanidade, a liberdade, a igualdade, a razão objetiva e a própria democracia — pode ser usada para servir objetivos que minam esses mesmos ideais.

Stanley prefere não enfatizar o papel da falsidade na propaganda, uma vez que muitas declarações podem ser falsas sem serem propaganda, mas este é um argumento bastante fraco. Podemos facilmente distinguir entre as mentiras do dia a dia e os tipos de material falso ou enganoso que são usados para nos manipular em campanhas públicas. Novamente, Stanley (2015, pp. 42-3) corretamente aponta que nem todas as declarações usadas para fins de propaganda são falsas. Algumas podem não ter qualquer conteúdo literal, e por isso não podem ser verdadeiras *ou* falsas, mas simplesmente transmitir emoção. Outras, como "há muçulmanos entre nós", podem muito bem ser verdadeiras quando interpretadas literalmente, mas no contexto são reconhecidamente propaganda. Tal declaração comercializa crenças falsas — como a de que os muçulmanos são inerentemente perigosos — a fim de manipular as emoções do público. É claro que, na verdade, há muçulmanos "entre nós" nas populações dos países ocidentais. Contudo, esse simples fato demográfico não significa nada.

Stanley condena aquilo a que chama "propaganda demagógica", que consiste na utilização de uma ideologia imperfeita "para interromper a deliberação e o debate racionais" (STANLEY, 2015, p. 47). No entanto, este é um movimento confuso, já que muita propaganda tem pouco a ver com demagogia como esse conceito é normalmente entendido (os provedores de propaganda não são necessariamente demagogos — embora alguns notáveis, como Adolf Hitler, definitivamente tenham sido). Mais fundamentalmente, não é necessariamente uma ideologia defeituosa que corta a deliberação e a discussão racionais. A história da fábrica que processava cadáveres, por exemplo, não se baseava em nada que pudesse ser considerado como uma ideologia falsa ou defeituosa: não dependia de nada ideológico além do que uma vaga suspeita dos alemães, ou dos estrangeiros em geral, adicionado ao poder emocional da própria mentira.

Para maior clareza, devemos notar que a concepção de ideologia de Stanley é técnica, que ele atribui a Susan Stebbing, filósofa britânica do século XX (STANLEY, 2015, p. 196); relatos semelhantes são comuns em muitos discursos da teoria política. A ideia é que as crenças ideológicas são caras, às quais somos emocionalmente resistentes em desistir: do nosso ponto de vista, seria terrível (ou assim nos parece) se elas se revelassem falsas, talvez porque sua verdade é importante para nosso senso de identidade ou para as formas pelas quais justificamos como vivemos e agimos. Essas crenças podem estar intimamente ligadas a práticas sociais muito queridas: nas quais estamos imersos e que não abandonaríamos facilmente. Nada disso significa que uma crença "ideológica", assim entendida, seja falsa — muitas dessas crenças podem realmente ser verdadeiras —, mas elas são cruciais para a forma como entendemos a nós mesmos e ao mundo, mesmo que não as articulemos conscientemente. Se forem falsas, podemos nos deparar com a ideia de estarmos vivendo à base de uma mentira e impedidos de obter uma compreensão maior.

Stanley mostra pouco interesse pela ideologia no sentido mais popular discutido anteriormente neste capítulo, mas argumenta que todos nós somos guiados em nossas expectativas práticas e morais — e nas maneiras como tendemos a agir — por redes de crenças profundamente enraizadas, queridas e muitas vezes não explícitas. Por este motivo, as redes de crenças falhas surgem de (e são reproduzidas por) estruturas sociais falhas. Tudo isto pode estar correto, mas nada de tão específico ou controverso é necessário para que a propaganda funcione como o faz, ou para que os ideólogos — tal como esse rótulo é mais popularmente entendido — o utilizem como um instrumento de controle. Enquanto os seres humanos tiverem tendências emocionais, somos vulneráveis a campanhas para manipular nossas emoções.

No entanto, Stanley faz observações importantes: ele resume, por exemplo, como a propaganda (no nosso entendimento clássico dela) envolve apelar às emoções para interromper o debate, ignorando a vontade racional. Em alguns casos, isso envolve desencadear reações emocionais que estão fora de proporção em intensidade com qualquer evidência que possa justificá-las. De acordo com Stanley — e novamente isso parece correto —, a propaganda pode ser usada para apoiar uma ideia boa, ruim ou neutra. Entretanto, sua característica distintiva é que usa emoções — tais como "nostalgia, sentimentalismo ou medo" (STANLEY, 2015, p. 53) — para interromper a consideração racional de outras possibilidades.

How Propaganda Works é útil para mostrar como os retóricos políticos podem apelar para valores prestigiosos mesmo quando distorcem, compreendem mal ou se opõem abertamente a eles. É lamentável, no entanto, que o autor do livro não reconheça um aspecto conspícuo da política contemporânea: o fato de que os ideólogos de esquerda ou liberais fazem o mesmo que suas contrapartidas de direita. Por exemplo, muitos ideólogos nas nações ocidentais agora colocam concepções de segurança, diversidade e liberdade a serviço de projetos que realmente minam importantes tipos de segurança, diversidade e liberdade. Assim, um "espaço seguro" é frequentemente aquele em que *não* é seguro discordar de certas ideias localmente ortodoxas. Mesmo o conceito de diversidade é distorcido quando usado apenas no sentindo de diversidade demográfica e cultural (porcentagem de gêneros, origens raciais e étnicas, sexualidades etc.) sem valorizar a diversidade de pontos de vista, opiniões, ideias, atitudes, caráteres e temperamentos e modos de vida escolhidos. Nenhum partido político, movimento ou lado de um debate detém o monopólio do abuso propagandista de linguagem nobre.

Por outro lado, muito da propaganda não assume esta forma. Grande parte dela consiste em nada mais do que falsas afirmações sobre conquistas passadas e sucessos atuais. Muito dela é formada por afirmações falsas sobre o caráter moral (ou sobre a ignorância) dos oponentes, e sobre atos perversos (ou às vezes erros ignorantes) que eles perpetraram.

Considere, mais uma vez, a narrativa de atrocidade da fábrica de cadáveres alemã. Neste caso da Primeira Guerra Mundial, nenhum ideal em particular foi usado como base, apenas para ser subvertido pelos propagandistas Aliados. O poder da narrativa não veio dos valores aos quais a história apelava usando linguagem explícita e nobre. Pelo contrário, os alemães foram colocados como insensíveis e desumanos devido a sua vontade de tratar os corpos de seus próprios mortos como mera matéria-prima física para reciclagem. Em algum lugar nos bastidores, talvez houvesse apelo à bondade, compaixão e respeito pela dignidade humana, mas seria forçado demais retratar a importância da história como subversão desses ideais. O apontamento mais direto a fazer é que uma história falsa foi usada durante a Grande Guerra para despertar fortes respostas emocionais. Como é habitual na propaganda, o valor mais óbvio que estava a ser minado era a simples honestidade.

A essa altura, devemos notar que os propagandistas são muitas vezes sinceros sobre suas posições gerais, enquanto mostram uma negligência com a verdade sobre qualquer situação em particular e uma vontade de contornar as capacidades racionais de seu público. Assim, os perpetradores da história da fábrica alemã sem dúvida acreditavam que havia um imperativo de se opor ao regime do Kaiser. No entanto, eles se basearam em uma falsidade ultrajante no esforço de persuadir. Como Stanley (2015, pp. 44-7) aponta, até mesmo Hitler e seus seguidores eram honestos em certo nível: eles sem dúvida acreditavam que os judeus eram uma ameaça. Todavia, os esforços dos nazistas para fortalecer sua própria popularidade, e para acender a raiva e o ódio contra os judeus, utilizaram-se de uma grande variedade de métodos poderosos para contornar a razão.

A princípio, pode haver circunstâncias tão urgentes a ponto de justificar o uso de técnicas de propaganda para mobilizar a opinião pública. Talvez quase *tudo* possa ser justificado como sendo em resposta a uma catástrofe contínua de vasta extensão e grande urgência. Uma ideia semelhante a esta motiva o ensaio de Herbert Marcuse "Tolerância repressiva" (1969), um dos textos-chave das revoluções sociais dos anos 1960. Marcuse, um dos principais teóricos da Escola de Frankfurt da teoria crítica e um queridinho da nova esquerda da época, defendeu abertamente a tolerância de ideias radicalmente de esquerda — acompanhada de intolerância pelas ideias de direita e, portanto, na visão dele, elementos regressivos da sociedade. Ele não imaginava que esta política seria — ou que pudesse ser, nas circunstâncias prevalecentes — buscada por meio do poder do Estado. Em vez disso, ele pediu que os grupos ativistas radicais se engajassem em ações intolerantes, incluindo ações violentas:

> Se usarem de violência, não iniciam uma nova cadeia de violência, mas tentam quebrar uma já estabelecida. Uma vez que serão punidos, sabem do risco, e quando estão dispostos a assumi-lo, nenhum terceiro — muito menos educadores e intelectuais — tem o direito de pregar a abstenção a eles (MARCUSE, 1969, p. 131).

Marcuse justificou tais atos de intolerância, chegando até e incluindo a violência, precisamente pela sua afirmação de que ele vivia em um ambiente político e cultural moralmente catastrófico, e pela sua afirmação de que a discussão civil era fútil como meio para provocar mudanças. Em seu ensaio, Marcuse afirma que "a extrema suspensão do direito à liberdade de expressão e de reunião só se justifica se toda a sociedade estiver em extremo perigo". No entanto, acrescenta imediatamente, este é precisamente o contexto: "Afirmo que a nossa sociedade se encontra em uma situação de emergência, e que esse se tornou o estado normal de coisas" (MARCUSE, 1969, p. 123).

Esta lógica poderia ser utilizada para justificar motins e atos de violência destinados a calar os oradores de direita — ou mesmo *quaisquer* oradores, ainda que moderados em suas opiniões, que possam ser considerados apoiantes do *status quo* político e social. Assim, o ensaio de Marcuse oferece uma justificativa para os grupos anarquistas e marxistas violentos atuais que tentam evitar uma ampla gama do que, de outra forma, seria considerado discurso democraticamente legítimo. Quer Marcuse seja ou não amplamente lido pelos atuais ativistas do campus, eles oferecem razões semelhantes para suas ações. Note, no entanto, que uma lógica estruturalmente idêntica está disponível para ativistas de direita, demagogos e guerreiros de ultraje. A campanha presidencial de 2016 de Trump foi focada na ideia de que os Estados Unidos estavam em uma situação de emergência contínua — mas uma que exigia uma ação drástica da direita populista.

Às vezes, somos realmente confrontados com emergências políticas e sociais; mas, se fizermos esse julgamento muito depressa, poderemos ser impelidos a uma conduta atroz que não pode ser justificada por qualquer alegação de necessidade de defesa. Mesmo que a situação à nossa volta pareça ter atingido um ponto de crise em um ou outro aspecto, atos extremos — como tentativas de suspensão da capacidade dos outros de falar, de ouvir e de se reunir — têm mais probabilidade de agravar a situação do que o contrário. E que Marcuse me perdoe, mas é ingênuo pensar que ações violentas, realizadas por ativistas selecionados por si mesmos lidando com o que interpretam como situações de emergência, quebrarão uma cadeia de violência estabelecida. Pelo contrário, sua violência será inevitavelmente vista pelos seus opositores mais radicais como justificando a violência de retaliação, o que conduzirá a uma escalada sem ponto de parada óbvio.

Sempre que nos dizem que vivemos em um estado sociopolítico de crise em que a discussão civil e honesta se tornou fútil, fazemos bem em examinar o quão ruins as coisas realmente são. Ao fazê-lo, não precisamos negar que nossa sociedade tem problemas significativos que devem ser abordados. Infelizmente, as técnicas de propaganda podem ser utilizadas com o objetivo exato de contornar a deliberação racional sobre a forma como a nossa situação se tornou catastrófica. Há uma tentação para os controversos — especialmente os que se encontram nos extremos políticos — de descreverem toda e qualquer situação que lhes interesse fortemente como envolvendo uma enorme crise, um estado de emergência.

Um exemplo de alerta para os liberais — o caso da *Rolling Stone*

Em 19 de novembro de 2014, a escritora freelancer Sabrina Erdely publicou um artigo sensacionalista de cerca de 9.000 palavras na revista *Rolling Stone*. Intitulado "Um estupro no campus: um abuso brutal e a luta pela justiça", a história foi evidentemente destinada a destacar a existência de uma "cultura do estupro" — um ambiente onde a violência sexual é prevalente e culturalmente permitida — em campi universitários dos Estados Unidos. Tal cultura pode muito bem existir nesses campi, ou em alguns deles, alimentados pelo álcool e pelo machismo. Entretanto, até onde isso seja verdade, Erdely falhou em esclarecer. Em vez disso, ela inadvertidamente nos deu um exemplo de jornalismo investigativo da grande mídia se transformando em uma confecção de ideologia, propaganda e ultraje.

Ela afirmou que uma jovem mulher, identificada pelo pseudônimo de *Jackie*, havia sofrido um estupro brutal durante uma festa realizada pela fraternidade Phi Kappa Psi na Universidade da Virgínia. Isso supostamente aconteceu em setembro de 2012. Erdely representou o estupro como um rito de iniciação — fazendo sua história evocar o pânico generalizado dos anos 1980 e 1990 do abuso ritual satânico. Contudo, as alegações eram extraordinárias, e o nível de malícia descrito era tão extremo (Jackie foi repetidamente violada por sete jovens durante um período de três horas — segundo Erdely), que "Um estupro no campus" mostrou marcas óbvias de propaganda atroz.

Devemos reconhecer claramente que algumas atrocidades realmente acontecem. Consideremos, para começar, o Holocausto Nazista e muitos outros horrores perpetrados por governos totalitários e ideológicos. Consideremos também o tratamento inegavelmente brutal e escandaloso de muitos grupos indígenas como consequência do colonialismo europeu. No início, então, imediatamente após sua publicação, não havia base para considerar a história de Jackie absurda. Todavia, também não foi sábio supor que um relato tão fora do comum fosse realmente verdadeiro, fosse nos seus detalhes ou em sua essência. E, no entanto, uma pressa em julgar ocorreu na internet, com o compartilhamento viral da história em si e a humilhação internacional da fraternidade Phi Kappa Psi e de seus membros. Jornalistas que deveriam saber muito bem como se comportar aceitaram a narrativa pelo que ela aparentava. Manifestações agressivas foram organizadas para difamar a fraternidade e exigir mudanças nesse sistema.

Conforme a história da *Rolling Stone* foi sendo investigada externamente nos dias e semanas seguintes, entrou em colapso total. Leitores cautelosos poderiam ter esperado que sobrasse um elemento de verdade — talvez que Jackie tivesse sido sexualmente violentada e abusada de alguma forma bastante diferente do que foi narrado por Erdely —, mas não surgiu nem um fundo dela. *A Rolling Stone* se retratou formalmente pela história em 5 de abril de 2015, embora àquela altura muitos danos tivessem sido feitos, incluindo vandalismo físico na sede da fraternidade, danos psicológicos a membros dela — pelo menos alguns foram afastados e ameaçados — e a destruição da reputação de várias pessoas.

Independentemente do que possa ter acontecido com Jackie naquela noite de 2012, nada como o estupro coletivo prolongado descrito de forma surrealista na *Rolling Stone* existiu. Parece que as alegações de Jackie foram inteiramente fabricadas. (Pelo que parece claro devido às circunstâncias, a alegação de estupro coletivo pode ter sido uma tentativa de ganhar a simpatia de outro estudante por quem Jackie estava romanticamente atraída). Erdely acreditava na falsa narrativa de forma inquestionável, claramente porque ela estava predisposta a isso. Ela parece ter feito pouco em termos de verificação e depois, por sua vez, não recebeu qualquer supervisão ou orientação por parte do time da revista. Em dezembro de 2014, a *Rolling Stone* publicou uma declaração sobre a veracidade da história, e posteriormente pediu que a Escola de Jornalismo da Universidade de Columbia investigasse o que deu errado. O relatório formal, publicado pela *Rolling Stone* em abril de 2015, mostra um registro deprimente de raciocínio ideologicamente motivado e prática jornalística descuidada (ver CORONEL; COLL; KRAVITZ, 2015).

Foram instaurados vários processos judiciais contra a *Rolling Stone*, contra a própria Erdely e contra outros, incluindo um processo por difamação por Nicole Eramo, a reitora associada que foi responsável por lidar com alegações de agressão sexual na Universidade da Virgínia. O artigo de Erdely era mordaz com a forma que Eramo tratava do caso, com um impacto devastador na reitora. Em evidência dada durante o julgamento de sua ação judicial, ela testemunhou ter pensamentos suicidas enquanto se abrigava em posição fetal sob sua mesa. Em novembro de 2016, um júri considerou Erdely e a *Rolling Stone* responsáveis pela difamação. Eramo recebeu um milhão de dólares em danos a serem pagos pela *Rolling Stone* e dois milhões de dólares a serem pagos por Erdely. O caso acabou sendo resolvido de maneira confidencial antes da audiência por um recurso. O litígio separado de Phi Kappa Psi contra a *Rolling Stone* foi resolvido em junho de 2017 por uma quantia de 1,65 milhões de dólares. Em dezembro de 2017, a *Rolling Stone* pagou uma ação movida por um pequeno grupo de membros individuais da Phi Kappa Psi, concluindo assim o litígio contra ela.

O jornalismo irresponsável fez muito mal neste caso. Uma consequência óbvia do fiasco foi a de minar a credibilidade das mulheres que realmente sofrem violentas agressões sexuais nos campi universitários dos Estados Unidos. Para nossos propósitos, no entanto, o ponto mais importante diz respeito à combinação de credulidade e zelo demonstrados por Erdely, pela equipe da *Rolling Stone*, por muitos indivíduos associados à Universidade da Virgínia e por um público muito mais amplo que aceitou a história original sem críticas e a transmitiu. Esses leitores não mostraram nenhum ceticismo que tais reivindicações extraordinárias, ruins demais para serem verdadeiras, deveriam provocar imediatamente.

Parece que a própria Erdely decidiu se posicionar, em vez de seguir os fatos para onde eles conduzissem. Se não for totalmente desonesto, trata-se, pelo menos, de um fracasso das capacidades jornalísticas e do rigor intelectual. Parece que ela procurou a narrativa final: ela queria uma história envolvendo uma vítima inocente brutalizada da forma mais ultrajante, devastadora e inequívoca. Ela estava motivada, ao que parece, pela sua crença em uma situação de emergência marcusiana nos campi estadunidenses. Isso, no entanto, turvou seu julgamento. Deve ter havido histórias genuínas que ela poderia ter investigado: violações mais do que suficientemente horríveis no campus que realmente aconteceram em 2014 e nos anos imediatamente anteriores. Contudo, se assim foi, aparentemente nenhuma foi sensacionalista o suficiente para o seu propósito.

Como não ser um guerreiro de ultraje

Cass Sunstein discutiu como nossas crenças, esperanças e medos anteriores podem fazer com que os rumores que encontramos pareçam críveis ou sem fundamentos. Um exemplo é a falsa afirmação (aceita sem críticas por muitos) feita em 2008 de que a política estadunidense Sarah Palin acreditava que a África era um país e não um continente (SUNSTEIN, 2009b, p. 6; ver também BROGAARD, 2015). Para aqueles que acreditavam nisso, Sunstein observa, a suposta ignorância de Palin se encaixava com o que eles já acreditavam sobre ela. Da mesma forma, foi fácil para muitas pessoas que leram a história de Erdely na *Rolling Stone* acreditarem até nas coisas mais extremas e vis sobre o comportamento dos rapazes das fraternidades nos campi universitários dos Estados Unidos. Afinal de contas, muitos casos de membros de fraternidades masculinas que se comportam mal vêm acontecendo. Assim, a pseudônima Jackie obteve muita credibilidade, apesar de sua história ser bizarra. Ela se encaixava com pressupostos e ideologias pré-existentes.

Uma razão pela qual podemos acreditar ou não em rumores e narrativas de propaganda é o quão bem eles se encaixam nas informações (verdadeiras ou não) que já temos. Uma razão relacionada à anterior é que aceitar algumas reivindicações faz com que nos sintamos bem, ou melhor do que estávamos, enquanto rejeitá-las nos faz mal. Em particular, é provável que neguemos afirmações, por mais bem apoiadas que sejam pela evidência, se elas contradizem nossas ideologias políticas ou sociais, nossas visões religiosas ou morais, ou (para adotar alguma terminologia de Jason Stanley) simplesmente nossas crenças mais estimadas. Por outro lado, é provável que aceitemos rumores desagradáveis sobre as pessoas que desaprovamos — e que os transmitamos aos outros — mesmo que haja poucas evidências e seu conteúdo force a credulidade humana.

A Indústria de Ultrage descrita por Berry e Sobieraj (BERRY; SOBIERAJ, 2014) — como é óbvio para quem observa — alimenta tanto a si quanto a outras de uma sensação de crise. Às vezes, este sentido pode ser justificado, pelo menos sob as luzes dos próprios valores dos guerreiros escandalosos. Se, por exemplo, você vê o aborto como um assassinato, você vive em um mundo (ou pensa que o faz) onde tal crime está sendo cometido em grande escala em todos os países ocidentais. Se isso fosse realmente assim, seria certamente uma crise a ser enfrentada, e você poderia dizer ou fazer quase qualquer coisa para acabar com isso (até mesmo votar em candidatos políticos antiaborto que, em outras ocasiões, você desprezaria). Como afirmei no capítulo 1, não vejo nada de errado com o aborto e celebro (e procuro expandir) a liberdade reprodutiva das mulheres, mas aqueles que discordam de mim devem experimentar o mundo de forma muito diferente. Isto é algo que tento ter em mente quando os acho exasperantes.

Em muitos aspectos, as coisas muitas vezes não são tão más quanto parecem. As sociedades ocidentais têm problemas significativos e enraizados, e resolvê-los não será fácil. No entanto, eles não serão solucionados por adversários furiosos que (por suas razões muito diferentes) se veem presos em um estado de crise perpétuo, examinam-se mutuamente por meio de visões de mundo, ideologias e sistemas de valores opostos, e sempre pensam o pior um do outro. Um estado de política maniqueísta incentiva ideólogos, propagandistas e guerreiros de ultraje (e pessoas que parecem ser os três em um pacote detestável). Levado ao extremo, produz violência e agitação civil. Ajuda pouco, no entanto, na cura de divisões, na solução de problemas sociais, ou no avanço do conhecimento e da compreensão humana.

7
VOCÊ NÃO PODE DIZER ISSO! POLÍTICA DE IDENTIDADE E SUAS VÍTIMAS

Ameaças de todos os lados

Poderíamos esperar que as maiores ameaças à liberdade individual nas democracias liberais pós-cristãs — e especialmente à liberdade de expressar e discutir as nossas ideias — viessem da Igreja e do Estado. As igrejas cristãs poderiam ser motivadas a suprimir o discurso herético, incluindo questionamentos aos *costumes* tradicionais. Os oficiais do governo poderiam tentar esmagar qualquer coisa que considerassem como sedição ou subversão da ordem política.

Muitas vezes funciona assim, e voltarei ao ponto do capítulo 9. Geralmente, porém, indivíduos e organizações supostamente liberais ou de esquerda são pelo menos cúmplices de ataques à liberdade. Eles usam uma grande variedade de táticas envolvendo propaganda e ultraje. Por vezes, não têm pudores de apelar ao poder do Estado para censurar os inimigos políticos. Um caso relativamente recente na Austrália envolveu um ativista antiaborto linha dura dos Estados Unidos, Troy Newman, a quem foi negada a entrada no país para fazer uma turnê de palestras bancada por um grupo pró-vida.

Newman tem defendido algumas ideias verdadeiramente escandalosas: em particular, considera o aborto como assassinato e perguntou, retoricamente, por que razão ele não deveria ser considerado um crime capital sujeito à pena de morte. Ele até expressou simpatia por um assassino condenado, Paul Jennings Hill, que foi executado em 2003 por matar um médico e seu guarda-costas. No entanto, nunca foi produzida qualquer prova de que Newman representava uma ameaça para a sociedade australiana no sentido de ter a probabilidade de incitar à violência durante sua visita. Seus opositores fizeram campanha pela sua expulsão por meio de ações governamentais porque, em grande parte, se não inteiramente, queriam impedir que as suas opiniões fossem expressas, ouvidas e discutidas na Austrália. Defendo que a Austrália *não* deveria ter negado a entrada a ele e que seus adversários nunca deveriam ter almejado tal coisa.

(O que acabou acontecendo foi que Newman chegou ilegalmente. Depois de ter apresentado ao Supremo Tribunal da Austrália um pedido frustrado de autorização para permanecer, foi deportado no início de outubro de 2015. Ver BLACKFORD, 2015b para um longo post que escrevi para meu blog durante o calor do debate.)

Esse deveria ter sido um caso simples. Embora as opiniões substanciais de Newman fossem, na minha opinião, erradas, desagradáveis e bizarras — e, evidentemente, ofensivas para muitas pessoas —, ele deveria ter tido a permissão para expressá-las em uma democracia liberal como a da Austrália. Por outro lado, aqueles que desejassem ouvi-lo pessoalmente deveriam ter tido a possibilidade de o fazer. De um ponto de vista estritamente prudencial, a disputa inevitavelmente acabou dando *mais* publicidade à opinião de Newman na Austrália. Além disso, ele cumpriu pelo menos alguns de seus planos falando do exterior, usando a moderna tecnologia de comunicação. Não está claro, pelo menos a partir de qualquer informação disponível para mim, se Newman e sua organização em geral acabaram pior ou melhor.

Newman é ele próprio um indivíduo altamente iliberal. Muitas vezes, porém, as vítimas de esforços como esses — campanhas para silenciar ou punir opositores — têm boas credenciais próprias como pensadores liberais ou esquerdistas.

Um fenômeno cada vez mais evidente nos últimos anos, embora remonte à década de 1970, é o que é conhecido como *no-platforming*. Caso após caso, oradores que foram convidados como visitantes em conferências ou fóruns universitários tiveram os convites retirados. Nessas situações, mesmo quando isto não ocorre, pode haver tentativas contínuas de grupos de pressão para forçar um cancelamento de última hora. Quando os acontecimentos ocorrem, em uma atmosfera altamente politizada, são por vezes transformados em caos por manifestantes que tentam calar os oradores e perturbar os anais. Ninguém se pode queixar se houver protestos pacíficos fora de um local, mas temos todos os motivos para nos queixarmos dos vetos de opositores a um discurso.

Manifestantes violentos já destruíram bens e feriram pessoas fisicamente. Esse risco subiu acentuadamente durante 2017, com o crescente envolvimento de ativistas "antifa" (antifascistas) munidos de máscaras negras e equipados com armas improvisadas. Na verdade, um livro separado poderia ser escrito sobre a escalada da violência política nos Estados Unidos em particular — especialmente desde que Donald Trump tomou posse em janeiro de 2017, o que sem dúvida deu força a muitos grupos de extrema-direita, ao mesmo tempo em que deu a muitos ativistas de esquerda um sentimento de viver no tipo de "situação de emergência" descrita nos anos 1960 por Herbert Marcuse (MARCUSE, 1969, p. 123).

A ideia da *no-platforming* foi originalmente destinada a fascistas reais envolvidos em propaganda e recrutamento para organizações violentas, como a Frente Nacional Britânica, no Reino Unido. Nessa forma limitada, e especialmente no ambiente racial explosivo da Grã-Bretanha dos anos 1970, a ideia fazia sentido. Durante o apogeu original da *no-platforming*, os sindicatos estudantis frequentemente estendiam a política a indivíduos e organizações com laços com a África do Sul. Contudo, a *no-platforming* tem sido usada atualmente muito além do Reino Unido, assim como de uma política de manter de fora os marginais fascistas, e certamente além da campanha dos anos 1970 e 1980 contra o *apartheid*. Em várias ocasiões, oradores de esquerda, como Peter Singer, Julie Bindel e George Galloway — e muitos outros, numerosos demais para listar — acabaram se vendo em uma lista negra, ou não foram convidados a fazer discursos específicos.

Singer é um exemplo interessante, uma vez que ele tem adversários à esquerda e à direita devido às suas opiniões sobre decisões médicas no início e no final da vida. Alguns de seus oponentes apoiam a moralidade religiosa tradicional e as visões "pró-vida" sobre o aborto e tópicos relacionados. Outros, no entanto, são ativistas das pessoas com deficiência que se veriam como figuras liberais ou de esquerda. Quando um palestrante de alto nível como Singer tem um convite para uma conferência retirado, como aconteceu no Festival de Filosofia de Colônia, na Alemanha, em meados de 2015, tem outros canais para expressar seu ponto de vista. Todavia, outros com opiniões semelhantes e reputações menores tomam isso como uma mensagem que diz: guarde suas opiniões para si mesmo ou você será punido.

Neste capítulo, descreverei uma série de casos que devem nos preocupar. Como resultado, o capítulo será uma espécie de desfile de horrores — mas eu poderia acrescentar muitos mais exemplos. Ocasionalmente, encontro ceticismo sobre tais casos por parte de pessoas que não se depararam pessoalmente com eles, por isso documentarei alguns dos mais recentes em detalhes (talvez mais do que é estritamente necessário). Ressalto, no entanto, que novos casos chegam ao conhecimento do público quase diariamente. Embora alguns indivíduos possam duvidar da existência dos casos mais extremos, ou pelo menos do fato de serem relatados de forma justa, muitos outros que falam comigo em particular tiveram experiência suficiente para reconhecer o tipo de tumulto envolvido.

Não fale assim! O caso de Philipp Jenninger

Em seu artigo "Autocensura no discurso público", Glenn Loury discute o caso de Philipp Jenninger, que em novembro de 1988 foi forçado a renunciar ao cargo de presidente do Parlamento da República da Alemanha Ocidental. A transgressão de Jenninger foi fazer o que era amplamente visto como um discurso impróprio sobre eventos que levaram à horrível *Kristallnacht* (ou Noite dos Cristais) cinquenta anos antes, quando nazistas atacaram judeus alemães em um pogrom devastador que pode ser visto como o início do Holocausto Nazista. Como Loury diz: "Um alvoroço foi criado pelo fato de muitos de sua audiência terem interpretado o relato brutalmente franco de Jenninger das atitudes predominantes entre os alemães nos anos 1930 como uma defesa disfarçada do nacional-socialismo" (LOURY, 1994, p. 438).

Não havia dúvidas na época (ou agora) quanto às credenciais de longa data de Jenninger como antinazista e defensor da oposição ao totalitarismo. Não havia provas de que ele guardava sentimentos antissemitas. Na verdade, ele era um franco defensor de Israel. Além disso, "praticamente todos os críticos que examinaram o discurso concluíram que ele não tinha dito nada de falso, malicioso ou difamatório", mas verdades "que algumas pessoas não queriam ouvir de uma maneira que não estavam dispostas a aceitar" (LOURY, 1994, p. 439). Ao condenar a barbaridade da *Kristallnacht*, Jenninger transmitiu dramaticamente a admiração generalizada dos alemães da época por Hitler e pela liderança nazista, e a rotina de "suspeita e desprezo" sentida pelos judeus (LOURY, 1994, p. 439).

Em suma, Jenninger confrontou o povo alemão de sua própria época com um discurso vívido, honesto e necessário, destinado a expor a verdade brutal sobre a Alemanha durante um dos períodos mais chocantes da história europeia e mundial. Ao fazê-lo, escolheu palavras que transmitiam os processos de pensamento dos nazistas e apoiadores nazistas de maneiras que poderiam, retiradas do contexto controlado, ser entendidas como expressão de simpatia a eles. Ele quebrou um tabu contra essa expressão aberta, falhando em se limitar a banalidades e discursos assépticos, embora o tabu operasse para impedir um "exame honesto da história e das circunstâncias atuais das quais poderia surgir uma genuína compreensão moral" (LOURY, 1994, p. 44). Ele se mostrou incapaz de criar — na mente de seus acusadores — um afastamento entre as palavras que ele usou para indicar a mentalidade dos alemães pró-nazistas e seus próprios pensamentos sobre o assunto.

Transmitir a forma como os alemães da década de 1930 pensavam e sentiam a respeito de Hitler, dos nazistas e dos judeus era socialmente proibido. Quando Jenninger quebrou o tabu, foi severamente punido.

A traição de Salman Rushdie

O romance de Salman Rushdie, *The Satanic Verses*, foi publicado em 1988, no mesmo ano da queda política de Jenninger. É uma obra-prima literária de um dos grandes autores da nossa geração. Por favor, leia-o, se ainda não o fez. No entanto, logo se tornou notório por causa das ameaças que levaram o autor a se esconder. Em fevereiro de 1989, Ruhollah Khomeini, um grande aiatolá xiita e líder supremo do Irã, emitiu uma decisão sobre a lei islâmica — uma fátua — contra Rushdie. Pediu a morte do romancista por alegadamente blasfemar contra o islã, o Alcorão e o profeta Maomé. Esta sentença de morte extraterritorial se estendia a todos os que estivessem envolvidos na publicação do livro e conscientes de seu conteúdo.

Embora Rushdie tenha sobrevivido, seu tradutor italiano, Ettore Capriolo, foi gravemente ferido em um ataque por esfaqueamento em julho de 1991. No mesmo mês, Hitoshi Igarashi, o tradutor japonês de *The Satanic Verses*, foi esfaqueado até a morte. Em 1993, o seu editor norueguês, William Nygaard, foi baleado do lado de fora de sua casa. Nygaard sobreviveu, felizmente, mas só depois de um longo tempo no hospital com ferimentos graves. Muitos outros foram ameaçados, feridos, raptados ou mortos. Entretanto, o romance foi proibido em muitos países. Pior: muitos muçulmanos supostamente moderados defendiam a fátua. Pior ainda: muitos líderes religiosos ocidentais, intelectuais públicos e comentaristas políticos se voltaram contra Rushdie por sua suposta insensibilidade aos sentimentos religiosos e culturais. Mesmo aqueles que criticaram a fátua muitas vezes recebiam o próprio livro com aversão ou desdém.

O grande autor europeu Milan Kundera faz uma observação semelhante:

> Com misteriosa unanimidade (notei a mesma reação ao redor de todo o mundo), os homens de letras, os intelectuais, os iniciados no assunto, desprezaram o romance. Decidiram resistir a todas as pressões comerciais de uma vez, e se recusaram a ler uma obra que consideravam simplesmente uma peça de sensacionalismo (KUNDERA, 1995, p. 25).

Kundera continua descrevendo a resposta dos políticos, que ele resume, de forma rude, mas acertada, como segue: "Condenamos o veredicto de Khomeini. A liberdade de expressão é sagrada para nós. Mas não condenamos menos esse ataque à fé religiosa. É um ataque vergonhoso e desprezível que insulta a alma dos povos" (KUNDERA, 1995, p. 25).

Os principais líderes mundiais da época, incluindo a primeira-ministra britânica Margaret Thatcher, o presidente estadunidense George H. W. Bush e os principais membros de seus respectivos gabinetes, ofereceram apenas respostas fracas à fátua. O ministro britânico dos Negócios Estrangeiros, Geoffrey Howe, fez tudo o que estava ao seu alcance para distanciar ele mesmo e o governo de Rushdie, no que disse respeito à denúncia do livro. Como Kenan Malik observa em *From Fatwa to Jihad* [*Da Fátua à Jihah*], "os políticos ocidentais pareciam incapazes de tomar uma posição inequívoca em defesa da liberdade de expressão e contra a ameaça à vida de Salman Rushdie" (MALIK, 2010, p. 34, e ver de modo geral pp. 32-5).

Thatcher e Bush eram figuras políticas de direita, mas a esquerda não foi melhor. Em seu gigantesco livro de memórias desses anos, *Joseph Anton* (2012) [*Joseph Anton: memórias*], Rushdie lamenta o número de pessoas de esquerda que o denunciaram, muitas delas escrevendo colunas para grandes jornais britânicos como o *The Guardian*. Alguns desses textos pediam que ele se sentisse humildemente grato pelo que tinha acontecido ou que aprendesse com isso e se redimisse da ofensa que tinha causado. Enquanto isso, ele estava levando uma vida difícil, desconfortável e furtiva, constantemente assolada por falta de moradia e outras crises. Ele foi criticado pelos seus inimigos como um bastardo e um cão, servindo apenas para ser morto.

Em um artigo recente publicado no *Journal of Religion and Society* (CLITEUR, 2016), Paul Cliteur examina as respostas antipáticas de dois eminentes filósofos acadêmicos, Charles Taylor e Michael Dummett, a Rushdie. Cliteur presta especial atenção a uma das primeiras respostas, feita por Taylor. Esta é uma escolha astuta, uma vez que o artigo de Taylor manifesta alguns elementos importantes do pensamento acadêmico atual sobre o islã e as disputas interculturais. Conclui com uma advertência aos ocidentais para que compreendam melhor a religião autoritária:

> No livro de Rushdie, tem-se a sensação confortável de que exatamente as coisas que o repelem da religião (ou pelo menos despertam reações ambíguas nele) — sua certeza autoritária, a segurança infantil que ela oferece — são as coisas que seus devotos estimam. Eles experimentam exatamente as mesmas realidades espirituais, e apenas revertem o sinal. O livro de Rushdie é reconfortante para a mente liberal ocidental, que partilha uma característica com a do aiatolá Khomeini, a crença de que não existe nada fora de sua visão de mundo que necessite de uma compreensão mais profunda, apenas um reflexo perverso do que é obviamente certo. Para viver neste mundo difícil, a mente liberal ocidental terá de aprender a ir além (TAYLOR, 1989, p. 122).

Embora muito no artigo de Taylor possa ser considerado e seja provocador de pensamento, concordo com Cliteur que ele tira uma conclusão extraordinária. Em uma altura em que a vida de Rushdie estava em sério perigo, Taylor achou por bem lhe dar um sermão, e a outros de "mente liberal ocidental", sobre a necessidade de "estender a mão" aos autoritários. Seria possível ter pensado que cabe mais aos autoritários fazer a sua parte no alcance não violento.

Parte do problema é um grau de relativismo cultural na abordagem de Taylor, à medida em que ele não está disposto a aceitar uma resposta liberal óbvia: a linguagem literária utilizada por Rushdie não era prejudicial, ou pelo menos quaisquer danos por ela causados eram de um tipo socialmente aceito e legítimo. Em vez disso, Taylor nos pede para adotar um entendimento de dano que é relativo às culturas. Na sua abordagem, se tentarmos encontrar um conceito mais universal de dano, apoiamos assim a "superioridade do Ocidente" (TAYLOR, 1989, p. 120).

Nesse artigo, Taylor tenta evitar o tribalismo e ter uma visão mais objetiva das questões decorrentes do caso Rushdie. No que diz respeito a isso, é louvável. Ele enfatiza sua própria oposição às leis contra a blasfêmia, mas atribui isso em parte ao seu histórico cristão, mais especificamente católico. Nisso, ele parece ter razão. O cristianismo foi uma religião persecutória enquanto dominou a cultura e a política ocidentais. Foi, no entanto, consideravelmente domesticada pelos grandes eventos da modernidade europeia: a Reforma Protestante; as guerras religiosas dos séculos XVI e XVII, e a reação contra elas no pensamento político moderno; a Revolução Científica; o Iluminismo Europeu; e outras revoltas como as associadas ao imperialismo colonial, à industrialização e à urbanização. O mundo islâmico viveu tudo isto de forma muito diferente, e o islã nunca foi domesticado da mesma maneira.

Da mesma forma, como destaca Taylor, o cristianismo e o islamismo recorrem a diferentes recursos teológicos. É mais fácil imaginar um senhor da guerra, como Maomé, empregando um poder político e militar organizado para derrubar os blasfemadores — sustentando assim a honra da sua divindade — do que colocar Jesus de Nazaré em tal quadro. Ainda assim, isso nos leva de volta às questões sobre danos e ofensas. Muçulmanos devotos podem, de fato, ficar ofendidos por coisas diferentes — e por razões diferentes — daquelas que incomodam cristãos devotos como Taylor, ou não crentes como eu. Isso não significa que os muçulmanos sofram *danos* — ou pelo menos um tipo que deveria ser reconhecível pela lei.

Como exemplo, Taylor afirma que pode ser prejudicial em algumas culturas, ou pelo menos seriamente insultante, ter dúvidas sobre a legitimidade de sua origem. Ele afirma isso já que, até pouco tempo atrás, essa ilegitimidade era um sério impedimento à aceitação social mesmo nos países ocidentais. Contudo, a diferença não é que o *dano* — ser tratado como um estranho, ostracizado, ter certos direitos legais negados etc. — seja diferente. É que coisas diferentes, uma vez reveladas sobre você, produzirão tais consequências em diferentes sociedades. Em alguns casos, pode ser difícil para pessoas de culturas diferentes entenderem as afirmações umas das outras sobre o que é prejudicial, mas muitas vezes isso não é tanto porque elas têm diferentes concepções de dano. É mais pelo fato de terem visões de mundo diferentes, e com elas expectativas muito diferentes das consequências de certos atos.

Note, no entanto, outra questão profunda. Taylor acusa os ocidentais — como eu, e provavelmente você — de acreditarem na superioridade de nossa própria cultura quanto tentam definir padrões interculturais do que conta como dano. Parece que somos culpados de algum tipo de intolerância, mas procede? Naturalmente, é quase impossível comparar duas culturas como um todo para decidir qual, considerando-se tudo, é superior à outra. Há dimensões demais para a comparação; não há uma métrica global (muito menos consensual) para a comparação; e assim, em muitos casos, uma tentativa ponderada de classificar as culturas será um exercício fútil. Dito isso, uma cultura pode ser claramente superior a outra em um aspecto em particular.

Pense em diferentes períodos históricos no desenvolvimento de uma única cultura. Se a contemporânea do Sul estadunidense é, considerando-se tudo, superior ou não à do Sul da época da Guerra Civil, pode ser difícil provar a fim de satisfazer a todos. Ainda assim, parece bastante óbvio para mim: se uma cultura muito semelhante à do Velho Sul existisse em algum lugar do mundo contemporâneo, eu não hesitaria em considerá-la inferior à dos estados do Sul dos Estados Unidos em sua forma atual. Pelo menos, esses Estados seriam superiores no respeito particular de que já não se sustentam usando a escravidão.

Se a cultura do Ocidente é superior à cultura islâmica, com maior ênfase no governo laico, liberdade individual, espontaneidade, livre investigação, igualdade de gênero e certos outros princípios e valores, que assim seja. Temos o direito de concluir, com base nas nossas melhores pesquisas, que esses são verdadeiros, ou pelo menos úteis, princípios e valores. Se assim for, uma cultura que os abraça e enfatiza é, sendo outras coisas iguais, superior a uma cultura que não o faz. Pode ou não ser superior *em geral*, já que muitos outros aspectos podem precisar ser considerados, mas devemos rejeitar a ideia de que todas as culturas são tão boas quanto as outras e que negar isso é intolerância. (Se isso é suficiente para nos tornarmos imperialistas culturais, então não há nada de errado em sê-los. Que assim seja.)

Taylor está provavelmente certo em dizer que *The Satanic Verses* contém elementos que são anátema para os autoritários religiosos. Ele identifica três posições ou atitudes em relação à religião no pensamento laico contemporâneo:

> Um, a descrença desafiadora, afirmando a dignidade do ser humano sozinho no universo; dois, a coragem diante de um universo que é em si mesmo sem sentido; e três, a aceitação da limitação humana, da irremediável não espiritualidade dos seres humanos, ou da fraqueza, sensualidade, autorreferência de tudo que eles chamam de "espiritual", não vendo mais isso como "degradação" (TAYLOR, 1989, p. 119).

De acordo com Taylor, estas posições ou atitudes podem, por sua vez, ser usadas para fundamentar uma tripla crítica da religião como fornecedora de falsa entrega ("ainda pior porque ela pode ser usada para sustentar a exploração humana"); esperanças falsas e infantis; e padrões impossíveis que "só podem levar a uma autotortura sem fim" (TAYLOR, 1989, p. 119). Ele identifica todas essas críticas no romance de Salman Rushdie, mesmo que expressas com alguma ambivalência, e talvez tenha razão em encontrá-las lá. Mas e daí?

Taylor expressa simpatia pela opinião de que a religião merece uma proteção especial, como por exemplo por meio de leis de blasfêmia, uma vez que ela "é o lócus" da "posição do fiel sobre as questões mais profundas e fundamentais — a morte, o mal, o sentido da vida" (TAYLOR, 1989, p. 118). De um outro ponto de vista, porém, é exatamente por isso que devemos sujeitar a religião a uma análise cética e *não* lhe dar qualquer proteção especial. Ela faz grandes reivindicações, inclusive sobre como devemos viver nossas vidas. Exige de nós submissão; e se não nos consegue persuadir quanto à razão pela qual devemos nos humilhar, temos todas os motivos para nos ressentirmos das suas exigências e para as enfrentarmos com uma resposta desafiadora. Como Cliteur expressa o ponto, Taylor faz precisamente o apelo errado por compreensão. Ele não apela à compreensão dos "fanáticos religiosos", mas à do "lado dos críticos da religião, dos satíricos e dos proponentes da liberdade de expressão" (CLITEUR, 2016, p. 5). Infelizmente, os maus apelos desse tipo são comuns demais, e todos geralmente vêm de fontes — como muitos dos detratores de Rushdie, incluindo Taylor e Dummett — fortemente identificados com a política liberal ou de esquerda.

Uma alternativa genuinamente liberal pareceria muito diferente: permitiríamos um discurso que pudesse ofender, protegendo simultaneamente aqueles que ofendem dos vetos dos violadores e coisa pior — onde "coisa pior", nesse caso, inclui os assassinos jihadistas. O objetivo a longo prazo é dar uma lição valiosa: os grupos com ideias opostas devem, cada um, fazer o seu próprio caminho, suportando críticas, e até mesmo sátiras, vindas de seus adversários. Se eles sobreviverão ou não, dependerá de como se sairão no toma-lá-dá-cá do debate, e de até que ponto eles permanecem atraentes para os adeptos.

Desde o caso Rushdie tem havido muitos outros exemplos de teoterrorismo (palavra de Cliteur) dirigidos a autores e artistas. Entre os incidentes mais chocantes estão os assassinatos cometidos em janeiro de 2015, quando dois jihadistas mascarados atacaram os escritórios de

Paris da *Charlie Hebdo*, uma revista semanal satírica. Eles assassinaram doze pessoas ao todo, incluindo oito funcionários e dois policiais, além de deixarem onze outras vítimas feridas. Entre os mortos se encontravam o amado editor e cartunista Stéphane "Charb" Charbonnier. Em repercussão ao ataque ao seu escritório, muitas pessoas expressaram solidariedade com a equipe remanescente da revista e seus entes queridos, mas muitos comentaristas ocidentais de esquerda e intelectuais públicos se voltaram contra as vítimas. Mais comumente, expressaram o conselho hipócrita de não "provocar" muçulmanos. Em muitos casos, acusaram a *Charlie Hebdo* de racismo ou algo semelhante (para mais informações sobre essas respostas, ver BLACKFORD, 2015a e CLITEUR, 2016).

Em face à violência teoterrorista, muitas vozes da esquerda política exigem que os ocidentais mostrem mais compreensão com as formas de pensar religiosas e, especialmente, islâmicas. No entanto, não exigem caridade e compreensão na avaliação do trabalho de vítimas como Rushdie e os cartunistas de *Charlie Hebdo*. No final de seu artigo de 2016 sobre o caso Rushdie, Cliteur observa que Rushdie nunca escreveu outro livro como *The Satanic Verses*, publicado em 1988, e que o cartunista dinamarquês Kurt Westergaard nunca desenhou outro cartum como o que o tornou famoso como um homem marcado em 2005. O cineasta holandês Theo van Gogh está morto, assassinado por um fanático jihadista em 2004, assim como Charbonnier e muitos de seus colegas. E, no entanto, parece que concordamos:

> O espectro mais assombroso não é que as pessoas escrevam sátira religiosa (como foi feito, contra todas as probabilidades, ao longo da história europeia), mas sim que muitas pessoas deixem de fazê-lo porque se sentem sem apoio de seu governo, que é incapaz de garantir sua segurança, e porque suas intenções são descaracterizadas pelos maiores intelectuais de nosso tempo, que pontificam sobre "respeito", "diálogo" e "julgamento sábio", mas na verdade estão nas mãos dos terroristas (CLITEUR, 2016, p. 17).

As personalidades galileias

Grande parte de *Galileo's Middle Finger*, livro de Alice Dreger de 2015, relata as experiências de cientistas e estudiosos que foram atacados por não estarem em conformidade política de um jeito ou de outro. Um deles é J. Michael Bailey, um professor de psicologia da Universidade do Noroeste, nos Estados Unidos, cuja pesquisa sobre pessoas transgênero o levou a rejeitar um relato frequentemente usado pelos defensores de tal grupo. Dreger descreve tal relato da seguinte forma:

> Todos nascem homens ou mulheres no cérebro. Mas uma pessoa pode acidentalmente nascer com a anatomia sexual "errada" — nascer com um cérebro essencialmente feminino em um corpo masculino, ou vice-versa. Se isso acontecer, a pessoa saberá desde a infância que um erro terrível foi cometido. Se tiver sorte, essa pessoa será eventualmente capaz de sair do armário e se utilizar de cirurgia, hormônios e do sistema legal para acabar conquistando o corpo e a identidade social que ele ou ela sempre deveria ter tido (DREGER, 2015, p. 54).

Não tenho qualquer opinião, de uma forma ou de outra, sobre a substância deste relato. Não estou nada qualificado para avaliar as evidências. Note, no entanto, que se for aceito, faz com que a base das questões contemporâneas dos transgênero pareça simples. A implicação é que cada um de nós tem um verdadeiro eu masculino ou feminino desde o nascimento — e a mudança de gênero corrige as coisas quando necessário. No entanto, em seu livro, *The Man Who Would Be Queen* [*O homem que queria ser rainha*] de 2003, Bailey rejeitou isso como simplista e sem base científica. Ao mesmo tempo, como Dreger enfatiza, ele também apoiou o direito das pessoas transgênero a qualquer tratamento hormonal e cirurgias que elas quisessem e precisassem para se sentirem completas. Bailey rejeitou assim uma teoria em particular, mas ele deu seu apoio a pessoas transgênero por motivos compassivos e mais ou menos libertários. Veja por si mesmo: recomendo a leitura de *The Man Who Would Be Queen*.

(Devo acrescentar, em um esforço para evitar quaisquer mal-entendidos, que também dou total apoio às pessoas transgênero. Eu de forma alguma apoio ou defendo a transfobia, independente do que eu possa concluir sobre os méritos científicos do trabalho de Bailey.)

O relato de Bailey se baseia na visão de Ray Blanchard, que identificou dois tipos de indivíduos que buscam redesignação de gênero masculino para feminino: aqueles que são tradicionalmente femininos em personalidade e apresentação e crescem para se tornar, ou parecer, homens gays muito afeminados; e aqueles que não se apresentam como femininos, ou se encontram atraídos por homens, mas, no entanto, sentem um poderoso componente feminino em si mesmos, com parte desse sentido envolvendo excitação erótica a partir da ideia de ser (ou se tornar) mulher. Blanchard cunhou, e Bailey subsequentemente empregou, o termo *autoginefilia* para o fenômeno psicológico envolvendo o amor de uma pessoa a ser mulher ou, na frase de Blanchard, *amour de soi en femme*. Blanchard e Bailey viram a cultura como afetando as decisões sobre a transição: por exemplo, um homem gay ultrafeminino pode não sentir a necessidade de fazer a transição em um ambiente onde estava seguro e aceito tendo essa identidade.

Se este relato deve ou não ser aceito em preferência a outros envolvendo cérebros "masculinos" e "femininos" (ou se algum outro relato ainda prevalecerá cientificamente), o programa de pesquisa de Bailey não tinha como objetivo minar politicamente as pessoas transgênero. Também não parece ter sido movido por qualquer ódio ou desgosto por eles — muito pelo contrário. No entanto, Dreger sugere que o aspecto de *The Man Who Would Be Queen* que causou transtorno foi sua ênfase nos desejos sexuais, seja os de homens gays ou os atribuídos aos autoginófilos. Ele argumenta, e acho que plausivelmente, que os ativistas trans têm procurado subestimar as questões da sexualidade em uma tentativa de evitar ideias de doença mental e perversão sexual, e de resistir a qualquer pensamento de que apenas homens gays afeminados deveriam ter permissão para fazer a transição. Neste ponto de sua discussão, Dreger faz uma observação astuta relevante para uma dessexualização mais ampla do ativismo social:

> Antes de Bailey, muitos defensores trans haviam passado muito tempo trabalhando para dessexualizar e despatologizar suas representações públicas em um esforço de reduzir o estigma, melhorar o acesso ao atendimento e estabelecer direitos humanos básicos para as pessoas trans. A mudança de termo para trans*gêneros* em vez de tran*sexual* foi motivada em parte por um desejo de desviar a atenção pública de uma questão de orientação sexual (sendo a sexualidade sempre controversa) a uma questão de gênero. Isso é semelhante à forma como os defensores dos direitos dos homossexuais têm dessexualizado a homossexualidade na busca pelos direitos do casamento, retratando-se em salas de estar e cozinhas ao invés de quartos, a fim de acalmar heterossexuais temerosos (DREGER, 2015, p. 63).

Parece, de fato, que as ideias de liberdade sexual já não impulsionam muito o ativismo de esquerda. Mesmo o apoio aos direitos dos homossexuais é mais tipicamente expresso em termos de que homens homossexuais e lésbicas são grupos oprimidos que merecem os mesmos tipos de direitos (como o de se casar) que o grupo mais privilegiado da sociedade, sendo outras coisas iguais: os heterossexuais. A retórica é de cautela, e não de libertação. Raramente se baseia em ideias de liberdade para homens gays e lésbicas — e todos os outros — viverem à sua maneira, encontrando prazer em atividades que são essencialmente inofensivas para os outros. Talvez este recuo da liberdade sexual como um valor de esquerda tenha sido uma reação à crise de AIDS do início dos anos 1980, ou talvez represente uma acomodação às sensibilidades permanentes da sociedade heterossexual. Quaisquer que sejam as razões, há agora relativamente poucas vozes que defendam a liberdade sexual como um valor em si mesmo. Se alguma coisa, a ideia é agora amplamente vista como obsoleta e um pouco desagradável.

Dreger descreve uma campanha para difamar e destruir Bailey, e assim desacreditar suas ideias. Ela fornece os detalhes das ameaças de violência, das tentativas de fazer com que ele seja demitido e de muitos outros comportamentos abusivos. A campanha envolveu alegações duvidosas, ou simplesmente falsas, de violações de ética. No início da investigação das circunstâncias de Bailey, até mesmo Dreger pensou que deveria haver algum sentido nas acusações, mas depois de quase um ano de pesquisa concluiu que tudo era uma farsa:

> Os inimigos jurados de Bailey usaram no livro todos os truques inteligentes — justapor eventos de maneira enganosa, ignorar evidências contrárias, trabalhar a retórica e usar o anonimato sempre que conveniente — para fazer parecer que virtualmente todas as mulheres trans representadas no livro de Bailey se sentiram abusadas por ele e tinham apresentado uma acusação (DREGER, 2015, p. 100).

Dreger enfatiza que as publicações de Bailey, de fato, contêm ideias e passagens que ela acha odiosas ou desagradáveis, e ela oferece o pensamento de que ele é "imune ao tom", sem capacidade de cantar em sintonia com a música política ao seu redor (DREGER, 2015, p. 71). Eu também me arrepiei com algumas passagens em *The Man Who Would Be Queen*, embora não necessariamente aquelas que Dreger destaca. Bailey às vezes declara suas afirmações de forma muito direta e sem tato, como nesta declaração franca: "Dois tipos de homens mudam de sexo" (BAILEY, 2003, p. 145). Ele também mostra uma confiança irritante em seus próprios julgamentos e previsões sobre outras pessoas (enquanto eu lia seu livro, às vezes me perguntava se ele está certo sobre eles tão frequentemente quanto pensa). No entanto, sua simpatia para com as mulheres trans, que são o tema principal de seu livro, é palpável.

De qualquer forma, Bailey era evidentemente inocente das alegações feitas contra ele. Em vez disso, "[os acusadores] não queriam ouvir o que Bailey dizia, então tinham que fazê-lo ir embora — e se certificar de que ninguém mais tentasse novamente" (DREGER, 2015, p. 100). Além disso, a própria Dreger recebeu uma torrente de abusos e difamações quando publicou um longo artigo defendendo-o na revista *Archives of Sexual Behavior* (DREGER, 2008).

Mais uma vez, meu objetivo aqui não é adotar ou defender os pontos de vista substantivos de Bailey. Talvez eles estejam abertos a críticas científicas genuínas, baseadas nas circunstâncias das evidências disponíveis, e quaisquer indivíduos que tenham meramente criticado as visões de Bailey, sem entrar mais a fundo em campanhas de difamação e tentativas relacionadas de punir ou silenciar o próprio Bailey, não fizeram nada para seu descrédito. Não seria democraticamente legítimo retaliar contra eles usando esforços comparáveis para os punir ou os intimidar para que ficassem em silêncio. A questão, então, não é identificar os adeptos de opiniões rivais como membros da turma dos mocinhos ou dos bandidos. Trata-se, antes, de apelar a um debate racional e justo sobre os méritos intelectuais das próprias opiniões.

Entre outros exemplos que Dreger dá de cientistas e estudiosos tratados injustamente, ela discute o furor sobre o livro *A Natural History of Rape* [*Uma história natural do estupro*] de Randy Thornhill e Craig Palmer (2000), que foi contra uma narrativa política comum ao argumentar que o estupro é (pelo menos geral e predominantemente) sobre gratificação sexual, em vez de poder, raiva, misoginia e um desejo masculino de dominar e controlar as mulheres. Segundo Dreger (2015, pp. 115-27), Thornhill e Palmer foram caracterizados, falsa e injustamente, como apologistas do estupro porque viram elementos biológicos e sexuais na prática, e foram submetidos a deturpação e abuso, incluindo numerosas ameaças de morte. É claro que a tese de Thornhill e Palmer é um alvo justo para o exame e a crítica — mas muitos dos seus adversários têm, ao que parece, sido incapazes de a considerar pelos seus méritos. Seu objetivo, ao contrário, tem sido demonizar seus proponentes e assim impedir expressões de apoio a suas ideias.

Como eles deixam claro em seu livro, Thornhill e Palmer estão longe de ser apologistas de estupro. Pelo contrário, eles se propuseram a compreendê-lo com a finalidade de erradicá-lo das sociedades humanas — ou, pelo menos, de reduzir muito a sua frequência. No entanto, eles argumentam fortemente contra os atuais entendimentos acadêmicos de estupro que, como eles veem, têm sido distorcidos pela politização da pesquisa: "A capacidade da ideologia de cegar as pessoas para a total implausibilidade das suas posições é talvez a maior ameaça à acumulação do conhecimento necessário para resolver problemas sociais" (THORNHILL; PALMER, 2000, p. 152).

A tese de Thornhill e Palmer de que o estupro é geralmente motivado pelo desejo de gratificação sexual parece estar de acordo com a crença popular e a experiência cultural, ou simplesmente com o senso comum. Isso, no entanto, não o torna correto; muitos achados científicos têm produzido revisões de nossas intuições pré-científicas. Além disso, a tese contraria muitas pesquisas em ciências sociais e literatura feminista e, nesse sentido, é inconveniente para muitas pessoas. Se for aceito de forma geral, exigirá a reconsideração de muitas das pesquisas e do ativismo atuais. Dito isso, nada sobre a tese de Thornhill e Palmer precisa ser inconsistente com os fundamentos do pensamento feminista, como por exemplo a insistência na igualdade de gênero e (mais especificamente) a igualdade cognitiva de homens e mulheres.

Thornhill e Palmer, é claro, não procuram validar os estupradores, considerá-los como pessoas moralmente boas, ou justificar suas ações. Mesmo que sejam geralmente motivados por desejos sexuais, como concluem, com base em uma ampla gama de provas, os estupradores não são impotentes *em controlar* seus desejos. A simples existência de desejos — mesmo poderosos — não autoriza ninguém a agir segundo eles de forma impiedosa e brutal. Na verdade, muito do objetivo do direito penal fundamental é dissuadir as pessoas de satisfazerem os seus desejos de uma forma que prejudique os outros. Thornhill e Palmer estão bem cientes disso.

Dreger também introduz o calvário de Napoleon Chagnon, um antropólogo distinto cuja visão não sentimental de nossa natureza humana evoluída foi parte do que o colocou em apuros com alguns colegas. O jornalista Patrick Tierney fez graves alegações contra Chagnon (assim como o falecido James V. Neel Sr.), particularmente no livro deste último,

Darkness in El Dorado [Trevas em El Dorado], publicado em 2000. A mais séria e central das acusações de Tierney envolveu práticas médicas gravemente antiéticas e prejudiciais relacionadas a uma epidemia de sarampo entre os povos ianomâmis da América do Sul. Essas acusações rapidamente se mostraram falsas e, no final, Chagnon foi liberado de todas as acusações de má conduta. Em junho de 2005, a Associação Antropológica Americana (American Anthropological Association — AAA) revogou sua aceitação de um relatório de força-tarefa, com críticas a Chagnon, de três anos antes. No entanto, o impacto sobre Chagnon e sua família foi devastador, a tal ponto que ele foi hospitalizado em uma ocasião em 2000 após um colapso por estresse.

Em seu trabalho autobiográfico de 2013, *Noble Savages* [*Nobres selvagens*], Chagnon retrata a amarga campanha contra ele, mesmo dentro de sua própria organização profissional, a AAA, como tendo sido motivada por sua obstinada compreensão hobbesiana da natureza humana, em oposição ao que ele veria como relatos mais sentimentais da natureza humana e das vidas dos povos nativos. Se ele está ou não inteiramente correto sobre a fonte da hostilidade, parece claro que pelo menos parte dela se deve a alguns dos pontos de vista de Chagnon sobre essas grandes questões antropológicas, fundamentada em muitos anos de pesquisa na forma de trabalho de campo entre os ianomâmis.

Chagnon escreve que "os antropólogos devem ser as pessoas mais propensas a alcançar uma visão altamente informada e empiricamente defensável da natureza humana, usando evidências de gerações de pesquisas antropológicas" (CHAGNON, 2013, p. 8). Sua queixa geral é que a antropologia contemporânea é, em vez disso, dominada por indivíduos que se veem como ativistas em nome dos povos nativos, e que insistem em teorias politicamente motivadas que carecem de apoio empírico ou até mesmo vão contra a evidência científica. Para essas pessoas, Chagnon parece um herege perigoso.

O estilo pessoal de Chagnon pode ter atraído alguns dos ataques. Ao discutir seu calvário, Dreger apresenta sua ideia de personalidade galileia:

> Mas exacerbando as tensões estava o fato de que Chagnon tinha a clássica personalidade galileia, completa com uma estupidez de tom político — essa incapacidade (ou falta de vontade constitucional) de cantar em sintonia. Na verdade, as descrições de Chagnon fornecidas por seus amigos e inimigos pareciam assustadoramente reminiscentes às de Galileu: um corredor de riscos, um amigo leal, um cientista obcecado com a descrição quantitativa, um desafiador descarado da ortodoxia (DREGER, 2015, p. 141).

Mais tarde, contando o que ela disse em uma reunião da Sociedade do Comportamento Humano e da Evolução, em 2009, Dreger se refere a "tipos galileus" como "homens e mulheres que são inteligentes, egoístas, inovadores e sabem que estão certos" — dizendo que eles "tendem a ter problemas, especialmente quando há um nêmesis narcisista por perto" (DREGER, 2015, p. 180). Estas pessoas insistem na verdade, pelo menos como a veem, mesmo que o preço pago seja seu próprio sofrimento. Dreger finalmente reconhece que a descrição da "personalidade galileia" também se aplica a ela:

> *Sim*. Briguento, articulado, politicamente incorreto e firmemente centrado na crença de que a verdade me salvará, terá que nos salvar a todos. Certo na luta, mas nunca infalível. Sim, pensei: em Chagnon, conheci o fantasma de Galileu. E ele sou eu. Ele deve ser todos nós (DREGER, 2015, p. 175).

Por sua vez, a própria Dreger foi tratada em alguns quadrantes como uma autora inaceitável para publicação. Conforme ela conta a história, no início de 2016 ela foi contatada pelo site Everyday Feminism, que buscava republicar seu ensaio "E se nós admitirmos às crianças que o sexo é principalmente sobre prazer?" (ver DREGER, 2014). Após algumas negociações rotineiras, juntamente com uma troca de impressões sobre uma possível edição para tornar a peça "mais inclusiva" em sua redação, o ensaio foi efetivamente publicado no site por volta do final de maio de 2016. Pouco depois, porém, foi retirado sem nenhuma explicação, até que Dreger escreveu para pedir uma. Em seu post sobre o tema, Dreger cita um e-mail explicativo da diretora de conteúdo do site, Josette Sousa:

> Quando pedimos permissão [...] não tínhamos conhecimento de alguns dos artigos que você publicou sobre questões trans e, depois que um leitor nos chamou a atenção, nós os analisamos. Percebemos então que, embora valorizássemos muito a informação em seu artigo sobre ensinar às crianças que o sexo é sobre prazer, as opiniões expressas em vários de seus outros artigos entram em conflito direto com o trabalho que estamos tentando fazer no Everyday Feminism. Por essa razão, decidimos retirar o artigo (DREGER, 2016 [desvios sintáticos no e-mail original conforme citado por Dreger]).

Fico tentado a exclamar que isto é extraordinário, mas na verdade não tanto no mundo de maniqueísmo político atual. Aqui, vemos um ensaio cuja publicação é negada, mas não por causa da sua qualidade ou da sua adequação para publicação no site em questão (ele foi, de fato, *solicitado*!). Em vez disso, foi retirado porque, *em outro trabalho*, sua autora expressou opiniões das quais a editora discordou. Como Peter Singer, Dreger é uma autora conhecida, com uma série de oportunidades de publicação. Todavia, outras pessoas que compartilham suas opiniões sobre vários assuntos podem não ter seu nível de poder de barganha. O efeito cumulativo de eventos como o *no-platforming* online de Dreger pelo Everyday Feminism é produzir um clima intelectual onde a discussão livre e honesta é sufocada.

Seja o que for, não é liberalismo como foi historicamente entendido. É um bom exemplo, no entanto, do que eu chamo de *liberalismo revisionista*.

O caso Christakis na Universidade de Yale

O caso Christakis foi notável em muitos aspectos, mas um dos que se destacam é a falta de apoio — e até a traição total — com que as vítimas se depararam. Isso, por si só, seria uma razão para considerar o caso cuidadosamente. É o que farei nesta seção e na próxima.

Em 28 de outubro de 2015, o Comitê de Assuntos Interculturais da Universidade de Yale enviou um e-mail a todos os estudantes de graduação pedindo a eles que exercitassem a sensibilidade cultural ao escolher as fantasias de Halloween. O e-mail imediatamente se tornou objeto de controvérsia e pode ser facilmente encontrado na internet (por exemplo, INTERCULTURAL AFFAIRS COMMITTEE, 2015). Em si mesmo, um pedido de sensibilidade parece razoável, mas também há espaço para questionar a quantidade de microgestão que jovens adultos realmente necessitam por parte dos mais velhos. Esta é uma questão legitimamente discutível.

Embora as preocupações do e-mail sobre fantasias do tipo "*blackface*" sejam compreensíveis, dada a história da prática de depreciar e zombar das pessoas negras (especialmente as de ascendência africana), isso não tem sido problema em Yale. Em qualquer caso, o e-mail vai muito além. Parece desencorajar qualquer fantasia que poderia possivelmente ofender qualquer um sobre qualquer coisa, mesmo inadvertidamente. A linguagem do e-mail sugere uma preocupação especial em evitar ofender os outros por motivos religiosos, zombando ou menosprezando a "tradição de fé profundamente enraizada de alguém". Esta advertência é especialmente preocupante. Reconhecidamente, festas e eventos de Halloween não são os melhores fóruns para sátiras antirreligiosas. Contudo, podemos nos perguntar, a julgar pela escolha de palavras e pelo tom presunçoso do e-mail, se o Comitê de Assuntos Interculturais reconheceria *qualquer* fórum em Yale como apropriado para discursos antirreligiosos. As religiões exercem poder e influência. São alvos justos para o escrutínio cético, e mesmo para a sátira e o escárnio; nesse sentido, não merecem uma proteção especial — e as universidades não lhes devem dar essa proteção.

Considerando-se tudo, o e-mail do Comitê de Assuntos Interculturais foi, pelo menos, bem-intencionado. Foi, no entanto, palavroso e prescritivo até um ponto que poderia razoavelmente parecer oficioso. Parte do problema foi a sua provisão do que "fazer e não fazer" muito detalhada, quando um lembrete curto e geral para ser gentil e ter tato poderia ter sido mais do que suficiente. O Comitê de Assuntos Interculturais até mesmo forneceu um link para um site com ideias de fantasias anódinas e algumas sugestões moralistas demais sobre quais fantasias para evitar. O site fornece mais links para outras listas de trajes semiproibidos. Se tomarmos tudo isso literalmente, parece que os estudantes de Yale não devem (entre muitas outras coisas) se vestir como Daenerys Targaryen, personagem de *Game of Thrones* ou como, a heroína de *Jogos Vorazes*, Katniss Everdeen. Talvez os administradores envolvidos não tenham pensado bem nisso.

Depois da meia-noite do dia 30 de outubro de 2015, Erika Christakis respondeu enviando, ela mesma, um e-mail para os alunos do Silliman College, uma faculdade residencial em Yale, da qual era mestra associada. Seu marido, Nicholas Christakis, ocupava a posição de mestre do colégio (essa posição é agora conhecida como diretor). O e-mail de Erika, como a chamarei para distingui-la do marido, é (como o e-mail ao qual ela respondeu) facilmente encontrado na internet (por exemplo, CHRISTAKIS, 2015). Revela a preocupação da autora com o exercício do controle dos adultos sobre as crianças e os jovens. Erika afirma, quase no início, que "não quero banalizar preocupações genuínas sobre a representação cultural e pessoal e outros desafios à nossa experiência de viver em uma comunidade plural". Entre outras questões que ela levanta, no entanto, se pergunta exatamente onde traçar a linha entre uma fantasia que mostra admiração por um personagem fictício — por exemplo, a heroína da Disney, Mulan — em oposição a um que parece insultar um grupo racial ou cultural. Quem deve decidir onde traçar o limite? Como ela continua, Erika adota um tom que está longe de ser agressivo ou incendiário. Pelo contrário, o tom transparece tranquilidade, timidez e disposição de experimentar. Erika se pergunta por que os jovens não merecem mais confiança, e até mesmo algum espaço para fazer pequenas avaliações erradas e transgressões.

Essa preocupação com a liberdade dos jovens de tomarem as suas próprias decisões está em sintonia com a competência acadêmica e profissional do Erika em matéria de desenvolvimento infantil. As questões que ela levanta são obviamente importantes para ela; ela as aborda em seus pensamentos, conforme registrado no e-mail. No final, ela relata que seu marido toma uma linha bastante libertária no Halloween: "Nicholas diz que, se você não gosta de uma fantasia que alguém está usando, deve olhar para o lado, ou dizer à pessoa que está ofendido. Falem uns com os outros. A liberdade de expressão e a capacidade de tolerar infrações é a marca distintiva de uma sociedade livre e aberta". Sem exatamente adotar ou rejeitar esta visão (ela a deixa suspensa, disponível para que outros a analisem), ela conclui com uma nota ligeiramente diferente:

> Mas — falando novamente como especialista em desenvolvimento infantil — penso que pode faltar algo no nosso discurso sobre o exercício da liberdade de expressão (incluindo como nos vestimos) no campus, e é isto: o que este debate sobre fantasia de Halloween diz sobre nossa visão dos adultos jovens, de sua força e de seu julgamento? Em outras palavras: de quem é a responsabilidade de controlar as formas de se vestir dos jovens? Meu não é, disso eu sei (CHRISTAKIS, 2015).

Há mais sobre o e-mail de outubro de 2015 de Erika, e não abordei todas as questões que ela levanta. No geral, é um pouco inconclusivo — o que é evidente por sua própria natureza. Sua redação sugere os pensamentos de uma pessoa cuidadosa e honesta confiando em um público digno dessa confiança. Há espaço para argumentar contra algumas de suas ideias e sugestões, mas ela define um tema legítimo para discussão em uma sociedade democrática liberal: as ansiedades dos adultos sobre as decisões dos jovens e, com essas ansiedades, uma vontade de restringir e controlar. Uma pessoa de mente aberta lendo o e-mail pela primeira vez podia, portanto, esperar que alguém que discorde dele, ou de qualquer uma de suas várias linhas de pensamento, respondesse com humildade e autorreflexão semelhantes. Isso poderia ter levado a um diálogo sincero e reflexivo, abordado menos como uma competição política e mais como uma exploração cooperativa das questões envolvidas.

Em vez disso, os portões do inferno se abriram em Yale.

A intervenção de Erika foi recebida com indignação, incluindo cartas a denunciando (e distorcendo suas opiniões), pedidos para que ela e seu marido fossem demitidos de seus empregos, e muita hostilidade pessoal que foi muito além do debate civil — ou mesmo franco e não inteiramente civil. Eles encontraram pichações com mensagens de ódio rabiscados à sua porta. Em determinado incidente, estudantes furiosos cercaram Nicholas Christakis, alguns deles gritando impropérios, usando de uma linguagem que suspeito que nunca teriam escolhido usar fora de sua participação em uma multidão furiosa; isso foi capturado em vídeo e amplamente divulgado online.

Para Nicholas e Erika, trabalhar em Yale, e particularmente em suas posições como mestre e mestra associados do Silliman College, tornou-se incontrolável e profundamente desanimador. Erika renunciou ao seu cargo de professora em Yale em dezembro de 2015, julgando impossível continuar a ensinar em um ambiente tão cáustico e sem o apoio real da administração da universidade. Erika e Nicholas renunciaram às suas posições de mestre e mestra associados em meados de 2016, permanecendo o maior tempo possível no que se tinha tornado um ambiente de trabalho impossivelmente hostil. Nicholas manteve sua cátedra em Yale e a sua posição como diretor do Instituto Yale de Ciências das Redes. No entanto, Erika, que tinha sido uma professora popular e bem-sucedida, cortou todos os seus laços com a universidade. Este foi um resultado lamentável para ela, para Yale e para os alunos que frequentavam suas aulas.

Traição em Yale

Erika e Nicholas Christakis parecem ser empáticos, do tipo que perdoam as pessoas, então talvez eles não guardem rancor. Contudo, teriam todo o direito de se sentirem traídos pelos seus colegas acadêmicos da Universidade de Yale. Por medo ou não, a maioria destes ofereceu pouca defesa ou apoio.

Para ser justo, o presidente da Universidade — Peter Salovey — e o Decano do Yale College (a faculdade de graduação em artes liberais de

Yale) enviou um e-mail para os estudantes do Silliman College. Ele foi intitulado "Avançando juntos", e expressou apoio a Nicholas e Erika em seus respectivos papéis como diretor e professora associada. Notavelmente, no entanto, este e-mail não foi para toda a universidade. Além disso, foi enviado em 17 de novembro de 2015, quase três semanas após o e-mail original de Erika sobre as fantasias de Halloween, altura em que a situação dos Christakis havia se tornado muito difícil. Além disso, a escolha de palavras para o e-mail foi fraca — e ele foi breve a ponto de ser superficial. Veja por si mesmo: como muitas outras coisas sobre esse caso, ele está prontamente disponível na internet (ver SALOVEY; HOLLOWAY, 2015).

Além disso, uma carta aberta defendendo a equipe de marido e mulher — redigida por A. Douglas Stone, professor de física aplicada — foi assinada por 91 colegas de Yale (LETTER OF SUPPORT, 2015). Entretanto, uma quantidade muito maior de colegas foram silenciosos em público ou totalmente hostis a Erika e Nicholas. Uma resposta antipática à sua situação veio de Zareena Grewal, uma professora associada de Yale, que ensinava Estudos Americanos, Estudos Religiosos e Etnicidade, Raça e Migração. Sua contribuição para o *Washington Post* (GREWAL, 2015) é pouco mais do que uma peça de propaganda.

Grewal insiste que os estudantes e outros que fizeram campanha contra Erika não estavam tentando suprimir a liberdade de expressão de outros estudantes. Sério? Sob qualquer interpretação, eles estavam se agitando em oposição ao e-mail de Erika, e em apoio ao original do Comitê de Assuntos Interculturais (com todos os seus detalhes oficiosos e condescendentes). É certo que o e-mail da comissão não tinha o valor de uma diretiva, mas tem as assinaturas de doze personalidades de alto nível da comunidade de Yale e parece suficientemente claro que qualquer estudante que o ignorasse o faria por sua conta e risco. A este respeito, a abordagem de Grewal é uma mistura entre o meramente pedante e o absolutamente orwelliano. Sim, *é claro* que os alunos que foram atrás de Erika queriam restringir sua expressão. A única questão é saber até que ponto isso e os métodos que utilizaram foram justificados.

Tenha em mente que ninguém, muito menos Erika, estava sugerindo que os alunos se vestissem com completa insensibilidade aos sentimentos dos outros. A questão levantada por Erika era, em primeiro lugar, a seguinte: a linha de demarcação entre o claramente inócuo (talvez se fantasiar de Mulan, embora isso pudesse, sem dúvida, atrair críticas de alguns quadrantes) e o claramente insultuoso. Grewal menciona o *blackface* como um exemplo de fantasia inadequada, mas (repetindo) esse não era um problema em Yale. Além disso, Erika deixou claro que não estava encorajando ninguém a aparecer em festas de Halloween com trajes insultuosos ou ofensivos. Em vez disso, seu e-mail declara sua compreensão de que havia "preocupações genuínas sobre a representação cultural e pessoal e outros desafios à nossa experiência de viver em uma comunidade plural". As perguntas que Erika tinha em mente eram sobre onde traçar uma linha razoável, quem deveria fazê-lo e se os administradores e outras figuras adultas da autoridade deveriam ou não mostrar mais confiança na capacidade dos alunos para o fazerem eles próprios.

Então, por que foi necessário que tantos estudantes (e até mesmo professores) reagissem a um e-mail atencioso e gentil enviado por uma professora expressando sua preocupação com a desconfiança dos adultos em relação aos jovens? Erika poderia ter feito muito pior do que enviar seu e-mail, e a reação ainda teria sido desproporcional à ocasião.

No entanto, Grewal chega ao ponto de afirmar: "Não devemos exigir que os nossos alunos mimem os professores" — como se tratar Erika Christakis e seu marido com uma decência humana normal fosse *mimar*! A certa altura, Grewal se refere com desdém ao que ela chama de "alguns segundos de filmagens virais de uma estudante negra gritando com um professor branco e calmo", mas isso trivializa um evento sério. Na ocasião em questão, Nicholas estava fisicamente rodeado de alunos, talvez 150 deles, envolvido demais na turba para poder escapar sem ajuda. Os estudantes o sujeitaram a abusos durante mais de duas horas. O suficiente foi documentado na internet para colocar esses fatos além de qualquer dúvida séria (ver, por exemplo, os vídeos incorporados em KIRCHICK, 2016).

No entanto, Grewal faz uma observação válida. A jovem mostrada gritando impropérios a Nicholas Christakis no vídeo mais conhecido dos eventos em Yale foi posteriormente sujeita a assédio e, segundo consta, a uma ou mais ameaças de morte (comparar com KIRCHICK, 2017). Grewal declara:

> E sim, o vídeo amplamente visto em que uma estudante xinga Nicholas Christakis [...] é difícil de assistir. Mas a antipatia vinda de fora para com nossos alunos tem sido perturbadora — o fato de que a mulher no vídeo recebeu uma ameaça de morte tem sido menos amplamente relatado (GREWAL, 2015).

Isso exemplifica um problema recorrente com o debate de questões na internet. Qualquer má conduta que seja revelada online, por mais não representativa que possa ser do comportamento habitual da pessoa, é suscetível de influenciar a percepção que o público tem dela (ver capítulo 8). Isto pode levar a formas indefensáveis de retaliação por parte de membros indignados do público. As ameaças de morte e outras comunicações abusivas devem ser condenadas, e eu o faço. Grewal, no entanto, usa o abuso recebido pela aluna para minimizar o que aconteceu com Nicholas. Ele foi sujeito a abusos prolongados em uma situação realmente assustadora, depois de não ter feito nada de errado.

Novamente, a jovem não deveria ter recebido ameaças de morte ou outras comunicações abusivas. No entanto, ela e muitos outros estudantes desonraram a si mesmos. Para tirar a culpa deles, Grewal emprega uma tática de propaganda que discuti no capítulo 6: retratar uma situação de emergência que justifica medidas extremas como calar ou punir o discurso dos outros. Entretanto, ela não fornece nenhuma evidência de que os estudantes residentes no Silliman College de Yale estavam vivendo em uma zona apocalíptica de ódio e violência raciais a ponto de justificar o que seria uma conduta inaceitável em qualquer outra circunstância.

Grewal se refere a uma alegação não relacionada que surgiu para investigação na mesma época: foi afirmado que, em uma festa de Halloween fora do campus, um membro de uma fraternidade de Yale tinha sido ouvido dizendo coisas como "estamos procurando apenas garotas brancas". Uma versão mais sensacional era que a fraternidade fazia uma festa só para brancos. Mesmo que isso fosse verdade, no entanto, nao teria desculpado de forma alguma o tratamento dos Christakis devido ao e-mail de Erika, escrito antes de qualquer festa de Halloween. Com efeito, a alegação acabou por não ser fundamentada e foi, provavelmente, totalmente fabricada.

Um ano depois, Erika publicou um artigo (CHRISTAKIS, 2016a) no *Washington Post* para marcar o aniversário desses eventos. Nele, ela reforça um ponto que deveria ter sido óbvio desde o início: as opiniões que ela expressou em seu e-mail de outubro de 2015 "caíam diretamente dentro dos parâmetros do discurso normal" e mereciam consideração e discussão sobre seus méritos. Erika também lida com a afirmação absurda de que o que lhe aconteceu não foi mais do que um discurso impopular que foi alvo de um desacordo legítimo (ver, por exemplo, MANNE; STANLEY, 2015). Os registos mostram que seus adversários não se limitaram a discordar e criticar. Eles escalaram a situação de forma radical. Foram diretos ao declararem os pontos de vista de Erika além dos limites da tolerância, tratando-os como uma forma moderna de heresia e tentando fazer com que ela fosse demitida.

As tentativas de expulsar Erika e Nicholas de seus postos de trabalho, bem como os incidentes de abuso e assédio no campus, não constituem mero desacordo. Foi um esforço agressivo, intolerante e muito bem-sucedido para puni-los por expressarem ideias proibidas. Quando outros no campus foram intimidados até o silêncio, enquanto simpatizando privadamente com os Christakis ou suas opiniões, *seu* discurso também foi efetivamente reprimido. Como resultado, a discussão que teve lugar em Yale foi pouco imaginativa e intelectualmente empobrecida.

Erika não recebeu nenhuma resposta de boa-fé às preocupações que ela havia levantado sobre a maturidade dos jovens e o pressuposto da autonomia. Nenhum interlocutor abordou seriamente qualquer uma dessas questões, e ainda é preciso ter uma conversa cultural importante sobre até que ponto os adultos devem controlar o comportamento das crianças — e dos jovens adultos.

Para Erika e Nicholas Christakis, a traição final veio quando dois dos estudantes mais abusivos —que eram proeminentes dentre os muitos que tinham cercado e assediado Nicholas — acabaram agraciados com o Prêmio Nakanishi, concedido por Yale por "melhorar as relações raciais e/ou étnicas" (KIRCHICK, 2017).

A vida de nenhum indivíduo deve ser destruída por uma única ação que fique aquém de um crime grave ou de um ato de negligência. Teria sido um passo grande demais ter expulsado os estudantes de Yale por seus papéis nesse único evento. Talvez o comportamento deles naquele dia tenha sido fora do comum, intoxicados como estavam pela participação em uma multidão. Ao mesmo tempo, deve haver alguns limites à tolerância. Na ausência de qualquer expressão de remorso pela sua má conduta, estes estudantes não deveriam ter sido nem considerados para tal prêmio.

Em um longo artigo que me parece uma síntese justa do caso Christakis, Conor Friedersdorf escreveu no *The Atlantic*:

> Os ativistas de Yale se sentiram traídos por sua instituição e descontaram sua frustração em dois bodes expiatórios que não eram dignos disso, e que só recentemente haviam chegado lá. Estudantes que professavam acreditar na importância de se sentirem seguros em casa marcharam até a casas dos Christakis, rabiscaram mensagens raivosas com giz sob a janela do quarto deles, gritaram insultos e impropérios, pediram que fossem demitidos de seus empregos e se recusaram a fazer as pazes mesmo meses depois, tudo por causa de um único e-mail. E a demissão do casal não faz nada para melhorar o clima do campus. Que desperdício (FRIEDERSDORF, 2016).

O islã, novamente, e a mancha de Maajid Nawaz

Em outubro de 2016, o Centro Legal da Pobreza do Sul (Southern Poverty Law Center, SPLC), uma organização originalmente dedicada à oposição a grupos de ódio como a Ku Klux Klan, publicou seu "Guia de campo para extremistas antimuçulmanos". Este estranho documento intimava os órgãos da mídia que negassem plataformas públicas aos chamados e enquadrados no perfil de "extremistas", ou pelo menos que as apresentassem ao público de formas hostis e prejudiciais. Alguns dos indivíduos envolvidos parecem ter, de fato, pontos de vista muito fortemente antimuçulmanos, embora não seja claro se algum deles se enquadra na imagem de um *extremista* como alguém que instiga a medidas extremas, especialmente violentas, orientadas para fins políticos.

A natureza seletiva das acusações — para não mencionar sua irrelevância ou trivialidade em muitos casos — tornou difícil determinar, apenas a partir do tal guia de campo, o quão extremos são os vários indivíduos. Alguns, como a ativista anti-islâmica Pamela Geller, podem ser suficientemente hostis ao islã como sistema de crenças — e suficientemente públicos quanto a sua hostilidade — para se qualificarem como extremistas em certo sentido. Geller pode muito bem ser uma fanática antimuçulmana, mas mesmo ela não parece defender a violência contra os muçulmanos. Seja como for, o documento do SPLC também incluía Ayaan Hirsi Ali e Maajid Nawaz. Hirsi Ali tem sido por vezes inflamatória em sua retórica anti-islâmica, mas é absurdo descrevê-la como uma extremista. Nos últimos anos, ela tem estado intimamente associada ao grupo de autores do Novo Ateísmo, que inclui Richard Dawkins, Daniel Dennett, Sam Harris e o falecido Christopher Hitchens (ver capítulo 10). Ela tem estado envolvida em debates públicos por meio de livros um tanto intelectuais, refletindo sobre sua própria vida agitada (desde seus primeiros anos de vida na Somália, passando por sua carreira política na Holanda, até sua eventual fuga para os Estados Unidos). Seus livros, outros escritos e discursos se envolvem com o legado do Iluminismo de ideias políticas, e é justo concluir que ela exibe uma contínua hostilidade ao islã como um sistema de crenças. No entanto, isto não equivale a ódio a muçulmanos individuais.

Mais bizarra do que a inclusão de Hirsi Ali no guia de campo foi a do autor, emissor e, por vezes, candidato político britânico dos Democratas Liberais, Maajid Nawaz. Ele já foi islamista (e ativista do grupo islamista Hizb-ut-Tahrir), mas abandonou o islã político e se posicionou como um muçulmano liberal que apela à moderação. Suas opiniões são resumidas concisamente em um pequeno livro que consiste em um diálogo cortês com Sam Harris (2015): *Islam and the Future of Tolerance* [*O islã e o futuro da tolerância*]. Nawaz se opõe ao islamismo — conjunto de visões teocráticas ligadas ao islã — e às suas manifestações mais radicais em atos de terrorismo; no entanto, não procura destruir o islã. Ele defende, em vez disso, reformas teológicas e interpretações não literais dos textos sagrados do islã. Segundo ele, essas reformas e interpretações ajudariam os muçulmanos a abraçar o governo laico e, de forma mais geral, os princípios e valores políticos das democracias liberais.

A inclusão da Nawaz na lista do SPLC, em particular, causou um certo protesto na internet — justificado, nessa ocasião. Pintar qualquer indivíduo, particularmente um ex-muçulmano como Hirsi Ali ou um muçulmano liberal como Nawaz, como um extremista antimuçulmano é uma forma eficaz de identificá-los como alvos para extremistas realmente violentos. Na verdade, a vida de Hirsi Ali já estava sob constante ameaça de possíveis assassinos jihadistas. Nawaaz também já tinha recebido muitas ameaças de morte. É lamentável que o SPLC tenha agido de forma a tornar estes indivíduos alvos ainda mais óbvios de violência.

Em sua forma final, antes de ser removido do site do SPLC em abril de 2018, o guia de campo continha cerca de 640 palavras de acusações contra Nawaaz, nenhuma delas a respeito de qualquer tipo de demonstração de que ele é um extremista. Uma das acusações foi que uma vez ele tuitou um cartum (na verdade era uma camiseta contendo um) do site Jesus and Mo (ver JESUS AND MO, sem data). Nawaaz tomou esta medida apesar de, como diz o guia de campo, "muitos muçulmanos considerarem blasfemo desenhar Maomé". Como o guia de campo reconheceu, entretanto, Nawaz tuitou o cartum para expressar sua oposição ao conceito de discurso blasfemo. De fato, o tuíte dizia: "Isso não é ofensivo, e tenho a certeza que Deus é grande demais para se sentir ameaçado por ele" (PERRY, 2014). Pelos padrões que o SPLC empregou nessa ocasião, o uso de cartuns de Jesus and Mo em meu próprio livro, *50 Great Myths About Atheism* [*50 grandes mitos sobre o ateísmo*] (BLACKFORD, SCHÜKLENK, 2013), em coautoria com Udo Schüklenk, é prova de que Schüklenk e eu somos extremistas antimuçulmanos.

Não parece ter ocorrido ao autor do guia de campo — aparentemente um tal Mark Potok (COHEN, 2016) — que indivíduos que não são de forma alguma propensos à violência, ou motivados a prejudicar os muçulmanos, possam querer tomar uma posição contra o conceito de blasfêmia, ou satirizar as afirmações extraordinárias da verdade do cristianismo tradicional e do islã. O site de Jesus and Mo é uma fonte de sátira bem-humorada, quase afetuosa, antirreligiosa, e Schüklenk e eu não tivemos qualquer escrúpulo em usar cartuns do site em nosso livro (com a permissão do autor).

Algumas das acusações contra Nawaz eram indiscutivelmente mais graves, mas nenhuma, separadamente ou em combinação, diziam respeito a extremismo antimuçulmano. Na pior das hipóteses, eles podem ter mostrado alguns episódios de conduta oportunista e questionável. Em particular, a utilização de breves excertos de entrevistas de jornal com Nawaz não representava a posição global que ele desenvolvia nos seus escritos. Nawaz tem todo o direito de sentir que as suas opiniões foram minadas por citações deturpadas.

Entre suas muitas reivindicações, o SPLC alegou que a organização de Nawaz, Quilliam, havia produzido uma lista demonizando como potencialmente jihadistas uma ampla gama de organizações muçulmanas que operam no Reino Unido — mas isso parece ser simplesmente falso. Em um artigo mordaz no *The Spectator*, Nick Cohen (2016) demonstra a aparente ignorância do autor do guia de campo sobre as visões reais de Nawaz quanto às organizações muçulmanas e a situação geral relacionada ao islã no Reino Unido.

No final, o SPLC fez várias acusações contra Nawaz, algumas das quais eram simplesmente ridículas e dignas de serem descartadas sem mais nem menos — como aconteceu com o incidente de Jesus and Mo. Uma versão anterior do guia de campo até tentou empregar a presença de Nawaz em uma festa devassa de despedida de solteiro como prova de extremismo antimuçulmano. O guia de campo colocou o Nawaz sob uma falsa luz. Desvirtuou as suas opiniões sobre o islã, o islamismo e a violência islâmica. Essas opiniões estão bem dentro dos limites de expressão democraticamente legítima. Na verdade, elas incluem muito que é digno de discussão pública. *Islam and the Future of Tolerance*, em particular, merece ampla audiência.

Em uma carta ao SPLC, Katrina Lantos Swett, presidente da Fundação Lantos de Direitos Humanos e Justiça, protestou contra a nomeação de Ayaan Hirsi Ali e Maajid Nawaz como extremistas antimuçulmanos. Ela descreveu Nawaz da seguinte forma:

> Maajid Nawaz é um antigo islamista britânico-paquistanês que se tornou um dos mais eloquentes e eficazes opositores às ideologias jihadistas violentas. Ele é o fundador do Quilliam, um grupo de reflexão sediado em Londres que combate o extremismo, promove maior democracia dentro do islã e busca fortalecer as vozes muçulmanas moderadas. Ao contrário de Hirsi Ali, que orgulhosamente proclama seu ateísmo, Nawaz continua a se identificar como muçulmano e procura reformar a fé que ele pratica. No entanto, Nawaz também enfrentou ameaças de morte e violência em seus esforços para defender a liberdade de expressão e os direitos humanos fundamentais (LANTOS FOUNDATION, 2016).

Mais relevante para os temas deste livro, a ação do SPLC ao publicar o guia de campo foi uma tentativa flagrante de minar o discurso dos oponentes por meio de difamação, enquadramento hostil e *no-platforming*. Como tantas vezes, podemos ver uma mensagem assustadora — dessa vez, vinda de uma organização poderosa com um suporte em doações de mais de trezentos milhões de dólares — de que você pode ser punido por expressar certas opiniões, mesmo que elas sejam tão moderadas quanto as expressas nos escritos e apresentações de Nawaz.

Esse caso reforça uma tendência da esquerda contemporânea de tratar o islã como sagrado — não no sentido de que os seus princípios sejam considerados *verdadeiros*, mas de que, de toda forma, ele está para além de qualquer crítica ou sátira. O islã é visto inteiramente como uma "religião de paz", embora tenha sido, em muitas ocasiões e lugares, uma religião de guerra; os muçulmanos são vistos como irrepreensíveis, a menos que tomem posições críticas em relação ao islã, tal como demonstrado por Nawaz; comentários críticos sobre a história, tendências ou doutrinas da religião se tornaram uma forma de blasfêmia laica. Deste ponto de vista laico e de esquerda, a blasfêmia não é contra o deus do islã. Trata-se, antes, de uma blasfêmia contra um grupo demográfico oprimido e, por conseguinte, santificado. Tudo isto ajuda a desencorajar um debate racional sobre os méritos e os problemas reais do islã e de outras religiões.

Para ser justo, há aqui motivo para sensibilidade. O islã merece ser criticado e não surpreende que receba duras críticas de ex-muçulmanos como Ayaan Hirsi Ali e a ativista irano-britânica Maryam Namazie. Para esses indivíduos, o islã funcionou nas suas vidas como um sistema opressivo de crenças e práticas. (Não deve ser surpreendente, no entanto, que os críticos do islã, como Hirsi Ali e Namazie, discordem sobre algumas questões entre si; eles não são uma massa indiferenciada, mas indivíduos ponderados que podem ter algo valioso a dizer). Ao mesmo tempo, os direitos civis dos muçulmanos estão cada vez mais vulneráveis em muitas nações ocidentais, o que sugere a necessidade de se opor à intolerância antimuçulmana e, ao mesmo tempo, apoiar o direito de criticar o islã. É uma linha tênue de se traçar, mas não deve estar além das capacidades das pessoas de espírito liberal. Não devia ter estado além das capacidades do SPLC.

E a coisa continua... Rebecca Tuvel e Bret Weinstein

Ao completar este manuscrito, no ano imediatamente passado (2017), vi muitos episódios e situações infelizes para identificar e listar. Nessa seção, comentarei apenas dois. Ambos envolveram acadêmicos liberais cujas opiniões os colocaram em apuros de formas que estão se tornando familiares. As vítimas nesses casos foram, respectivamente, Rebecca Tuvel (professora assistente de filosofia no Rhodes College, em Memphis) e Bret Weinstein (na época, professor de biologia no Evergreen State College em Olympia, Washington).

No início de 2017, a revista de filosofia feminista *Hypatia* publicou um artigo de Tuvel intitulado "Em defesa do transracialismo" (2017). Nele, a autora defendeu a possibilidade teórica de transição racial por analogia à experiência das pessoas transexuais. Quer seu argumento seja ou não bem-sucedido, Tuvel emprega uma abordagem filosófica padrão ao oferecer sua análise de conceitos difíceis e um caminho lógico delineado a partir de premissas definidas até uma conclusão. Um dos objetivos dos filósofos analíticos contemporâneos é esclarecer questões confusas, o que inclui identificar pontos cruciais onde a discordância pode ser intelectualmente legítima. Tuvel faz isso usando uma metodologia que é inteiramente ortodoxa dentro de sua disciplina, enquanto se envolve com uma impressionante variedade de literatura anterior. Seu artigo é de alta qualidade, e evidentemente merecia ser publicado.

Em essência, Tuvel desenvolve uma lógica liberal tradicional para aceitar a genuinidade das transições de gênero, enquanto argumenta que a mesma abordagem parece exigir que aceitemos a genuinidade de pelo menos algumas das alegadas transições entre raças. O exame dessa questão foi provocado pela controvérsia pública sobre a identidade racial de uma ativista de direitos civis de alto nível, Rachel Dolezal, cuja ascendência foi revelada em 2015 como sendo europeia (principalmente alemã, holandesa, sueca e tcheca). Dolezal, no entanto, se identificava como afro-americana.

Tudo isto é politicamente sensível, bem como conceitualmente difícil. Existe um corpo muito grande de literatura científica e outra sobre o conceito de raça, explorando seu significado e sua legitimidade como uma categoria biológica, sociológica ou outra. Nenhuma visão única prevalece da mesma forma autoritária que a teoria evolutiva prevalece na ciência biológica contemporânea. Podemos estar confortavelmente certos de que as subespécies e as "raças menores" de humanos não existem da forma que os teóricos da raça imaginaram uma vez. Nesse sentido, este é um conceito não científico. Além disso, no entanto, há muita complexidade nos estudos de diferenças genéticas a nível de população dentro da espécie *Homo sapiens*. Da mesma forma, há muita complexidade nos estudos sobre a construção social das "raças" percebidas (que não se enquadram perfeitamente em nenhuma diferença genuína de nível populacional identificada pelos geneticistas). Esse é um campo minado; ainda assim, o artigo de Tuvel mostra a consciência e a sensibilidade que poderíamos razoavelmente exigir de um filósofo acadêmico que se aventurasse em tais controvérsias. Qualquer um que discorde do artigo tem, é claro, a liberdade de produzir uma refutação acadêmica.

Em vez disso, mais de oitocentos indivíduos assinaram uma carta aberta aos editores da *Hypatia*, exigindo, entre outras coisas, que o artigo fosse retirado e que a revista apresentasse um pedido de desculpas pela sua publicação (OPEN LETTER, 2017). Este documento foi enviado aos editores da *Hypatia* por volta do final de abril de 2017. Parece ter sido formalmente recebido pelo editor-chefe da revista no início de maio, altura em que já era objeto de controvérsia generalizada. A carta aberta faz numerosas afirmações e acusações duvidosas, e sua clara intenção é insistir em uma ortodoxia acadêmica.

Surpreendentemente, o Conselho de Editores Associados da *Hypatia* usou a página da revista no Facebook para emitir seu próprio "profundo pedido de desculpas" não autorizado pela publicação do artigo (HYPATIA BOARD OF ASSOCIATE EDITORS, 2017). Essa declaração incluía uma referência detalhada aos supostos "danos" causados por um artigo que não faz mais do que submeter uma questão social difícil a uma análise filosófica. Assim como na própria carta aberta, a intenção óbvia era impor uma ortodoxia na discussão de temas controversos, mas socialmente importantes, relacionados à identidade de gênero e à racial. A carta aberta e as desculpas dos editores associados equivaliam, portanto, a condenações de Tuvel por um equivalente laico de heresia. Por outro lado, os escritos politizados e altamente polêmicos dos teóricos trans e dos teóricos críticos de assuntos sobre raça foram tratados nesses documentos como incontroversos.

Felizmente, o editor-chefe e o conselho de administração da *Hypatia* acabaram por apoiar a decisão de publicar o artigo de Tuvel (BOARD OF HYPATIA, 2017). A declaração da direção me parece conciliatória demais a respeito das críticas de Tuvel (e da *Hypatia*), mas pessoas razoáveis podem divergir quanto a isso. Em qualquer caso, essa sequência de eventos mostrou que muitos educadores, estudantes e outros estavam dispostos a submeter uma jovem e relativamente impotente pesquisadora a uma caça às bruxas acadêmica (comparar com SINGAL, 2017) a fim de insistir em ideias particulares que não têm o status de ciência robusta e confiável.

A situação de Bret Weinstein tem muito em comum com o calvário sofrido por Erika Christakis. Como pano de fundo, o Evergreen State College tem uma longa tradição de realização do Dia da Ausência, durante o qual estudantes, professores acadêmicos e funcionários não acadêmicos de origens minoritárias se ausentam do campus. A ideia é enfatizar as contribuições significativas dos membros não brancos da comunidade universitária. Em 2017, no entanto, esse arranjo foi alterado, com incentivo para que os estudantes e funcionários brancos permanecessem fora do campus durante o dia. A faculdade planejou eventos no campus "especialmente concebidos para professores, funcionários e estudantes não brancos" e "um programa paralelo para aliados [brancos" que seriam realizados fora do campus" (ORENSTEIN, 2017).

Weinstein se opôs a esta mudança de formato. Em um e-mail datado de 15 de março — endereçado ao diretor do Serviço de Aconselhamento Multicultural dos Primeiros Povos da faculdade, e com cópia para todos os funcionários e professores da faculdade — ele registrou seu "protesto formal". Afirmou que o direito de falar ou estar presente em um campus universitário "nunca deve ser baseado na cor da pele". Weinstein embasou essa postura na distinção entre os arranjos anteriores e os planos de 2017 para o Dia da Ausência:

> Há uma enorme diferença entre um grupo ou coligação que decide se ausentar voluntariamente de um espaço comum para realçar os seus papéis vitais e subestimados [...] e um grupo ou coligação que encoraja outro grupo a ir embora. O primeiro é um forte apelo à consciência, que naturalmente quebra a lógica da opressão. A segunda é uma demonstração de força, e um ato de opressão em si mesmo (ORENSTEIN, 2017).

Weinstein estava certo sobre isto? Para ser justos com a faculdade, a participação em todos os eventos programados foi voluntária e não era compulsório que ninguém ficasse longe do campus. É pelo menos discutível que Weinstein tenha reagido exageradamente, embora também seja provável que ele tenha sentido pressão social para ficar longe do campus no Dia da Ausência (comparar com ZIMMERMAN, 2017). Tudo isto, no entanto, está bastante fora de questão. Não é necessário concluir que a posição de Weinstein sobre esta questão substantiva, ou sobre outras questões do campus que surgiram em Evergreen durante 2016 e 2017 (ZIMMERMAN, 2017), foi a correta, ou mais razoável. Para os nossos propósitos, basta que ele tenha contribuído para a discussão de uma forma que — tal como o e-mail que colocou Erika Christakis em apuros em Yale — se enquadrasse no âmbito da expressão de ideias normal e democraticamente legítima. A linguagem de Weinstein dificilmente poderia ter sido mais distante dos tipos de desumanização grave e propaganda de ódio cuja legitimidade democrática é questionável (ver capítulo 4).

Pouco aconteceu entre o e-mail de Weinstein e o final de maio de 2017, muito depois de o Dia da Ausência ter chegado e passado. Nessa época, ativistas estudantis realizaram manifestações que fecharam o campus da faculdade. Suas atividades se centravam parcialmente em Weinstein e, em particular, em seu "protesto", unipessoal e puramente verbal, de dois meses antes. Uma das aulas de Weinstein foi interrompida fisicamente. Seus oponentes articulavam para que ele fosse demitido, e ele teve que ministrar algumas aulas fora do campus em resposta ao conselho da polícia sobre sua segurança física.

No mínimo, esse é mais um caso de intolerância a ideias que são consideradas, no fundo, heréticas. Alguns estudantes consideraram as opiniões de Weinstein além dos limites da tolerância e foram atrás de fazê-lo perder seu emprego. Parece que alguns membros do corpo docente se juntaram a eles. No entanto, Weinstein parece ser um liberal do Iluminismo direto; ele não é de forma alguma uma figura de intolerância racial ou de direita.

No final, Weinstein deixou o Evergreen College. Ele e sua esposa, Heather Heying, antropóloga também empregada por Evergreen, processaram seu empregador por não lhes proporcionar um ambiente de trabalho seguro. A ação judicial foi resolvida em setembro de 2017, com base na premissa de que o casal se demitiria de seus cargos ao receber uma quantia de meio milhão de dólares (incluindo cinquenta mil dólares para suas custas judiciais) (SPEGMAN, 2017). Na resolução do litígio, o colégio continuou a negar qualquer responsabilidade legal, como é comum quando tais acordos são alcançados. Por mais que possamos culpar o próprio colégio, ou seus administradores, pelo curso dos acontecimentos, a resposta de muitos estudantes e outros ao discurso democraticamente legítimo de Weinstein foi iliberal e deplorável.

Como vimos (capítulo 6), os educadores liberais e de esquerda têm algo a temer das personalidades de extrema-direita e de suas plataformas de mídia. No entanto, no dia a dia, uma pressão mais persistente e onipresente para a conformidade vem dos seus próprios colegas e alunos.

A política da pureza nos livros YA

As pressões para se conformar não estão confinadas à academia — estão disseminadas dentro da esquerda cultural, afetando particularmente o mundo literário. Durante 2017, o ambiente de *bullying* e política da pureza nas comunidades de profissionais e fãs associados à ficção para jovens adultos (ou *young adults*, abreviado como YA) chamou a atenção do público. A situação geral já era bem conhecida de escritores, críticos e editores, e na minha própria experiência um ambiente igualmente temeroso pode ser encontrado em partes da cena literária muito além do YA. Nesta seção e na próxima, no entanto, eu me concentrarei no YA, em que há agora uma documentação significativa do papel desempenhado pelo que parece ser um pequeno grupo de ativistas com um grande número de seguidores nas mídias sociais.

A jornalista e autora Kat Rosenfield revelou o problema em um artigo publicado pela *New York Magazine* em agosto de 2017 (ROSENFIELD, 2017a). Nele, ela transmite o poder que pode ser exercido por guerreiros de ultraje online bem conectados. Neste caso, o alvo de sua indignação foi Laurie Forest, cujo romance de estreia, *The Black Witch* [*A bruxa negra*] (2017), acabava de ser amplamente denunciado como racista, capacitista e homofóbico, apesar de ser uma crítica à intolerância racial em particular. A editora de Forest foi inundada com cartas de ódio, a maioria delas, sem dúvida, de indivíduos que não tinham lido o livro, mas que desejavam participar da campanha.

The Black Witch retrata a jornada psicológica de sua protagonista, que parte de uma mentalidade de preconceito irrefletido contra os "pagãos" e as "raças" supostamente degeneradas em seu mundo (como os Lupinos, os Feéricos, os Kelts, os Élficos e os Icarals — ou pessoas aladas) e segue na direção de uma melhor consideração e compreensão do tema. Embora Forest descreva personagens que mostram atitudes intolerantes e usam linguagem intolerante, eles claramente não são apresentados como figuras a imitar. Em vez disso, a personagem principal, Elloren Gardner, gradualmente se liberta do fanatismo quando sai de casa e encontra Lupinos, e os demais, por si mesma. Por meio de uma série de crises, ela finalmente se junta à resistência ao regime opressivo, e até mesmo genocida, estabelecido por sua própria raça de magos gardnerianos.

Nenhuma habilidade de leitura esotérica é necessária para seguir a trajetória moral do romance. Embora a trama seja complexa e o livro seja o primeiro de uma série, seus leitores adolescentes certamente não perderiam essa questão. Parece, no entanto, que os detratores de Forest não estavam dispostos a aceitar qualquer representação literária do fanatismo, mesmo para fins de exposição e crítica.

Como Rosenfield (2017a) observa, campanhas contra livros como *The Black Witch* raramente levam ao seu cancelamento. No entanto, também não são totalmente ineficazes. Para além do efeito traumático sobre os autores que são seus alvos, este tipo de campanha pode sobrecarregar a discussão positiva de um livro na preparação para a sua publicação. Os *cyberbullies* podem silenciar o *buzz* por um título antecipado, distorcer grosseiramente as avaliações dos leitores em sites importantes como o Goodreads e, sem dúvida, reduzir as vendas. Mesmo quando falham ou quando a campanha sai pela culatra, como pode ser o caso de *The Black Witch*, essas campanhas revelam uma mentalidade iliberal. São tentativas de punir autores e impedir seu alcance a leitores que possam achar seu trabalho valioso.

Uma campanha semelhante foi lançada em 2017 contra Laura Moriarty, uma autora mais experiente, cujo livro mais recente, *American Heart*, apareceu em janeiro de 2018. A obra retrata um Estados Unidos de um futuro próximo em que os muçulmanos estão confinados em campos de detenção em Nevada. Expressa o receio da autora de que a intolerância antimuçulmana possa levar a uma situação de intolerância e a sua preocupação com a crescente confiança dos líderes e grupos fascistas. Em suma, *American Heart* mostra uma motivação e uma sensibilidade obviamente humanas. No entanto, ela foi sujeita a uma campanha negativa, organizada online entre ativistas de justiça social e destinada a minar a reputação e as vendas do livro. Essa campanha ocorreu em outubro de 2017 — bem antes da data de lançamento do livro, em um momento em que poucos dos envolvidos poderiam ter lido cópias antecipadas.

Qual foi o crime literário de Moriarty? *American Heart* é escrito do ponto de vista de uma garota branca de quinze anos, Sarah-Mary Williams, que vive no Missouri com sua tia cristã fundamentalista, mas ela mesma é uma ateia pensativa e com princípios. Sarah-Mary é amiga de Sadaf Behzadi — uma imigrante muçulmana iraniana e uma fugitiva da "justiça" estadunidense — e a ajuda em seus esforços para escapar para o Canadá. Parecido muito ser uma versão atualizada do clássico de Mark Twain, *Huckleberry Finn*, e de fato a narrativa faz referência a Twain e sua obra (inclusive no parágrafo final do livro). Para alguns leitores, no entanto, a decisão de contar a história do ponto de vista de um personagem não muçulmano é socialmente intolerável, enquanto qualquer retrato de assistência oferecida de um personagem branco a alguém que poderia ser classificado como uma pessoa não branca deve ser condenado sem contexto como uma "narrativa do salvador branco".

As narrativas que retratam salvadores brancos são, de fato, frequentemente passíveis de crítica. Um exemplo proeminente é o filme *Avatar* de Hollywood (dirigido por James Cameron, lançado em 2009). Ela cai ligeiramente na lista dos êxitos de bilheteira quando é feito um ajustamento pela inflação, mas, sob qualquer parâmetro, alcançou um sucesso comercial gigantesco. Já falei sobre *Avatar* em outro lugar (BLACKFORD, 2017, pp. 184-5), mas nesta ocasião aguçarei algumas críticas que, anteriormente, deixei mais ou menos implícitas.

Avatar descreve as atividades da Administração de Desenvolvimento de Recursos (Resource Development Administration, RDA) de extração de um mineral valioso em Pandora, a lua de um gigante gasoso distante de nós no espaço. Quando a ação começa, aprendemos que a RDA localizou um depósito sob a "Árvore-lar" adorada por um clã de Na'vi, uma espécie alienígena humanoide com a qual somos convidados a simpatizar. Os Na'vi têm pele azul e são de certo modo felinos em sua aparência e movimentos. Eles mostram agilidade e graça sobre-humanas, mas estão suficientemente próximos dos humanos em sua aparência para gerar identificação do público. Em muitos aspectos, eles também parecem com os nativos americanos, pelo menos do modo como estes são retratados em filmes clássicos do gênero ocidental. Embora os Na'vi sejam excelentes caçadores, e apesar de serem muito mais altos e fortes que os humanos, ao longo de boa parte de *Avatar* eles parecem quase indefesos contra o armamento de uma RDA fortemente militarizada.

Avatar eventualmente atrai seu público para uma batalha apocalíptica entre o bem e o mal, com o elenco Na'vi classificado do lado do bem — juntamente com alguns humanos que optam em ficar do lado deles — e os colonizadores humanos opressivos/mineradores da RDA classificados do lado mal. Os Na'vi conseguem expulsar a RDA, mas é notável que um humano, Jake Sully (interpretado por Sam Worthington), torne-se uma figura messiânica para eles, reunindo suas forças em Pandora e os levando para a batalha do clímax. Embora sem dúvida não tenha sido intencional, isso sugere que os Na'vi eram incapazes de encontrar um líder com as mesmas coragem e competência de Sully. Além disso, os vários personagens humanos são retratados vividamente, com algumas performances maravilhosas por parte dos atores. Em contraste, os Na'vi tendem a ser desprovidos de individualidade, com apenas uma performance digna de nota: a de Zoe Saldana, que interpreta Neytiri, uma bela mulher Na'vi.

Um efeito de *Avatar*, portanto, é fazer com que os Na'vi pareçam incompetentes e indiferenciados em comparação com os invasores humanos. Por extensão, isso sugere certa incompetência e falta de individualidade nos povos indígenas colonizados e privados de sua posse que os Na'vi tão obviamente alegorizam. A implicação é suficientemente clara para ser perceptível — pelo menos se assistirmos ao filme depois de sermos sensibilizados para a questão — mas obviamente não é a mensagem pretendida e ela é muito superada por temas mais evidentes. Em resumo, os valores transmitidos com sucesso a qualquer membro aleatório da audiência de *Avatar* são provavelmente anticolonialistas, anti-imperialistas e ambientalistas. Por tudo isso, *Avatar* é um exemplo claro de como as narrativas do salvador branco podem dar errado, transmitindo ideias secundárias e não intencionais que parcialmente minam suas mensagens progressivas. É justo identificar um caso desses sempre que os encontrarmos.

Isso não significa que qualquer narrativa em particular mereça condenação, ou mesmo crítica séria, tão logo seja categorizada como um exemplo do tropo do salvador branco. Em vez disso, as críticas a romances, filmes e outros produtos culturais específicos devem ser cuidadosas, precisas, bem informadas sobre as tradições e as técnicas relevantes e adequadamente sensível às questões de detalhe, contexto, peso temático e tom. É preguiçoso, deturpador e anti-intelectual apontar certas características superficiais para identificar um tropo, e depois condenar um romance ou um filme apenas porque o tropo é intolerável. Este cuidado se aplica a *Avatar*: a subcorrente criada pelo uso do tropo do salvador branco merece discussão, mas é apenas um aspecto de um filme complexo com grande apelo. Parte do problema é que Sully parece ser muito mais eficaz do que os Na'vi em seu próprio jogo: isso é, ele consegue muitas coisas em nome deles sem recorrer a recursos que não estavam disponíveis para eles. Essa impressão teria sido evitada, ou pelo menos reduzida, se (por exemplo) ele tivesse fornecido aos Na'vi tecnologia militar humana ou informação privilegiada sobre suas fraquezas.

Laura Moriarty estava evidentemente bem consciente dos riscos artísticos e políticos de escrever *American Heart*, um romance que poderia ser facilmente catalogado e condenado como uma narrativa do salvador branco. Na verdade, ela e seu editor se esforçaram bastante para lidar com os riscos. De acordo com um post de Ruth Graham no blog de cultura *Slate* (2017), Moriarty procurou aconselhamento de dois amigos que eram imigrantes iranianos sobre o personagem iraniano, Sadaf. Ela obteve feedback adicional de outro amigo: um muçulmano praticante de ascendência paquistanesa e estadunidense. Ela também pediu a um acadêmico sênior da Universidade do Kansas — alguém com um histórico de criticar narrativas racistas — para verificar o manuscrito "com um olhar particular para evitar outra narrativa sobre um 'salvador branco'". Ao aceitar o livro para publicação, a Harper providenciou várias "leituras sensíveis" para identificar potenciais problemas.

American Heart obteve uma crítica estrelada da influente revista *Kirkus Reviews*, que é muito apreciada por livreiros e bibliotecários. Uma avaliação favorável da *Kirkus Reviews*, com uma estrela para indicar alta qualidade, pode ser crucial para o sucesso de um livro. É cobiçado por qualquer autor, e Moriarty tinha todos os motivos para se entusiasmar com isso. No entanto, após a publicação dessa resenha, os detratores de Moriarty levaram à mídia social a campanha contra *American Heart* e sua resenha estrelada. Um ativista da comunidade YA, Adiba Jaigirdar, sediada em Dublin, postou um longo texto intitulado "Books by Muslims to Read Instead of *American Heart*". Ela acusou o romance de Moriarty de "islamofobia e apagamento das vozes muçulmanas" (JAIGIRDAR, 2017).

A *Kirkus Reviews* cedeu à pressão. Fazendo algo sem precedentes, ela substituiu a resenha original por uma versão muito modificada pelo mesmo resenhista, dessa vez sem a estrela. O reexame na sua forma original (não mais disponível no site) concluiu o seguinte:

> Por suas reviravoltas aterrorizantes, cheias de suspense, instigantes e comoventes, este livro é tão rico que as coincidências na trama são facilmente perdoadas. Um retrato comovente de uma garota estadunidense descobrindo sua sociedade em crise, desesperada para mostrar a um imigrante desiludido o verdadeiro espírito da América.

Apesar da referência passageira a coincidências de trama, esta avaliação encorajaria livreiros e bibliotecários a encomendar o livro. Compare com o final da resenha revisada:

> A ignorância de Sarah Mary é um dispositivo eficaz para a construção do mundo, mas é problemático que Sadaf seja visto apenas por meio do filtro da protagonista branca. Ainda assim, alguns encontrarão valor na exploração emocionalmente intensa da ideologia "patriótica" extremista, dos perigos da lavagem cerebral e dos pontos cegos, e de alguns dos componentes do tecido social da nossa nação que ameaçam nos destruir — como a segregação, a ganância, a desconfiança e a mentalidade de multidão. Uma leitura estimulante e arrepiante com uma premissa controversa (KIRKUS, 2017).

Nesta versão, permanecem alguns elogios, mas a *Kirkus Reviews*, ao contestar seu resenhista anônimo, deu à turba o que ela queria: uma declaração de que a estrutura e o ponto de vista do livro são "problemáticos". O que tinha sido uma recomendação brilhante foi diluída ao ponto de dizer apenas que, apesar do aspecto alegadamente "problemático" do livro, "alguns encontrarão valor" em seu conteúdo.

É lamentável que a *Kirkus Reviews* tenha cedido à pressão da multidão. Respostas fracas como estas encorajarão mais incidentes deste tipo. Embora a revista não tivesse agido assim anteriormente, seu editor-chefe, Claiborne Smith, defendeu sua decisão quando entrevistado por Kat Rosenfield. Ele sinalizou que a *Kirkus Reviews* se tornaria mais agressiva ao recomendar ou não os livros por razões simplistas e essencialmente políticas. A julgar pelo relato de Rosenfield, ele não poderia ter sido muito mais claro: "Quando pergunto se a estrela do livro foi revogada explícita e exclusivamente porque apresenta um personagem muçulmano visto da perspectiva de uma adolescente branca, Smith faz uma pausa de apenas um segundo: 'Sim'" (ROSENFIELD, 2017b).

Nada disto significa que *American Heart* é um romance sem falhas. Em particular, Sarah-Mary é por vezes tão esperta e engenhosa para uma jovem de quinze anos que força a credulidade. Por outro lado, ela aprende no final do livro que sua inteligência e desenvoltura podem levá-la apenas até certo ponto: resgatar Sadaf está além de suas habilidades individuais. As precauções tomadas por Moriarty e sua editora mostram que todos estavam atentos à questão do "salvador branco", e que fizeram um esforço de boa-fé para lidar com ela de forma inteligente e sensível. Sadaf precisa de ajuda, uma vez que não pode falar sem que seu sotaque denuncie sua origem do Oriente Médio, mas é uma personagem redonda que nos é mostrada como culta, educada, graciosa e defensora de um governo laico — não segue, de modo algum, o estereótipo muçulmano. E, apesar de sua considerável confiança na sabedoria de vivência de rua de Sarah-Mary, em seu *chutzpah* juvenil e em seu sotaque estadunidense, Sadaf também corrige Sarah-Mary inúmeras vezes.

American Heart é complexo, cheio de suspense e — no melhor sentido —desconfortável de ler. Espero que atraia a atenção de críticos que consigam lidar com sua complexidade. A sua narração em primeira pessoa a partir de uma garota branca e não muçulmana fornece uma ponte entre Sadaf e o público mais provável do livro: principalmente adolescentes brancos. Enquanto a narradora examina e deixa de lado seus próprios preconceitos, *American Heart* desafia qualquer preconceito com o qual seus jovens leitores possam começar a leitura. Em última análise, este romance é também profundamente comovente, e merecia sua revisão estrelada.

Espero ter sido claro nesta seção sobre o que estou — e não estou — afirmando. Não pretendo assegurar que toda conversa sobre narrativas de salvadores brancos, apropriação cultural na literatura e na arte, e assim por diante, é um disparate que devamos abandonar com desdém. Estou fazendo a afirmação mais branda — mas importante — de que estas questões exigem a consideração de matizes e de particularidades e o discernimento crítico treinado. Infelizmente, a pior crítica, a mais rigidamente politizada, muitas vezes afasta as boas.

Política de identidade e política da pureza

Vale a pena fazer uma pausa para recordar que Philip Jenninger não era um nazista e nem um simpatizante de tal ideologia. Salman Rushdie tem um longo histórico de oposição ao racismo — mesmo utilizando alguma retórica vituperativa — e de apoio aos direitos dos imigrantes no Reino Unido. Ele tem todas as razões para sentir que grande parte da esquerda britânica o traiu em 1989 (e depois disso). Os colaboradores — falecidos e sobreviventes — do *Charlie Hebdo* têm sido opositores ferrenhos ao racismo na França e, em particular, do Frente Nacional, o partido político de extrema-direita atualmente liderado por Marine Le Pen.

Napoleão Chagnon não é um inimigo dos Ianomâmis, e J. Michael Bailey não é um inimigo dos transexuais — nem Alice Dreger ou Rebecca Tuvel. Nem esta é motivada pelo racismo, o que também serve para Bret Weinstein. Quaisquer que sejam os méritos de seu controverso livro, Randy Thornhill e Craig Palmer não são apologistas de estupro, misóginos, ou mesmo, até onde eu posso discernir, antifeministas.

Erika e Nicholas Christakis não são figuras de direita ou inimigos da mudança social progressista. Muito pelo contrário. Nicholas provém de uma família multirracial e serviu como médico de cuidados paliativos durante vários anos, em grande parte trabalhando com doentes indigentes da zona sul de Chicago, enquanto ensinava na Universidade de Chicago (para mais informações, ver SHARLET, 2000). Erika ajudou pessoas vulneráveis, incluindo esposas agredidas e usuários de drogas sem abrigo. Como um casal, eles têm — e já tinham na época de seus problemas em Yale em 2015 — um registro orgulhoso de apoiar estudantes universitários de grupos minoritários.

Suas tribulações destacam um problema importante. Em sua forma atual, aquilo que se mostra como a esquerda política está devorando a si mesma, ou se não exatamente *a si mesma* (já que Bailey, por exemplo, pode ser mais um libertário político do que qualquer outra coisa), pelo menos pessoas que poderiam ser úteis nas lutas sociais contemporâneas da esquerda. Respondendo ao iliberalismo tão frequentemente evidente nos campi universitários dos Estados Unidos, Nicholas Christakis escreveu um artigo para o *New York Times* em junho de 2016, enfatizando a importância das instituições e princípios liberais. Como afirmou, os estudantes que frequentam universidades estadunidenses unem "tradições que reverenciam a liberdade de expressão, o amplo engajamento, a reunião aberta, debate racional e discurso civil" — e essas mesmas ideias sustentam as demandas de grupos desfavorecidos. É autodestrutivo rejeitar ideias liberais no processo de ativismo da justiça social:

> Por outro lado, é inteiramente iliberal (mesmo que permissível) usar essas tradições para exigir a censura de outros, para sujar a reputação dos colegas estudantes em vez de refutar as ideias que eles expressam e para tratar as reivindicações ideológicas como se fossem fatos forçados. Quando os alunos (e professores) fazem isso, eles estão queimando os móveis para aquecer a casa (CHRISTAKIS, 2016b).

Eu poderia ter usado muitos outros exemplos neste capítulo, pois como disse não há escassez. Os exemplos que discuti são ilustrativos, mas não são isolados. Apresentarei ainda mais no capítulo 8, onde me concentro nos usos e abusos da internet. Entretanto, *que diabos está acontecendo aqui?* Por que é que às pessoas cujas histórias contei brevemente infligiram tanta dor? Em cada um desses casos e outros mais, a resposta é óbvia. Em cada caso, um tabu foi quebrado: que de alguma forma envolvia grupos historicamente oprimidos.

Jenninger não apoiou as campanhas dos nazistas contra os judeus e outros, mas falou francamente sobre como os apoiadores dos nazistas provavelmente pensavam. Quebrou um tabu na Alemanha dos anos 1980.

Rushdie não era um inimigo dos muçulmanos, mas escreveu sobre o islã criticamente e não com reverência. A mesma coisa se aplica ao *Charlie Hebdo*, e de uma forma diferente a Maajid Nawaz. Chagnon não é inimigo dos povos indígenas, mas os estuda e pensa neles de uma forma que, novamente, não demonstra o tipo de reverência — ou o ativismo político puro e simples — que alguns de seus colegas exigem. Bailey apoia pessoas transgêneros, mas em uma base amplamente libertária, o que é inaceitável para alguns ativistas trans.

O artigo de Rebecca Tuvel para a *Hypatia* explicitava o apoio da autora às pessoas transgênero, enquanto as afirmações dos detratores do artigo de que ele era racista são claramente risíveis. O erro de Tuvel — visto de um certo ponto de vista — foi basear seu apoio às pessoas transexuais no pensamento liberal do Iluminismo. Quando aplicado ao chamado transracialismo, este estilo de pensamento pode implicar a aceitação de pelo menos algumas afirmações na linha das de Rachel Dolezal. Para os opositores de Tuvel, essa foi uma conclusão inaceitável com a aparência de um argumento *reductio ad absurdum* contra os direitos trans.

Thornhill e Palmer se encontraram em uma situação semelhante. Eles procuraram entender o estupro para combatê-lo — mas não da forma que é ortodoxa entre as atuais ativistas feministas e estudiosas do tema. Para os seus adversários, isto parecia quase uma tentativa de justificar o estupro, embora nada do gênero tenha resultado de seus argumentos científicos. Infelizmente para esses autores, a análise deles foi inconsistente com uma interpretação de estupro que implica muito investimento político por parte da esquerda. Até mesmo os Christakis questionaram as ortodoxias liberais revisionistas sobre apropriação cultural e insensibilidade, embora o objetivo real e mais profundo de Erika fosse levantar questões sobre liberdade e controle relacionados aos jovens.

Em cada caso, foi dito algo que foi visto como *ofensivo* para certos grupos (e, em alguns casos, inconveniente para os ativistas que trabalham em seu nome). O problema não foi apenas o fato de o discurso da vítima ter sido visto como impreciso: em vez disso, algo sobre o que foi dito, ou como, foi visto como politicamente inaceitável. Contudo, em cada um deles, como eu entendo, algo de valor foi colocado na mesa para discussão. As opiniões expressas por Jenninger, Bailey, Chagnon, Thornhill e Palmer, os Christakis, Nawaz, Tuvel e Weinstein foram todas dignas de consideração. Cada um destes pontos de vista pode conter elementos de verdade. O magnífico romance de Rushdie e a sátira desinibida do *Charlie Hebdo* são contribuições significativas e valiosas para a cultura ocidental moderna. As autoras de YA, Laurie Forest e Laura Moriarty, empregaram seus talentos para se opor à intolerância, ao nativismo e ao fascismo, mas usando técnicas literárias não aprovadas pela política da pureza da comunidade YA.

Em suma, as vítimas descritas neste capítulo não mereciam as traições que sofreram. Pelo contrário, mereciam apoio e, claro, receberam-no de alguns quadrantes. Todavia, foram policiados por pureza ideológica.

Atualmente, o pensamento de esquerda e liberal (no sentido estadunidense de *liberalismo*) está muitas vezes distante das ideias liberais do Iluminismo. No lugar delas, podemos ver algo notavelmente diferente: uma ideologia social e política, talvez historicamente contínua com tradições liberais, que está cada vez mais centrada em políticas de identidade. Para ser mais preciso, ela é construída sobre a glorificação ou santificação (e não apenas sobre a assistência) de grupos culturais e demográficos historicamente oprimidos. Referindo-se às leis contemporâneas do discurso de ódio — muitas das quais são potencialmente muito amplas e vão muito além da propaganda desumanizante — Kenan Malik compara o crime tradicional de blasfêmia:

> Tradicionalmente, o sagrado era um meio de assegurar que as instituições, crenças e práticas não pudessem ser publicamente contestadas. As leis da blasfêmia eram simplesmente as mais visíveis de tais meios. Na era mais laica de hoje, é a cultura e a identidade, mais do que simplesmente a religião e Deus, que a lei procura proteger da agressão pública. Mesmo as leis que ostensivamente protegem a fé [...] são enquadradas em termos de proteção da cultura e da identidade de uma comunidade. No mundo de hoje, a identidade é Deus, em mais de um sentido (MALIK, 2010, p. 161).

Graças, em parte, à polarização entre grupos, essa ideologia revisionista vai além de uma preocupação liberal de quebrar as barreiras legais e sociais que prejudicam pessoas de certos grupos, impedindo-as de viver como desejam e de realizar seu potencial. Essa preocupação seria uma consequência natural do liberalismo do Iluminismo, e é algo que apoio inteiramente. Em vez disso, uma ideologia baseada em identidades demográficas adotou muitas das armadilhas da religião. Tem suas próprias doutrinas esotéricas, suas próprias definições de descrença e apostasia, suas próprias fronteiras aprovadas de ortodoxia doutrinária e suas próprias concepções de discurso herético e blasfemo.

8
O CIBERESPAÇO E SEUS DESCONTENTES

Problemas no ciberespaço

O rápido desenvolvimento das comunicações eletrônicas tem sido libertador em muitos aspectos, abrindo novas possibilidades para o discurso individual e para o trabalho cooperativo. A internet oferece fontes alternativas de informação, fora da cobertura da mídia convencional de notícias e assuntos atuais. Ao mesmo tempo, trouxe seus próprios problemas. Infelizmente, ideólogos, propagandistas, guerreiros de ultraje, provocadores maliciosos e indivíduos que carregam rancor exploram os recursos da internet.

Podemos distinguir vários problemas, porém em situações reais que surgem na internet, mais de um deles está normalmente envolvido. Primeiro, a internet expande o potencial para formas comuns de difamação, de invasão de privacidade e de outros abusos. Indivíduos maliciosos de todos os tipos obtiveram novas oportunidades de prejudicar os outros — às vezes por vingança, mas outras apenas por amargura, imaturidade ou crueldade. Em segundo lugar, a internet exacerba os problemas de polarização entre grupos e encoraja pontos de vista extremos. Em terceiro lugar, aumenta a capacidade de punir as pessoas por conduta que não esteja em conformidade, especialmente por discurso antipático ou ofensivo, mas democraticamente legítimo. Isso pode aumentar à medida que indivíduos ou grupos rivais procuram táticas para se fecharem uns aos outros.

Abordarei primeiro o problema dos indivíduos maliciosos e dos sites que os suportam. O ponto de atenção aqui é apenas um lembrete de que a conduta abusiva contra indivíduos tem pouco valor como discurso — e, a princípio, há todas as razões para agir contra ela.

Presença da malícia

Na terminologia de Brian Leiter, muitos sites na internet são ciberlatrinas:

> Usarei o termo ciberlatrinas para me referir aos lugares no ciberespaço — salas de conversa, sites da web, blogs e, frequentemente, as seções de comentários dos blogs — que são dedicados, em parte, a indivíduos insultosos, assediadores e humilhantes: em suma, a violar a "dignidade" deles. A privacidade é um componente da dignidade — por isso, as invasões a ela representam um atentado à dignidade (LEITER, 2010, p. 155).

Note que Leiter não está invocando nenhum conceito metafísico ou esotérico de dignidade. É bastante claro quais tipos de abuso ele tem em mente, e para explicá-lo mais claramente ele acrescenta outras categorias, além das invasões de privacidade: "ameaças implícitas de violência física ou sexual"; "mentiras não difamatórias e meias verdades sobre o comportamento e sobre a personalidade de alguém"; "linguagem especialmente humilhante e insultuosa"; e "difamação tortuosa e prática de infligir sofrimento emocional" (LEITER, 2010, p. 155). Assim, os crimes cibernéticos infligem uma mistura de danos graves (para os quais poderia haver reparação nos tribunais civis) e danos dignitários (para os quais normalmente não há reparação legal, mas decorrente de quando as vítimas são tratadas de formas que violam as ideias comuns de decência).

Leiter descreve duas ciberlatrinas que encontrou pela blogosfera: um deles é uma sala de bate-papo chamada AutoAdmit, que contém discussões sobre o estudo do Direito e a prática da advocacia, mas que se dedica principalmente à prática de ofensas sexistas, racistas e antissemitas extremas, incluindo mentiras vis e/ou invasões de privacidade relacionadas a estudantes de Direito identificadas; o outro é um blog dedicado a assediar, difamar, caluniar e direcionar abusos de forma geral ao próprio Leiter (com ameaças a ele, a sua família e tudo mais). O ponto mais importante de Leiter, porém, é que um número incalculável de sites na internet assume esta forma em relação a parte ou mesmo a todo seu conteúdo. Além disso, é quase impossível obter assistência dos tribunais civis — em parte devido às despesas inerentes e à incerteza de ir ao tribunal; em parte porque muito do material pode não ser passível de ação judicial; e em parte, pelo menos nos Estados Unidos, devido ao efeito da Seção 230 da Lei de Decência nas Comunicações do país. A Seção 230 isenta qualquer pessoa de responsabilidade legal por material publicado na internet, exceto a pessoa que realmente fornece o conteúdo. Por exemplo, não é possível processar o dono de um blog por acusações difamatórias feitas por outros na área de comentários.

Podemos contrastar a situação usual com a dos jornais, por exemplo, em que os proprietários são legalmente responsáveis por discursos ilícitos, tais como cartas e anúncios publicitários. Infelizmente, o material abusivo que aparece na internet é suscetível de ser mais prejudicial do que o sob outras formas, uma vez que está amplamente disponível e pode ser facilmente descoberto por qualquer pessoa — como um potencial empregador ou um potencial interesse amoroso — que saiba utilizar um mecanismo de busca. Por outras palavras, está disponível para quase todos na maioria dos países. Como um contraste adicional, Leiter aponta, a destruição da reputação de alguém por mero boca-a-boca encontra vários obstáculos antes de ser amplamente difundido e acreditado. É experiência humana comum que a fofoca viciosa pode ser prejudicial, mas pelo menos o dano é suscetível de ser confinado de uma forma ou de outra. O equivalente por meio da internet é suscetível de ser mais prejudicial.

Como Cass Sunstein explica em *On Rumours* [*Sobre rumores*], seu livro de 2009 — embora deva ser óbvio até mesmo para aqueles com a familiaridade mais casual sobre a internet e seu funcionamento —, agora é fácil isolar, selecionar e manipular dados para criar uma imagem destrutiva e essencialmente falsa de uma pessoa ou situação, e isso pode então criar uma cascata de repetição até atingir percepções mais amplas. Por meio de reações em cadeia e da polarização de grupo, imensas audiências podem ser induzidas a formar ideias sobre nós, como indivíduos, que são prejudiciais e erradas. A internet está cheia de relatos sobre o que as pessoas (alegadamente) fizeram e acreditam, mas podem ser ficções. Os incidentes fora de contexto, depois relatados como se fossem de algum modo típicos do comportamento de um indivíduo, "podem produzir uma impressão palpavelmente incorreta". Podem ser esmagadoras e injustas, mesmo que não sejam totalmente falsas: isto é, mesmo que contenham "um fragmento ou um núcleo de verdade" (SUNSTEIN, 2009b, p. 63).

Leiter argumenta — penso que de modo incontroverso — que os tipos de abuso encontrados em ciberlatrinas não têm valor significativo como forma de expressão. Por exemplo, mentiras ou revelações sobre a conduta sexual de um determinado estudante de Direito não contribuem para o tipo de conhecimento humano que Mill (por exemplo) tinha em mente; e não fazem nada para ajudar os eleitores a deliberar sobre candidatos políticos e suas propostas. Quanto à realização pessoal ou autonomia, Leiter avisa: os abusadores podem ganhar alguma satisfação de preferência com o que fazem, mas não é plausível que isso possa superar o dano causado aos outros. Eu poderia colocar mais ênfase do que Leiter sobre a capacidade de falar o que nos passa pela cabeça como especialmente importante para a realização humana — não apenas como outra maneira entre muitas de satisfazer certas preferências. Todavia, minha análise chegaria essencialmente à mesma conclusão (ver minha discussão sobre discurso difamatório e invasivo no capítulo 4). Mesmo que a capacidade de dizer o que pensamos seja de importância vital e não devesse sofrer nem a mais leve interferência, podemos exigir que as pessoas se controlem quando estimuladas pela malícia, ou quando é óbvio que o seu discurso pode ter um sério impacto prejudicial sobre os outros.

Homens e mulheres são vítimas de abusos no ciberespaço, mas os padrões são de gênero. As mulheres são mais propensas a serem vítimas de pornografia por vingança de ex-parceiros e amantes irritados, e muitas vezes são abusadas de formas especificamente misóginas envolvendo ameaças de estupro ou avisos de que serão estupradas (ver de modo geral o livro *Hate Crimes in Cyberspace* [*Crimes de ódio no ciberespaço*]; CITRON, 2014). Os homens também são, naturalmente, ameaçados de violência com frequência. Tanto os homens como as mulheres recebem ameaças de morte pessoais e às suas famílias. (Eu mesmo recebi algumas, por causa das minhas críticas à religião. As ameaças não eram críveis, mas eram inquietantes, especialmente em uma altura em que as recebia dia após dia.) Nada disto é uma expressão socialmente tolerável e, para grande parte dos casos, deveria haver reparação legal.

Mill não discordaria. Ele defendeu, naturalmente, a liberdade de expressar opiniões impopulares sobre temas de importância geral. Embora aconselhasse alguma razoabilidade e autocontenção básicas, ele também estava preparado para aceitar um certo grau de incivilidade no debate público. Entretanto, ele não considerava o direito de se envolver em difamação, invasões de vidas privadas, comunicações ameaçadoras, incluindo ameaças cíveis, campanhas para demitir adversários ou quaisquer formas de abuso relacionadas. Mill não defendeu nada disto. Nem nós devíamos.

Indo aos extremos

O rápido desenvolvimento da internet tem aumentado muito os efeitos sociais da polarização de grupo. Uma geração atrás, no auge dos anos 1980, os fenômenos de *trolling* (provocação online em todas as suas formas) e de *flaming* (disputa insultuosa e furiosa) estavam associados a uma subcultura relativamente pequena de entusiastas da informática, especialmente aos participantes de novos grupos da Usenet. Durante a década de 1990, cada vez mais de nós utilizávamos o e-mail e participávamos ativamente de fóruns online de um ou outro tipo: entre eles, listas de discussão, quadro de avisos online e blogs. *Trolling*, *flaming*, *hacking* e *spamming* (publicidade online não solicitada) se tornaram cada vez mais familiares a qualquer pessoa com um computador.

O surgimento do 4chan (estabelecido em 2003), YouTube (2005), Reddit (mais tarde em 2005), Facebook (aberto ao público desde 2006), Twitter (2006), Change.org (2007) e Tumblr (também em 2007) — juntamente com muitos outros meios populares e variados de expressão online — transformou nossa experiência com a World Wide Web (www). A onipresença das mídias sociais alterou profundamente o caráter do debate público. A guerra cultural em larga escala pode agora ser combatida no ciberespaço.

Cass Sunstein descreve sucintamente como ideias extremas prosperam online:

> Com a internet, é extremamente fácil para cada um de nós encontrar pessoas com pensamentos semelhantes. Pontos de vista que normalmente se dissolveriam, simplesmente por falta de apoio social, podem ser encontradas em grande número na internet, mesmo que sejam entendidas como exóticas, indefensáveis ou bizarras na maioria das comunidades (SUNSTEIN, 2009a, p. 81).

Em uma postagem convidada no *Leiter Reports*, proeminente blog de filosofia de Leiter, Berit Brogaard (2015) oferece nada menos que seis fatores que estimulam essa tendência, que podemos resumir da seguinte forma:

- Sites e fóruns online atraem pessoas que já têm agendas sociais e políticas semelhantes;

- O rápido fluxo de informações encoraja a formação de grupos rivais em resposta a pontos de vista provocatórios;
- A saída de um grupo online é fácil, o que encoraja os membros menos afins a saírem com consequências relativamente mínimas;
- A internet divulga rapidamente informações sobre eventos emocionalmente carregados, o que tende a estimular os grupos a reagir, de forma muito intensa, de uma maneira ou de outra;
- O anonimato tende a apagar as diferenças individuais dentro do grupo, incentivando a lealdade aos pontos de vista dos líderes ou da maioria, e provocando uma atitude de superação ao oferecer perspectivas extremas; e
- Os mecanismos de busca facilitam pesquisas seletivas motivadas pelo impulso de confirmar pontos de vista do grupo, com uma pressão resultante sobre os membros do grupo para que se tornem mais dogmáticos e extremos.

Como resultado, Brogaard argumenta, baseando-se em estudos de Sunstein e outros pesquisadores, a identidade de grupo é exagerada na internet, as posições de grupo se tornam mais extremas e potencialmente fanáticas, e acredita-se objetivamente, sem críticas, em rumores implausíveis sobre os adversários. Um exemplo proeminente que ganhou destaque em 2016 foi o fiasco da "Pizzagate" — em que rumores extremamente implausíveis foram espalhados sobre uma rede de pedofilia satânica gerenciada por uma pizzaria (especificamente identificada) em Washington, DC, envolvendo figuras de alto nível associadas ao Partido Democrata (ver, por exemplo, BBC TRENDING, 2016).

Brogaard reconhece que pode haver cenários em que a polarização do grupo seja benéfica, mesmo que envolva a adoção de crenças duvidosas — por exemplo, um grupo de Alcoólicos Anônimos (ou similar) com crenças extremas e exageradas sobre o álcool pode reforçar a determinação do alcoólatra em não beber. Na maioria dos contextos, no entanto, os tipos hipertrofiados de polarização de grupo não são confiáveis para gerar crenças verdadeiras ou úteis. Ao mesmo tempo, o processo pode estigmatizar facilmente pessoas inocentes com um impacto que pode ser "doloroso, prejudicial ou mesmo devastador" (BROGAARD, 2015).

Ron Rosenbaum é um dos muitos comentadores que culpam especialmente o anonimato pelo que ele chama o carácter "nocivo e polarizador" da conversa política online:

> A conversa online, em particular, tornou-se uma guerra civil interminável e viciosa, nociva e polarizante. E penso que sei o porquê: a serpente no jardim é a desinibição cibernética — a perda da contenção, a corrida retórica até o final — que é possibilitada e encorajada pela utilização de nomes de anônimos de tela (ROSENBAUM, 2010, p. 241).

Parte da própria retórica de Rosenbaum parece exagerada, mas simpatizo com ela com base em minhas experiências de discussão social e política online. Seus comentários reagem a um nível perturbadoramente alto de abuso na internet, e ele fornece exemplos de comentaristas irritados, de variadas perspectivas políticas, que evidentemente percebem seus oponentes como horríveis, maus e nazistas. A internet oferece paraísos para os *ranters* extremos, enquanto a máscara do anonimato protege os comentaristas não apenas da exposição, mas de qualquer responsabilidade, obrigação ou sentimento de vergonha que possa restringi-los.

O papel do anonimato é evidente a partir de qualquer experiência com sites que permitem comentários anônimos e não são muito moderados. O anonimato pode desinibir os comentaristas online, permitindo-lhes expressar um grau de raiva e amargura que esconderiam, pelo menos em parte, se usassem seus nomes reais. Por outro lado, os comentários online podem ser suficientemente grosseiros mesmo quando nomes reais são usados, e a tendência da internet de criar comunidades de pessoas que já têm ideias e queixas semelhantes cria uma forte tendência à polarização do grupo.

Como resultado, ideias que pareceriam extraordinárias em uma reunião no mundo offline rapidamente passam a ser aceitas como norma local, e dissidentes com visões mais convencionais ou moderadas são tratados como hereges, com tudo o que isso implica. As pessoas que não fizeram nada de errado segundo os padrões morais comuns podem se encontrar "em meio à gritaria": ritualmente denunciadas e envergonhadas em público. Em vez de apoiarem as vítimas, muitos espectadores optam por atacá-las, talvez para assinalar a sua própria pureza ideológica.

A patrulha da moral online

Graças às plataformas das redes sociais, tornou-se fácil organizar campanhas contra indivíduos malquistos para punir condutas e (especialmente) discursos fora da conformidade. As fraudes públicas, os vários tipos de boicotes, a prática de *no-platforming* de palestrantes e campanhas para demitir indivíduos podem ser usadas para perturbar até mesmo oponentes bastante poderosos. Como escreve Greg Lukianoff, o processo nunca parece terminar: "Parece que todos os dias trazem uma nova controvérsia sobre as observações supostamente ofensivas de uma celebridade, de um oficial ou de um cidadão comum, seguidas de apelos irados para que o orador sofra algum tipo de retaliação" (LUKIANOFF, 2014, p. 1).

Como consequência da internet, os eventuais efeitos protetores da distância física foram bastante apagados. Em um ponto em *Joseph Anton*, Salman Rushdie reflete sobre a ascensão da internet e do Google, popular mecanismo de busca. Ele ouviu pela primeira vez a palavra *Google* falada em sua presença em 1999, e refletiu então sobre o quão mortal ele teria sido para suas chances dez anos antes. Falando de si mesmo na terceira pessoa, já que ele se apresenta mais ou menos como um personagem em *Joseph Anton*, Rushdie diz:

> *Se esse "Google" tivesse existido em 1989, o ataque contra ele teria sido tão mais rápido e mais amplo que ele não teria tido qualquer chance. Teve sorte de ser atacado antes do amanhecer da era da informação* (RUSHDIE, 2012, p. 582, itálico conforme original).

Rushdie era, naturalmente, especialmente vulnerável, tendo incorrido em uma sentença de morte extraterritorial de um líder religioso com uma base global de fiéis. Entretanto, *muitos* de nós devemos ter medo. A internet expande muito as oportunidades de vigilância e, portanto, de muitos tipos de abuso. Formas online de policiamento e humilhação criaram um ambiente com novas pressões para se entrar em conformidade. Sunstein avisa o quão vulneráveis cada um de nós pode ser:

> Em um grau cada vez maior, os momentos em que você é tolo, confuso, ousado, irritado ou ofensivo, no Facebook ou em um e-mail ou na vida diária, estão sujeitos a serem gravados e armazenados (para sempre) — e, potencialmente, descaracterizados. Em um ou outro momento, esses momentos podem voltar para assombrá-lo e talvez feri-lo seriamente (SUNSTEIN, 2009b, p. 62).

Quase todos fizeram algo que, se isolado e difundido no mundo, pode parecer censurável ou mesmo apontar para algo sinistro no caráter da pessoa. Quando estão envolvidas figuras públicas, isso pode distorcer uma deliberação séria sobre opções políticas, mas todos nós podemos ser representados injustamente perante amigos, familiares, empregadores e outros em nossa vida que são importantes para nós. Em uma crítica à cultura de ofender, o escritor britânico-australiano Richard King reconhece o poder da internet para ampliar nossa expressão, mas acrescenta uma importante advertência. O efeito na livre discussão pode ser contraproducente:

> Mas também é verdade que a tecnologia da internet aumenta enormemente as oportunidades para ofender e ser ofendido, e que ela pode gerar uma atmosfera que trabalha contra a liberdade de expressão — se não literalmente, então pelo menos contra o espírito dela. A rede social Twitter conecta pessoas de todo o mundo, mas desde a sua criação, em 2006, ele também tem servido como uma câmara de eco para aqueles que têm golpes para distribuir. Ao se ofender com algum artigo de jornal, ou com um comentário

> fora de tom em uma entrevista, ou com as reflexões de um colega que esteja tuitando, o usuário do Twitter é capaz de criar uma multidão instantânea. E, assim, uma tecnologia que parece, à primeira vista, aumentar o espaço para a liberdade de expressão, é frequentemente usada para fechá-lo (KING, 2013, p. 196).

Como no capítulo anterior, eu poderia recitar uma litania de exemplos, mas tentarei ser econômico. Incluirei alguns exemplos de patrulhamento pela direita política, mas primeiro consideremos um caso desagradável discutido por Daniel Solove em *The Future of Reputation* [*O futuro da reputação*]. Em 1998, a apresentadora de rádio Laura Schlessinger teve menos sucesso em impedir a aparição na internet de fotos altamente explícitas dela nua, tiradas cerca de 25 anos antes, quando era jovem, do que a empresa que tinha os direitos de publicação das fotos. Assim, a lei de direitos autorais acabou neste caso sendo mais poderosa do que a de privacidade. Comentários de Solove:

> Embora alguns possam se animar com esse aparecimento do grande campeão dos valores familiares, o Internet Entertainment Group obteve as fotos por meio da quebra de confidencialidade de [Bill] Ballance. Parece bastante claro que Schlessinger acreditava que as fotos deveriam ser mantidas por Ballance em segredo, e não vendidas com fins lucrativos (SOLOVE, 2007, p. 184).

Estas circunstâncias reúnem várias características comuns de punições online. Havia, sem dúvida, um elemento político em visar Schlessinger, mas é também um exemplo de como é possível transformar em alvo uma mulher malquista, utilizando imagens nuas sem autorização, em uma tentativa de a humilhar. Algo semelhante pode acontecer com os homens, como com o tratamento de Hulk Hogan por Gawker (aparentemente em conluio com Heather Clem, a mulher na gravação de cenas de sexo de Hogan). Todavia, este tipo específico de abuso é mais tipicamente dirigido às mulheres, e reflete uma atitude insensível em relação a elas que continua a ser prevalecente tanto online quanto em outros locais. Muitas vezes não há nenhum elemento político, e a prática é usada para vingança ou por simples malícia. Presume-se que os vazamentos em grande escala de fotos de celebridades nuas em agosto de 2014 ("*Fappening*", como logo foi chamado, baseado em uma gíria em inglês para masturbação) aconteceram com o objetivo de gratificação sexual e de exibir proezas de *hacking*.

Um caso mais recente, desta vez com culpados de direita, envolveu Scott McIntyre, repórter esportivo do Serviço Especial de Transmissão (Special Broadcasting Service, SPS) na Austrália. Em 26 de abril de 2015, foi anunciado na mídia australiana que McIntyre havia sido demitido de seu emprego por causa de uma série de tuítes que ele havia feito no dia anterior, no Dia da Anzac. Este (sendo que a primeira palavra significa "*Australian and New Zealand Army Corps*") é uma data comemorativa nacional importante na Austrália e na Nova Zelândia. Marca o aniversário do desembarque dos Aliados na Península de Gallipoli, na Turquia, durante a Primeira Guerra Mundial, que teve início na manhã de 25 de abril de 1915. Esta se tornou uma campanha prolongada e trágica, com perdas terríveis de ambos os lados.

O Dia de Anzac recorda, assim, a primeira participação de soldados da Austrália e da Nova Zelândia em grandes conflitos militares. Em geral, é um dia de reflexão solene sobre a guerra e seus sacrifícios. Os participantes da Austrália no desembarque de Gallipoli são reverenciados como heróis, e o sofrimento deles com a carnificina é indubitável. Para os leitores que não estão familiarizados com o Dia de Anzac, espero ter transmitido algo sobre o porquê dos australianos o levarem a sério. Há uma sacralidade laica sobre isso, e qualquer violação disso é compreensivelmente ofensiva para a maioria dos australianos, especialmente para aqueles com familiares ligados aos eventos em Gallipoli.

Qual foi, então, o crime do McIntyre que supostamente justificou sua demissão? Ele publicou uma série de tuítes trincheiras incisivos criticando a mitologia que envolve o Dia de Anzac. Colocados em sequência, eles podem ser lidos da seguinte forma:

> Estou recordando a execução sumária, a violação generalizada e o saque cometidos por esses "corajosos" Anzac no Egito, na Palestina e no Japão. Me pergunto se os bebuns e os jogadores nacionalistas, em grande parte brancos e iliteratos, fazem hoje uma pausa para considerar o horror que toda a humanidade sofreu. A cultificação da invasão imperialista de uma nação estrangeira com a qual a Austrália não teve nenhuma discussão é contra todos os ideais da sociedade moderna. Não esquecendo que os maiores ataques terroristas de um só dia da história foram cometidos por esta nação e seus aliados em Hiroshima e Nagasaki. Crianças inocentes, a caminho da escola, assassinadas. Suas sombras marcadas no concreto de Hiroshima.

Muitos de nós podem discordar dos sentimentos de McIntyre, ou pelo menos se sentir desconfortáveis com sua ênfase. Mesmo que compreendamos a sua crítica à guerra e ao imperialismo — ele certamente tem um ponto! — podemos erguer as sobrancelhas perante seu foco específico em um dia nacional solene de recordar aqueles que morreram ou sofreram na guerra. Poderíamos também lamentar o tom de McIntyre, incluindo seu aparente desprezo por muitos dos seus concidadãos ("bebuns e jogadores nacionalistas, em grande parte brancos e iliteratos"). Em resumo, McIntyre pode estar suscetível a algumas críticas legítimas sobre os tuítes, sua escolha de palavras e seu *timing*. No entanto, seus pontos de vista estão bem dentro dos limites habituais de tolerância em uma democracia liberal.

Como discuti no capítulo 4, *alguns* pontos de vista podem estar além dos limites da tolerância liberal. Os que envolvem a defesa de genocídios — talvez caracterizando os alvos como pestes — são candidatos óbvios. Funcionários que estão estreitamente identificados com seu empregador, tais como gerentes sênior ou indivíduos que, de uma forma ou de outra, são pessoas públicas, levam inevitavelmente o empregador ao descrédito se expressarem publicamente pontos de vista seriamente desumanizadores e genocidas. Mesmo que essas opiniões não devam ser sujeitas a censura governamental, não podemos esperar que os empregadores mantenham empregados identificados que expressaram essas opiniões publicamente. Contudo, nada nos tuítes de McIntyre era, remotamente, algo desse tipo.

Apesar da linguagem agressiva que escolheu, McIntyre expressou oposição à violência, não a defendeu; e, independentemente de seu *timing*, esboçou uma crítica familiar de esquerda à guerra e à sua frequente glorificação. Além disso, ele também não aproveitou sua grande base de seguidores na rede social para destacar indivíduos específicos para ataques. Independentemente de qualquer dor que possa ter causado a sentimentos das pessoas, ele não prejudicou a capacidade de alguém de funcionar na sociedade. McIntyre pode ter se sentido exasperado com o grande volume de material comemorativo do Dia de Anzac — material que, evidentemente, ele via como uma celebração do imperialismo e da guerra —, mas é improvável que ele tenha se decidido a ofender os veteranos de guerra e seus entes queridos. No entanto, o SBS atuou rapidamente (com "ação decisiva", tal como expresso pelos seus quadros superiores) para o despedir com efeitos imediatos. Isso se seguiu a um clamor no Twitter que incluiu a denúncia de McIntyre por um ministro do governo, Malcolm Turnbull (que se tornou o primeiro ministro da Austrália no final de 2015).

Neste caso, um empregador puniu descaradamente seu empregado por expressar um ponto de vista impopular. Os defensores do SBS poderiam alegar que as medidas disciplinares eram adequadas nessa ocasião específica porque a pessoa em questão era um avatar público do empregador e, por conseguinte, precisava evitar exprimir opiniões que alienassem seu público e prejudicassem a avaliação da empresa pelos clientes. Até onde sei, algo nessa linha pode ter constado no contrato de emprego de McIntyre (qualquer advogado trabalhista afiado se certificaria disso). O caso não chegou ao tribunal, embora a McIntyre tenha apresentado uma queixa no Tribunal Federal por rescisão ilegal do contrato de trabalho. Na ocasião, as partes chegaram a um acordo extrajudicial antes do julgamento previsto. Entretanto, aqui está uma pergunta óbvia. Até que ponto o SBS, que apela a um público multicultural e sofisticado, teria sido realmente prejudicada pelos tuítes de McIntyre, não fosse a tempestade que se armou em resposta — particularmente com a intervenção de um político poderoso?

Mesmo que *alguma* ação do SBS pudesse ter sido justificada, por que não algo muito menos extremo, como uma declaração se dissociando publicamente das visões de McIntyre e uma advertência a ele de que usasse de tato em futuros comentários públicos, dada a sua associação com a marca do empregador? Pergunto-me, finalmente, quantas pessoas que tentam justificar as ações do SBS adotariam a mesma abordagem em relação a casos em que a vítima era da sua própria tribo política.

Como discuti no capítulo 6, os guerreiros de ultraje de direita nos Estados Unidos estão especialmente dispostos a definir como alvos os esforços acadêmicos que possam ser interpretados como um apelo ao preconceito contra os brancos. Um caso com algumas semelhanças com as controvérsias do campus estadunidense, bem como com a situação de Scott McIntyre na Austrália, envolveu uma declaração online da modelo britânica Munroe Bergdorf. Em agosto de 2017, ela assinou com a empresa de cosméticos L'Oréal para uma campanha de marketing no Reino Unido. Ela foi a primeira modelo transgênero a ser escolhida para liderar uma campanha como essa no Reino Unido. Em poucos dias, porém, ela foi demitida por causa de uma declaração que tinha feito no Facebook.

Bergdorf tinha escrito as seguintes frases, que retirei de um relatório do *The Daily Mail*:

> Honestamente, já não tenho energia para falar da violência racial por parte dos brancos. Sim, TODOS os brancos... Porque a maioria de vocês nem sequer notam, ou se recusam a reconhecer, que sua existência, privilégio e sucesso como raça é construída sobre as costas, o sangue e a morte de pessoas não brancas. Toda a existência de vocês está mergulhada em racismo. De microagressões a terrorismo, vocês construíram o projeto para essa m*****. Venha falar comigo só quando perceber que o racismo não é aprendido, é herdado e transmitido consciente ou inconscientemente por meio do privilégio. Uma vez que os brancos começarem a admitir que

> sua raça é a força mais violenta e opressiva da natureza na Terra... então podemos conversar. Até então, fiquem fingindo estar chocados sobre como o mundo continua a ficar f***** nas mãos de seus ancestrais e nas suas cabeças, que permanecem enterradas na areia enquanto vocês tampam os ouvidos (MOODIE; TINGLE, 2017).

Interpretadas literalmente, as duas primeiras frases de Bergdorf são inflamatórias e incorretas. Simplesmente não é verdade que todos os brancos sejam culpados de violência racial, como é comumente entendido. No entanto, três pontos podem ser levantados em sua defesa.

Primeiro, sua declaração como um todo equivale à alegação de que os brancos são beneficiários de atos passados de violência racial e/ou de estruturas sociais atuais que a perpetuam. Isso é certamente correto. Lido de forma honesta, Bergdorf não estava transmitindo que todos os homens e mulheres brancos individuais cometeram agressões violentas motivadas racialmente. Em segundo lugar, a formulação intemperada é compreensível, vindo como o fez no rescaldo imediato da passeata da extrema-direita em Charlottesville, Virgínia, em 11 e 12 de agosto de 2017, que envolveu a morte violenta de um protestante contrário e ferimentos em muitos outros. Terceiro — e talvez isso seja o mais importante —: a declaração de Bergdorf teria recebido pouca atenção se não tivesse sido divulgada a um público enorme e hostil por meio da publicação no *The Daily Mail*. Este foi, proponho eu, um ataque vigilante de um tabloide britânico sensacionalista contra a reputação de um indivíduo relativamente impotente.

Como Scott McIntyre, Bergdorf era um avatar público de seu empregador. Era compreensível, portanto, que os executivos da L'Oréal se preocupassem com seu uso das redes sociais. Todavia, até onde a L'Oréal teria sido prejudicada pelo discurso intempestivo de Bergdorf em sua página do Facebook sem a intervenção do *The Daily Mail* e a inevitável tempestade que isso provocou? A L'Oréal poderia ter agido de forma mais contida. Poderia ter enfatizado que Bergdorf havia expressado apenas suas opiniões pessoais, e em uma época em que os sentimentos estavam se sobrepondo às questões raciais.

Outro episódio deplorável dos últimos anos é relacionado com Sir Tim Hunt, um cientista britânico aparentemente gentil que (com dois colaboradores) recebeu o Prêmio Nobel de Fisiologia ou Medicina em 2001. O histórico de Hunt na ciência e na administração de ciência ao longo de várias décadas tem sido especialmente notável pelo apoio que ele tem dado às mulheres que fazem carreiras nas disciplinas científicas. No entanto, ele foi submetido a uma campanha de difamação ao estilo McCarthy, incluindo uma multidão no Twitter com sua própria hashtag — #DistractinglySexy (algo como #TãoSexyQueDestrai) — tudo em resposta ao que parece ter sido um discurso caloroso, engraçado e cheio de ironia que deu em uma conferência em Seul, Coreia do Sul, em 8 de junho de 2015. A essência do discurso era oferecer apoio para as mulheres nas ciências, embora tenha sido falsamente relatado que Hunt queria laboratórios separados por gêneros para proteger os homens da distração de ter mulheres atraentes trabalhando ao redor deles.

Como tantas outras vezes, houve uma corrida online para julgar: muitos usuários do Twitter que acreditaram nisso assumiram, sem mais evidências, que Hunt realmente tinha dito uma coisa tão ridícula com seriedade. A campanha de difamação no Twitter e a hashtag #DistractinglySexy se tornaram virais antes que Hunt, ou seus advogados, tivessem qualquer oportunidade de colocar seu lado da história — e isso fornece um bom exemplo de como os usuários das mídias sociais vão ao ataque com uma pressa indecente.

Em sua defesa parcial, embora eu não tenha me juntado à cybermob contra Hunt, inicialmente assumi que o vasto volume de fumaça que o cercava era evidência de algum tipo de fogo. Hunt devia ter dito *algo* que merecia ser condenado. Entretanto, logo ficou claro que eu estava errado. Quando se trata de manchas e fraudes na internet, a fumaça pode ser causada por fogo nenhum. O erro de Hunt — quando muito — foi se utilizar de uma comédia *stand-up* amadora (mas aparentemente bem recebida) sobre suas próprias experiências românticas com mulheres no local de trabalho. Tais complexidades da vida moderna são o cerne de *sitcoms* na televisão e em outros lugares. Elas não são motivo para usar laboratórios segregados por gênero, e Hunt não disse que eram.

Parece que é tabu para alguns jornalistas e outros seguidores da política de pureza ideológica mencionar o lado engraçado — e os ocasionais momentos embaraçosos — dos locais de trabalho com homens e mulheres. Ver o lado engraçado — e sim, o constrangimento ocasional — é totalmente coerente com o fato de as mulheres terem começado, nas décadas de 1960 e 1970, a entrar em grande número em locais de trabalho predominantemente masculinos, considerando que se tratava de uma melhoria social e, na verdade, de um forte apoio às mulheres nas ciências e em outros campos dominados pelos homens. Hunt assume posições socialmente progressistas em relação ao papel das mulheres na ciência e na força de trabalho moderna em geral. Apesar das primeiras afirmações de que seu discurso curto foi recebido com um silêncio desaprovador, ele recebeu aplausos — e seu ponto de vista real foi evidentemente transmitido com clareza suficiente para a maioria das pessoas em seu público original.

O conteúdo e o significado do discurso de Hunt foram distorcidos, seja na percepção genuína de alguns que o ouviram — o que não pode ser descartado quando os eventos acontecem rapidamente — ou mais deliberadamente. De qualquer forma, a interpretação dada ao público imediatamente a seguir foi surpreendentemente pouco caridosa. Podemos facilmente inferir que Hunt foi sacrificado para fins políticos. Ele perdeu sua posição honorária na University College of London (UCL), após uma ligação telefônica da instituição que foi atendida por sua esposa, a ilustre cientista professora Mary Collins. A certa altura, de acordo com relatos, ele até contemplou o suicídio.

A eventual exoneração de Hunt, pelo menos no tribunal da opinião pública do Reino Unido, deve muito ao trabalho tenaz, talvez até obsessivo, de detetive de uma mulher que assumiu seu caso: a jornalista e ex-política do Partido Conservador, Louise Mensch (ver, por exemplo, MENSCH, 2015). Ela é, na minha percepção, nem sempre crível. Duvido que concordasse com ela em muitas questões, e — francamente —, eu encararia normalmente seu jornalismo com um pé atrás. Neste caso, porém, seu trabalho resistiu ao escrutínio. Seu papel na defesa da reputação do Hunt é um exemplo positivo.

Muito tem sido escrito sobre a controvérsia de Tim Hunt, e os leitores precisarão procurar no Google por si mesmos para testar minha interpretação dos principais fatos. Entretanto, um resumo simpático e essencialmente preciso pode ser encontrado em um artigo do *Guardian*, de Robin McKie (2015), publicado seis meses após a disputa original. Nesse estágio, Mary Collins havia sido nomeada Reitora de Pesquisa do Instituto de Ciência e Tecnologia de Okinawa, cargo para o qual ela havia se candidatado antes que seu marido sofresse linchamento virtual e fosse expulso da UCL. O futuro parece no momento brilhante para o casal, mas eles nunca deveriam ter sido forçados a passar por isso.

Ronson sobre a humilhação pública

Nos últimos anos, a tendência a uma cultura de gritaria online continuou e até se intensificou, mas algo mudou durante 2015, quando os principais jornalistas e intelectuais públicos finalmente começaram a expressar desconforto. Em seu livro publicado naquele ano, *Humilhado: como a era da internet mudou o julgamento público* o jornalista galês Jon Ronson identificou "o terror de ser descoberto": cada um de nós tem algo que tememos que seja exposto publicamente, mesmo em um mundo onde "ninguém se importa" mais com coisas como masturbação e afins (RONSON, 2015, p. 28).

Ronson discute uma ampla gama de casos, e um problema evidente é que eles variam consideravelmente, tornando difícil tirar conclusões gerais ou enquadrar princípios exatos. Alguns indivíduos publicamente humilhados claramente foram quem "começaram", de uma forma ou de outra, mas mesmo as pessoas que têm sua parcela de culpa podem, por vezes, sofrer uma reação cruel e desproporcionada. Algumas vítimas foram figuras públicas que agiram realmente mal, como aconteceu com Jonah Lehrer, um jornalista que fabricou citações para que suas histórias parecessem mais impressionantes. Contudo, mesmo no seu caso, o processo de humilhação foi desproporcionado e — como descrito em pormenores por Ronson — quase sádico.

Outras vítimas de humilhação pública são mais inocentes do que Lehrer. Entre eles, destaca-se Justine Sacco, que Ronson vê com simpatia. A carreira e a vida pessoal de Sacco foram arruinadas após um único tuíte imprudente que ela fez em 20 de janeiro de 2013. Ela estava, na época, voando de Nova Iorque para a Cidade do Cabo, parando no Aeroporto de Heathrow, em Londres. Sacco tinha então trinta anos e já era diretora sênior de comunicação corporativa da empresa de mídia e internet IAC. No entanto, ela não era, de forma alguma, uma figura pública. Ela tinha apenas 170 seguidores no Twitter, então suas várias "piadinhas amargas sobre as indignidades da viagem", como Ronson as chama (2015, p. 63), teriam sido vistas apenas por um pequeno número de pessoas — principalmente por, poderíamos supor, pessoas que teriam compreendido o seu sentido de humor.

O tuíte que ela publicou enquanto estava em Heathrow dizia: "Indo para a África. Espero não pegar AIDS. Estou brincando. Eu sou branca!" Ela foi então submetida a um ataque viral no Twitter. Evidentemente começou quando o jornalista Gawker Sam Biddle retuitou o tuíte de Sacco para seus quinze mil seguidores na época, depois que ele foi enviado a ela por uma das pessoas que estavam no grupo muito restrito de seguidores de Sacco. A partir daí, as coisas saíram do controle e o caso se transformou em uma orgia de maldade e contentamento. O nome de Justine Sacco foi pesquisado no Google um milhão e duzentas e vinte mil vezes, desse dia até o final de dezembro. Ela perdeu o emprego e se tornou motivo de piada internacional. Em janeiro de 2018, conseguiu um emprego em uma empresa *spin-off* da IAC, a Match Group. Este pode parecer um final feliz, mas dificilmente desfaz a provação pela qual ela passou desnecessariamente cinco anos antes.

Ronson oferece sua própria interpretação do tuíte de Sacco: "Parecia óbvio que seu tuíte, embora não fosse uma grande piada, não era racista, mas um comentário autorreflexivo sobre privilégio branco — sobre nossa tendência a nos imaginarmos ingenuamente imunes ao horror da vida. Não foi?" (RONSON, 2015, p. 69). Para ser honesto, *não* é óbvio para mim como interpretar o tuíte, e é claro que não consigo ler a mente de Sacco. Se chegarmos a esse ponto, duvido que ela tenha ponderado cuidadosamente a formulação, parando entre os voos e acrescentando o que deve ter parecido apenas mais uma das suas "pequenas piadas". Ainda assim, foi direcionada apenas para seu pequeno círculo no Twitter, e provavelmente lhes transmitiu algo na linha do que Ronson sugere.

Muita sátira e humor são, como sabemos, instáveis em seu significado — dizendo simultaneamente algo ultrajante e testando nossas emoções à medida que nos encontramos rindo daquilo. Pode nos fazer contorcer com a incerteza. Isso se aplica (às vezes) à sátira da alta literatura, mas também a muito das brincadeiras comuns entre amigos. Neste caso, interpretações caridosas — se não uma única e simples — estavam claramente disponíveis para o tuíte de Sacco. No entanto, por meio de um efeito de cascata, os usuários do Twitter perderam toda a perspectiva, senso de caridade, boa vontade e decência básica para com outro ser humano.

Ronson também descreve o caso de Lindsey Stone, cuja vida foi arruinada por uma fotografia infantil (na pior das hipóteses) tirada no Cemitério Nacional de Arlington. Na foto, ela está zombando de um sinal de "Silêncio e Respeito", mimetizando um grito e fazendo um gesto obsceno. Mesmo interpretado em seu pior sentido, não é certamente um comportamento que merecia as consequências: ela perdeu o seu emprego, sua reputação foi destruída e a sua vida se transformou em uma corrente contínua de vergonha, humilhação e medo. Como Sacco, Stone foi uma vítima dos fanáticos ideológicos, embora os atacantes de Sacco fossem principalmente da esquerda política, enquanto os de Stone eram firmemente baseados na direita. Quando o caso de Stone foi entregue a uma agência de reabilitação de reputação, sua estratégia foi gerar material online suave e simpático associado a seu nome e que provavelmente seria captado em uma pesquisa do Google. Ronson comenta isso com consternação:

> A coisa triste foi que Lindsey provocou a ira da internet porque foi insolente e brincalhona e imprudente e franca. E agora, lá estava ela, trabalhando com a Farukh [um escritório da agência] para se reduzir a banalidades seguras — a gatos e a sorvetes e à lista de Top 40 melhores músicas. Estávamos criando um mundo onde a forma mais inteligente de sobreviver é ser brando (RONSON, 2015, p. 254).

Pouco depois, ele cita Michael Fertik, da reputation.com (a agência de reabilitação de reputação que trata do caso de Stone): "Estamos criando uma cultura em que as pessoas se sentem constantemente vigiadas, em que as pessoas têm medo de ser elas mesmas" (RONSON, 2015, p. 256). Mais genericamente, Ronson conclui:

> Nós nos vemos como não-conformistas, mas acho que tudo isso está criando uma era mais conformista e conservadora. "Olha!", estamos dizendo. "NÓS SOMOS normais! ESSA é a média!" Estamos definindo os limites da normalidade ao destruir as pessoas que fogem a ela. (RONSON, 2015, p. 269)

Apesar de todas as promessas, é isso que o mundo online virou.

"*Forking his repo*"

Em seu livro *Hate Crimes in Cyberspace*, a professora de Direito estadunidense Danielle Keats Citron discute um caso mais complexo que também aparece no livro de Ronson. É a experiência de Adria Richards, uma desenvolvedora de tecnologia estadunidense. Infelizmente, Citron discute o caso em termos tendenciosos que ilustram um problema mais geral quando as pessoas tomam partido em um conflito confuso. Citron (2014, p. 112) afirma que Richards "ouviu dois homens fazendo piadas sexistas" em uma conferência para programadores da Python — mas ela não explica mais sobre a natureza dessas piadas "sexistas", embora tenha havido muita discussão sobre elas na internet em março de 2013. Na verdade, o tuíte de Richards, de 17 de março de 2013, deixa bem claro qual era o problema: "Não é legal. Fazer zoeira com o *forking* de *repos* de forma sexual, e de "grandes" *dongles*. Bem atrás de mim #pycon".

Ao contrário de Citron, Ronson dá o outro lado da história de "Hank", incluindo sua visão da famosa piada do *dongle*: "Era sobre uma peça de hardware fictícia que tem um *dongle* realmente grande — um *dongle* ridículo. Estávamos rindo disso. Não foi nem em um tom de voz normal de conversa". Imediatamente antes disso, eles estavam brincando sobre "*forking* os *repos* de alguém" (ver RONSON, 2015, pp. 105-6). (No mundo de TI, "*forking*" significa copiar e depois desenvolver para fins próprios — e, em inglês, soa parecido com "*fucking*", gíria para a prática sexual; como Ronson explica, *repo* é a abreviatura de *repositório*.)

Richards tirou uma fotografia dos dois homens, carregou-a no Twitter com as legendas "Não é legal", e eles foram advertidos logo em seguida — pelos administradores da conferência — sobre fazer comentários de teor sexual. Parece não haver nenhuma alegação de que eles estavam perturbando as atividades ao seu redor falando alto, e é claro o suficiente que as piadas, embora talvez carreguem conotações sexuais, não eram diretamente sexistas. Consistiam em, no máximo, jogos de palavras, usando termos de TI que podiam facilmente soar como órgãos sexuais ou atos sexuais. Este tipo de humor é, naturalmente, um pilar do teatro shakespeariano, e pode ser encontrado na literatura ocidental desde, pelo menos, as peças de Aristófanes na antiguidade clássica. Tanto os homens como as mulheres se envolvem — e se divertem com — deste tipo de humor, e não há nada de intrinsecamente sexista nele, mesmo que o vejamos como pueril.

Devemos notar, para registro, que Hank não nega a natureza suja da piada do *dongle* — obviamente uma brincadeira com a gíria *dong*, usada para se referir ao *pênis*. De fato, ele pediu desculpa publicamente por isto. Ele parece, no entanto, manter que a piada sobre o "*forking*" não foi concebida como um trocadilho de *fucking*, mas apenas uma piada recorrente ao longo da conferência sobre a "*forking* os *repos* de alguém" como um elogio. (Ver o comentário do senhor Hank, feito em março de 2013, em HACKER NEWS, 2013.) Não vejo razão para não acreditar nisso, já que Hank admite que a piada era suja, pelo menos em parte. Também não está claro por que o (aparentemente) heterossexual Hank elogiaria outros homens dizendo, de fato, "eu transaria com seu repositório". A explicação da piada recorrente parece igualmente plausível. Contudo, quem sabe? Em qualquer interpretação, foi tudo muito suave. Para os leitores britânicos, a brincadeira humorística de Hank e seu amigo — um par de trocadilhos sobre *dongles* e (talvez) *forking* — deve parecer mansa em comparação com o besteirol em qualquer episódio aleatório da série de televisão BBC *QI*.

A discussão no Hacker News também revela que Richards se envolveu em um diálogo vulgar próprio, no Twitter, apenas alguns dias antes do incidente da piada do *dongle*. No caso dela, a piada era um conselho a um homem para que enfiasse meias na cueca. Isso não absolve piadas sobre *dongles* e *forking* (se é que essas precisam ser desculpadas). Todavia, é mais uma prova de como esse tipo de brincadeira (in)ofensiva realmente está na vida contemporânea.

Merecem crédito as notas de Citron sobre Richards: "Seu tuíte inicial pode nos fazer pensar porque prematuramente transformou uma conversa privada em um ato de constrangimento público" (CITRON, 2014, p. 112). Sim, exatamente isso. No que diz respeito à batalha online, Richards foi a agressora — aquela que envergonhou publicamente Hank e seu amigo, usando uma conta no Twitter que tinha uma grande audiência. Richards arrastou os guerreiros culturais rivais do ciberespaço para dentro de uma disputa trivial que poderia, e deveria, ter sido tratada confidencialmente. O que quer que Hank e seu amigo possam ter feito, eles não atacaram, abusaram ou assediaram Richards, online ou não, pelo menos não no significado cotidiano da palavra *assédio* (eles podem, no entanto, ter violado o código de conduta da conferência, com suas próprias definições de palavras; nesse sentido, os próprios organizadores da conferência estavam pelo menos dentro de seus direitos de investigar a questão, e talvez até de agir como eles fizeram ao emitir uma advertência).

Também merecendo crédito, Citron continua:

> Richards não disse aos dois homens como ela se sentia no espaço físico, nem tuitou seus comentários sem identificá-los para ver o que os outros pensavam. Em vez disso, ela postou a foto dos homens, desencadeando uma cadeia ainda mais perturbadora de eventos (CITRON, 2014, p. 112).

Hank foi logo submetido ao tipo familiar de humilhação nas redes sociais — e, depois, despedido pelo seu empregador. Citron argumenta que o que foi alegado no tuíte de Richards se agregava a outros problemas que ela estava tendo no trabalho (CITRON, 2014, p. 112), mas ela não fornece nenhuma evidência disso. Para que conste, não tenho conhecimento de tais provas; se existem, não parecem ser bem conhecidas na internet. Mesmo que Hank já tivesse tido outros problemas em seu local de trabalho, não temos como saber, pelo relato de Citron, o quão sério ou não poderia ter sido. O termo "se agregava" sugere algum tipo de padrão geral, mas não há evidência pública de tal.

Posteriormente, Hank fez uma breve declaração pública na forma de um comentário no fórum de discussão Hacker News (RONSON, 2015, p. 110 — embora Citron [2014, p. 112] se refira a um "post de blog"), na qual ele se desculpou por qualquer ofensa causada por suas piadas, enquanto coloca a culpa pelo resultado (o fato de ter sido despedido) em Richards. O comentário dele incluía as palavras: "Ela não me avisou, sorriu enquanto tirava a foto e selou meu destino" (HACKER NEWS, 2013; o comentário também é citado por RONSON, 2015, p. 110). As palavras assinadas pelo senhor Hank parecem ser factualmente precisas.

A essa altura, grande parte da opinião online estava se virando contra Richards. Isso é compreensível em si mesmo: seu comportamento ao envergonhar Hank publicamente lhe causou danos em sua vida real. Grande parte da reação foi, no entanto, inaceitável por quaisquer padrões de conduta decente online: ela incluiu ameaças de morte, de estupro e vazamentos ("*doxxing*") do endereço residencial de Richards. Ataques de negação de serviço foram feitos no próprio site de Richards e no site de seu empregador (ver CITRON, 2014, p. 113; RONSON, 2015, p. 114). A própria Richards foi despedida como resultado do bombardeio pela internet. Essa virada dos acontecimentos é, em si mesma, como afirma Citron, "chocante" (CITRON, 2014, p. 113). Duas pessoas estavam agora desempregadas por causa de um pequeno incidente em uma conferência.

Parece que o empregador de Richards considerou sua própria posição — enquanto continuasse a empregá-la — insustentável. No entanto, esse foi precisamente o tipo de situação em que deveríamos esperar que os empregadores fizessem tudo o que pudessem para exercer moderação e resistir a pressões externas para prejudicar seus empregados. O resultado para Richards foi totalmente desproporcional à sua conduta inicial, e grande parte da reação que ela sofreu foi vil. Infelizmente, porém, mais tarde, ela mostrou o que parece ser uma falta de empatia e autoconsciência. Conforme relatado por Ronson, ela negou, quando perguntada, que se sentia "muito mal" com a demissão de Hank. Ela também negou a Ronson que não sabia o que estava fazendo ao postar seu tuíte — ou seja, criando uma ameaça ao emprego de Hank: "Sim, eu sabia" (RONSON, 2015, p. 112). Ao falar com Ronson, Richards afirmou seu direito de ficar ofendida com piadas de mau gosto, mas piadas sobre um homem enfiando meias em sua cueca evidentemente não a ofenderam nem um pouco.

Angela Nagle sobre as guerras no ciberespaço

Não há uma história definitiva das guerras culturais online dos últimos seis a dez anos, mas *Kill All Normies* (2017), de Angela Nagle, é a coisa mais próxima disso que temos. Nagle escreve claramente e bem, fornecendo uma grande quantidade de informação em um livro muito curto, e exibe um dom para expressões pertinentes e ácidas. Suas principais teses provocam a reflexão e contêm mais do que apenas um fundo de verdade. Como discutirei no capítulo 10, sua pesquisa tem falhas, mas *Kill All Normies* faz uma contribuição valiosa para os debates atuais.

Nagle conta uma história da política online maniqueísta em que subculturas bizarras e paranoicas de direita e esquerda atacam, provocam e reagem umas às outras em uma espiral de loucura crescente que não tem nenhuma semelhança com o debate racional. Referindo-se à política da pureza e à humilhação pública online da esquerda, Nagle escreve que "a temida gritaria, não importa quão pequena seja a transgressão ou quão bem-intencionado seja o transgressor, pode arruinar sua reputação, seu emprego ou sua vida" (NAGLE, 2017, p. 8). O único erro de Nagle na passagem relevante de seu livro é sugerir que a cultura de advertência online passou do seu auge; isso parece estar longe de ser verdade.

Nagle sugere plausivelmente que muito do que agora vemos da esquerda e da direita online foi produzido pelo — ou em reação a — purismo ideológico exagerado da cultura esquerdista de gritaria online e de "choradeira". Ela descreve isso como "uma cultura viciosa de ataques de grupo, humilhação de grupo e tentativas de destruir a reputação e a vida de outros no seu meio político" (NAGLE, 2017, p. 75). Segundo suas considerações, isso causou enormes danos à reputação da política de esquerda:

> Não há dúvida de que a embaraçosa e tóxica política online representada por esta versão da esquerda, que tem sido tão destrutiva e desumana, fez da esquerda uma chacota para toda uma nova geração. Anos de campanhas online de ódio, purgas e campanhas de difamação contra outras pessoas — incluindo e especialmente os esquerdistas dissidentes ou independentes — causaram danos incalculáveis (NAGLE, 2017, p. 117).

Nagle lamenta que poucas figuras públicas que não pertencem à direita política tenham criticado a cultura de gritaria de esquerda. Na verdade, isso mudou um pouco em 2015, com os esforços de Jon Ronson e outros, mas o ponto permanece amplamente correto. Nagle escreve aprovando Mark Fisher — um teórico, escritor e editor cultural britânico — como uma exceção honrosa, especialmente por seu ensaio "Saindo do castelo do vampiro" (FISCHER, 2013):

> Durante o período examinado neste livro, Mark Fisher se destacou como uma das poucas vozes não associadas politicamente à direita que haviam se posicionado contra o cultura anti-intelectual e ilusória de histeria coletiva

> que tomou conta da esquerda cultural nos anos que antecederam a ascensão reativa da nova extrema-direita online (NAGLE, p. 117).

Como *Kill All Normies* descreve em detalhes lamentáveis, Fisher foi maltratado por guerreiros de ultraje de esquerda em resposta à sua crítica. Seu suicídio relacionado à depressão no início de 2017 foi saudado por alguns deles com indecente regozijo.

Nagle pode exagerar sobre até que ponto a cultura de gritaria online produziu — em reação — a cultura tóxica de direita que se tornou proeminente online. Ela não faz essa acusação com rigor. Em sua defesa, no entanto, a prática de excluir e humilhar os membros dissidentes do grupo é sempre suscetível de virar alguns indivíduos radicalmente contra o grupo. Lembre-se da descoberta de Catanese e Tice (2005) de que indivíduos que foram rejeitados por um grupo são suscetíveis de responder ao grupo com hostilidade e com uma propensão geral para a agressão.

A cultura de gritaria online permitiu que provocadores de direita, como Milo Yiannopoulos, revidassem imprudentemente, prosperassem, atraíssem acólitos e se tornassem celebridades. Yiannopoulos é um jornalista britânico extravagante, que tem a missão de se opor à cultura de gritaria por todos os meios necessários — por mais cruel que seja para os indivíduos a que se dirige. Embora se considere evidentemente como um libertário cultural — defendendo escritores, artistas e criadores da cultura popular de ataques politicamente motivados — ele tem utilizado as plataformas disponíveis a ele para brutalizar a reputação dos oponentes de esquerda. Os guerreiros da cultura, como Yiannopoulos, têm, infelizmente, feito muito para ajudar o que ficou conhecido como *alt-right*, ou extrema direita: um fermento confuso de iconoclastia de direita (a "*alt-light*", que inclui o próprio Yiannopoulos) em torno de um núcleo de fanatismo inequívoco. A *alt-right* em si inclui uma variedade de ideologias segregacionistas, antissemitas e fascistas.

Yiannopoulos sofreu um grave retrocesso de carreira — possivelmente temporário, mas possivelmente duradouro — em fevereiro de

2017. Sua base de apoio caiu depois que foi revelado que ele tinha feito comentários em entrevistas nas quais defendia a pederastia: sexo consensual envolvendo meninos pré-adolescentes e homens adultos. Desde então, ele mantém essas declarações, esclarecendo que tinha em mente as relações sexuais entre, digamos, um jovem de dezessete anos e um homem de vinte e poucos anos. Para que fique claro, Yiannopoulos nunca defendeu explicitamente a pedofilia: atração sexual patológica por crianças pré-púberes. Pelo contrário, ele mostrou um ódio consistente, quase obsessivo e aparentemente sincero aos pedófilos. No entanto, fez piada sobre sua própria experiência com um padre molestador quando tinha apenas treze anos.

Vale a pena parar a fim de notar que seu declínio, temporário ou não, veio de comentários iconoclastas e piadas relacionadas à sexualidade adolescente. Eles eram inaceitáveis para figuras influentes da direita política. De um modo geral — houve algumas honrosas exceções —, a direita não demonstrou qualquer preocupação com os ataques altamente pessoais a indivíduos que considerava como inimigos.

Embora Milo Yiannopoulos tenha recebido uma espécie de vingança — comparável, penso eu, à eventual acusação de Al Capone por evasão fiscal —, a direita online como um todo continua a prosperar. Nagle observa que ela se tornou ainda mais desagradável do que a cultura de gritaria online da esquerda. Certamente, promove ideologias muito mais desagradáveis. Nagle conclui seu livro no que parece desespero:

> Agora, é mais provável que se esteja inclinado a esperar que o mundo online possa conter, em vez de permitir, a política online reacionária desumanizante — que agora se aproxima do *mainstream*, mas era impensável na arena pública há poucos anos (NAGLE, 2017, p. 120).

Toda esta situação é desanimadora. Uma consequência insatisfatória é um esfriamento geral da discussão online — ninguém precisa do tipo de abuso que os guerreiros de ultraje rivais podem desencadear sobre qualquer um que tente ser objetivo e ponderado. Outra consequência é que se torna fácil confundir os "esquerdistas dissidentes ou independentes" que Nagle menciona com figuras de extrema-direita mais perturbadoras, algumas das quais podem, entre os seus fanatismos, ódios e abusos, fazer críticas precisas à esquerda contemporânea — na verdade, algumas das mesmas críticas que fazem os esquerdistas dissidentes.

Em uma resenha online sobre *Kill All Normies*, o jornalista político irlandês Richard Seymour critica a pesquisa de Nagle e alguns de seus julgamentos. Seymour, que escreve a partir de uma perspectiva marxista, encontra, no entanto, mérito na ideia de que o "liberalismo de Tumblr" — a cultura de gritaria da esquerda que Nagle descreve ao longo do seu livro — e a *alt-right* "são mutuamente co-constituintes". Ele duvida que o liberalismo Tumblr "seja um objeto definido bem e de forma precisa o suficiente" para teorização e discussão política, mas concorda que algo que corresponda à descrição de Nagle "existe no mundo real" (SEYMOUR, 2017). Em suma, Seymour é forte crítico de Nagle, mas expressa o seu próprio descontentamento com a cultura de gritaria:

> Seria absurdo fingir, no entanto, que a discórdia de Nagle com o "liberalismo de Tumblr" é totalmente infundada. Ou seja, a ideia de que esta formulação incubou, por vezes, um culto ao sofrimento e à vitimização, do qual o anverso é uma malícia incomparável, é evidentemente óbvia (SEYMOUR, 2017).

Há mais a dizer sobre as teses de Nagle e seus argumentos de apoio. Voltarei a alguns aspectos no capítulo 10. Enquanto isso, o ponto-chave a enfatizar é a notável crueldade que se tornou, para adotar o texto de Seymour, claramente óbvia no conflito cultural online.

Limpando a casa

Podíamos tomar algumas medidas práticas para limpar a pior sujidade do ciberespaço. Leiter (2010) propõe uma revogação ou modificação da Seção 230 da Lei de Decência nas Comunicações, com sua absolvição de provedores de serviços de internet (PSI) e outros de responsabilidade legal por material acionável. Ele sugere que não se atribua tanto a responsabilidade pelo material ilícito aos PSI, mas, pelo menos, aos intermediários que distribuem o material. Isso incluiria, por exemplo, proprietários de blogs que hospedam comentários difamatórios. Comparar com Solove (2007, pp. 152-4), que tem preocupações semelhantes sobre a Seção 230 e prefere interpretá-la como não dando imunidade quando um prestador de serviços é notificado de conteúdos nocivos. A seção fornece proteções extraordinariamente abrangentes e deve ser revisada por legisladores estadunidenses.

Leiter também esboça um esquema no qual o Google poderia mediar reclamações sobre material alegadamente abusivo. Para os desse tipo, quer sejam ou não passíveis de ação judicial, mediadores poderiam fornecer soluções, tais como a exclusão do material dos resultados de pesquisa, a desqualificação de seu aparecimento na primeira página de resultados ou a rotulagem do resultado da pesquisa com um asterisco que remeta à resposta do reclamante (Solove faz propostas um tanto semelhantes em 2007, pp. 123-4). Embora os pormenores necessitassem de uma discussão mais ampla, tais propostas parecem, em geral, razoáveis e potencialmente práticas. Qualquer esquema de mediação precisaria ser implementado cuidadosamente, porém, com mediadores neutros e especialistas. Seria contraproducente se o esquema se tornasse politizado, com resultados tendenciosos a favor de certos tipos de queixas, revelando-se assim apenas mais uma arma de guerra cultural.

Na Europa, em particular, estão surgindo, sob a forma de um "direito a ser esquecido", soluções para os discursos pessoalmente nocivos (mas não necessariamente falsos). Esta evolução suscita grandes questões sobre até onde devemos ir para proteger os indivíduos se a eliminação de referências online a eles distorcer o registo público dos acontecimentos — e as potenciais complexidades e perigos do "direito a ser esquecido" poderiam ser objeto de um estudo separado. Embora o âmbito e o funcionamento de tal direito devam ser cuidadosamente monitorados, ele pelo menos responde a problemas sociais genuínos, e não deve ser descartado por razões simplistas relacionadas ao absolutismo da liberdade de expressão.

Enquanto isso, Solove (2007, pp. 194-5) discute a autocontenção da mídia como uma resposta às sensibilidades de privacidade — mas, como ele aponta, isso sempre funciona de forma desigual. Por exemplo, alguma contenção é demonstrada pelos principais meios de comunicação social ao revelar a identidade das vítimas de estupro (mesmo em jurisdições onde isso é permitido), e contenção é normalmente demonstrada na exposição em reportagens de filhos de candidatos políticos. Na terra sem lei da blogosfera, pelo contrário, não existe tal cultura de contenção. Solove sugere a necessidade de um código de ética a ser aplicado na internet — como a eliminação de comentários ofensivos em tempo hábil ao serem notificados, a tomada de medidas para ocultar as identidades de pessoas cujas vidas privadas foram reveladas sem consentimento, a definição de não postar fotos de outras pessoas sem devido consentimento, e o esforço de evitar a humilhação na internet. Eu não creio nas chances desse "código" ganhar aceitação generalizada, mas seria louvável. Nada nos impede de adotá-lo como indivíduos e aplicá-lo como padrão quando criticamos os outros.

As sugestões do Solove têm mérito. Podiam tornar o ciberespaço um pouco mais agradável. No entanto, por si só, não pararão a caça cibernética às bruxas, a difamação e a humilhação públicas e outros tipos de abuso online. Os problemas são profundos demais para serem resolvidos por soluções jurídicas.

Algumas palavras finais sobre cybermobs

Por que as *cybermobs* perseguem indivíduos de maneiras que são prejudiciais e desproporcionais a qualquer coisa que eles possam ter feito de errado? Ronson cita uma usuária do 4chan que ele entrevistou, Mercedes Haefer, que justificou os ataques contra Justine Sacco e Adria Richards. No caso do tuíte de Sacco, a justificativa de Haefer é baseada em uma concepção claramente distorcida de moralidade e justiça social: "E então a questão [...] é que ela é uma pessoa branca rica que fez uma piada sobre pessoas negras doentes que morrerão em breve. Por isso, durante algumas horas, Justine Sacco descobriu como é ser aquela criança que todos zoam." Haefer acrescenta: "Alguns tipos de crimes só podem ser tratados por consenso público e humilhação. É um tipo de tribunal diferente. Um tipo diferente de júri" (RONSON, 2015, p. 121).

Haefer justifica o *cybermobbing* de Adria Richards de uma maneira diferente, mas novamente a ênfase está em punir: "Adria Richards foi atacado porque ela fez um cara ser demitido por fazer uma piada sobre um *dongle* que não era dirigida a ninguém. Ele não estava magoando ninguém. Ela estava impedindo a liberdade de expressão dele e a internet a linchou por isso" (RONSON, 2015, p. 120). Ronson também questionou Haefer sobre a natureza misógina — especialmente os pedidos de abuso — de humilhações públicas de mulheres. Haefer respondeu que o uso do termo "abuso" frequentemente sugere "destruir" em vez de "estuprar", mas também apontou que com vítimas masculinas de *cybermobbing* a conversa é sobre serem demitidos, enquanto que com mulheres é sobre elas serem estupradas. Essas são, na percepção de Haefer, as formas estabelecidas na cultura ocidental de degradar a masculinidade de alguém ou sua feminilidade. São, portanto, as piores coisas que os usuários do 4chan poderiam imaginar para homens e mulheres (RONSON, 2015, pp. 121-2).

Se essa atitude for amplamente compartilhada online, o resultado é que um subconjunto (mais provavelmente um número de subconjuntos sobrepostos) da população online reivindicará a autoridade para punir indivíduos que não cometeram crimes. Os juízes autonomeados não possuem nenhuma base de conhecimento relevante, habilidades, consciência ou legitimidade institucional, e suas vítimas podem não ter feito nada de errado pelos padrões morais comuns. Mesmo quando sua conduta é questionável, as vítimas de *cybermobbing* experimentam um castigo que é desproporcional a qualquer delito. Assim, vemos mulheres degradadas e aterrorizadas por ameaças de estupro ou pedidos de que sejam estupradas. Pessoas de ambos os sexos recebem ameaças de morte; pessoas de ambos os sexos, ao que parece, perdem seus empregos. Alguns indivíduos têm carreiras inteiras destruídas.

Uma pessoa aparentemente bem-intencionada como Justine Sacco pode ter sua vida arruinada por causa de uma única piada desajeitada. Episódios como os que envolvem Sacco, Lindsey Stone, Tim Hunt e Laura Moriarty mostram os perigos para qualquer um de nós se nos envolvermos com aqueles que são tudo, menos os métodos mais criativos e literais de comunicar ideias na era atual da indignação: o Twitter e as *cybermobs*.

Na sua condenação das ciberlatrinas, Brian Leiter se esforça em insistir que nos seja permitido participar das "escaramuças do debate político e de uma crítica social mordaz", sem "civilidade falsa". Não tem problema, ele sugere, em usar "crítica mordaz" para falar de figuras públicas que são "charlatães e vilões" (ele menciona a escrita de H.L. Mencken como um bom exemplo de como isso pode ser feito) (LEITER, 2010, p. 172). Certamente podemos, diz ele, distinguir entre este tipo de sátira e ataques humilhantes a indivíduos impotentes. Concordo com isto no que diz respeito a essa questão. Todavia, há também uma tentação — discernível no ciberespaço — de que aspirantes a Mencken sem muito talento confundam suas escolhas de alvos para "gritaria" com suas tentativas de ser mordaz. Em alguns contextos, até mesmo uma figura eminente como Tim Hunt pode se mostrar impotente quando uma *cybermob* é libertada da jaula.

Não adotaremos padrões de civilidade absurdamente elevados. Às vezes, como afirma Leiter, somos confrontados com adversários que realmente merecem pouco respeito. No entanto, podemos acabar difamando boas pessoas que legitimamente discordam de nós — ou que apenas fizeram uma afirmação de uma forma invulgar e individual — ao enganarmo-nos, dizendo que *essas* pessoas em particular são charlatões ou vilões. Unidos na nossa *cybermob*, somos pequenos tiranos mesquinhos.

9
O QUE VOCÊ PODE FAZER?

Razões para ter medo — o retorno

Os seres humanos são animais sociais, comunicativos e que gostam de conformidade. Nas lacunas deixadas pelas sanções legais formais, entramos em conformidade com as formas da tribo mais do que é necessário ou socialmente saudável. Crucialmente, o governo não é o único inimigo da liberdade. Por mais poderosos que os governos possam ser, as pressões para se entrar em conformidade em pensamento, discurso e ação vêm de muitas outras fontes. Estão à nossa volta.

Os resultados podem ser infelizes: danos a indivíduos que poderiam ter feito contribuições sociais; supressão de ideias que valem a pena considerar; debate público empobrecido; representação deturpada de nosso conhecimento real, nossas opiniões e nossas preferências; acúmulo de concessões com a honestidade e a verdade, até que vivamos longe da terra da realidade; e, em muitas situações, uma cultura de desconfiança, ou medo puro, enquanto pisamos sobre ovos em todos os nossos relacionamentos, exceto com amigos íntimos. Muitas vezes, acreditamos (e depois compartilhamos irresponsavelmente) em campanhas publicitárias. Procuramos ideologias de prateleira — esquemas sistemáticos de ideias sobre política, economia ou sociedade — e insistimos nelas de forma inflexível, mesmo que sejam inevitavelmente controversas. Em uma atmosfera de crise permanente, recusamo-nos a aceitar o desacordo e respondemos com indignação não só aos opositores, mas também aos moderados do nosso próprio lado de uma discussão, ou a qualquer pessoa que pense de forma independente.

É um quadro sombrio, mas é basicamente a condição humana; e não é ajudada pelo crescente maniqueísmo na política ocidental. Por todos os seus benefícios de outras formas, a internet agrava a situação: difundir propaganda, intensificar os compromissos ideológicos, incentivar a polarização dos grupos e promover a caça às bruxas e a indignação. Se você tem medo, não o culpo. Em também tenho.

Em um mundo conformista, podemos nos perguntar "o que você pode fazer?" de um jeito literal: "Quanto espaço resta para a escolha pessoal?" ou "O que podemos fazer, hoje em dia, sem atrair confusão?" Este capítulo, porém, é mais sobre o que podemos fazer para retaliar. Não tenho todas as respostas, mas tenho algumas ideias.

Fundamentalmente, devemos lembrar dos princípios e valores fundamentais encontrados no pensamento liberal tradicional. Devemos examiná-los e esclarecê-los — como tentei fazer nos capítulos anteriores — e, então, nos comprometermos com eles novamente. Devemos agir de acordo com eles de forma coerente nos debates e lutas que estão adiante. Infelizmente, os princípios e valores liberais tradicionais já não captam a imaginação de muitos liberais dissidentes. Como, então, eles devem captar corações e mentes na comunidade em geral?

Este é um desafio que podemos enfrentar. Se nos mantivermos na tradição do liberalismo iluminista, isso significa defender o governo laico, a liberdade individual, a livre investigação e discussão, o processo devido para pessoas acusadas de irregularidades e, mais genericamente, o Estado de direito. Significa que valorizamos a razão, a individualidade, a originalidade, a criatividade, a espontaneidade e a busca da verdade.

Para proteger estes, valorizamos a privacidade. Valorizamos a igualdade, em vez de hierarquias e subordinação. Defendemos as pessoas que vivem, pensam e falam de forma singular e individual, e não como representantes de comunidades, culturas, religiões, tribos políticas ou grupos demográficos. Toleramos todas as formas de viver e de falar que são livremente escolhidas pelos envolvidos e não diretamente prejudiciais aos outros.

Como liberais do Iluminismo, não insistiremos em um único modelo, valorizado para a boa vida, ou mesmo ofereceremos um pequeno grupo de modelos para escolher. Aceitaremos que mesmo as ideias erradas — e até mesmo modos de vida que se revelam insustentáveis ou pouco atraentes — têm um papel a desempenhar no avanço do conhecimento, de compreensão, da conduta, da criatividade e do gosto. Na medida do possível, favorecemos a tolerância e o pluralismo social.

A Igreja e o Estado (e a mesquita)

Os pensadores liberais geralmente veem as ameaças à liberdade como vindo de fora de sua própria tribo — e, historicamente, isso é verdade. Nos séculos passados de cristandade europeia e seus reinos sucessores e colônias, a Igreja e o Estado exigiram conformidade. O poder da Igreja medieval, com o seu código específico de requisitos morais e a sua própria ideologia político-socioeconômica abrangente, chegou a todos os cantos da sociedade europeia. O liberalismo reagiu *contra* as exigências da Igreja e do Estado.

A Igreja católica moderna ainda tem um plano completo para as sociedades, e ainda exige que o Estado imponha o que os religiosos veem como a lei moral, mas há uma diferença óbvia. Muito menos pessoas, atualmente, levam muito a sério os ensinamentos e as exigências da Igreja. A autoridade e o poder do cristianismo enfraqueceram como resultado da Reforma Protestante, iniciada há apenas quinhentos anos, quando Lutero desafiou a Igreja e emitiu suas 95 teses.

(É claro que Lutero nunca procurou nada parecido com as formas modernas de laicidade e liberalismo. Essas grandes ideias surgiram nos séculos XVII, XVIII e XIX, em grande parte em reação a perseguições e guerras religiosas.)

Atualmente, muitas pessoas ainda rejeitam uma compreensão laica do governo e do aparelho de Estado. Querem impor uma moral religiosa tradicional — tal como interpretada por *eles* — utilizando a opinião pública, certamente, mas também por meio do poder do Estado. Foram pessoas como estas, não liberais de modo algum, que procuraram banir a maioria da grande ficção literária do século XX. Hoje em dia, são sobretudo os conservadores religiosos, não liberais de modo algum, que se opõem ao aborto, à pesquisa com células-tronco e ao suicídio assistido por médicos. Ao longo do último meio século, os conservadores religiosos resistiram à igualdade de gênero e aos direitos dos homossexuais, mesmo quando estes foram endossados por pessoas com mentalidade liberal e gradualmente ganharam aceitação no Ocidente.

Os teocratas mais linha-dura entre os conservadores religiosos atuais não absorveram as lições das guerras religiosas do passado. Eles podem não *querer* parar a guerra religiosa, seja ela meramente cultural ou algo mais parecido com a coisa real. Pretendem prevalecer e fazer recuar a maré da laicidade. Alguns teocratas têm fantasias apocalípticas sobre seu papel em uma luta cósmica com o Fim dos Dias iminente — então, para eles, o compromisso social e a tolerância mútua pouco significam. Pior ainda, eles não podem ser facilmente dissuadidos de suas posições, já que qualquer argumento apresentado contra eles envolverá suposições que eles estão (provavelmente) dispostos a rejeitar. Alguns estão além da persuasão, ou pelo menos o tipo de persuasão que pode ser oferecido nos livros. Em último recurso, as pessoas laicas e liberais podem achar que é inútil demais se envolver com elas, exceto como adversários intratáveis.

Cristianismo à parte, muitos adeptos de outras religiões têm visões antiliberais da moralidade e da política. Um livro separado poderia ser escrito sobre grupos hindus de direita, entre outros. Muitos muçulmanos mostram atitudes altamente conservadoras em relação a uma série de questões morais e políticas. Na maior parte das vezes, ao longo da história, o islã tem sido interpretado pelos seus estudiosos e figuras de autoridade como muito mais do que um guia de espiritualidade pessoal. Tal como a Igreja católica medieval, o islã ofereceu um projeto político-socioeconômico completo. O estilo milliano de liberalismo, com seu repúdio à totalização dos sistemas de controle, é profundamente alheio a esta tradição. Além disso, até agora, o islã é significativamente menos domesticado do que a Igreja católica. Ele, recorde-se, experimentou os grandes processos históricos dos últimos cinco séculos de forma muito diferente do cristianismo.

Há fortes tensões entre o islã e o pensamento liberal do Iluminismo, assim como entre muitas formas de cristianismo e o pensamento liberal do Iluminismo. Nos países onde tem poder político, o islã invade profundamente áreas que os ocidentais agora reservariam à escolha pessoal. Contudo, isso faz dos muçulmanos nossos inimigos?

Não. Primeiro, o islã não é monolítico. Seus textos e tradições estão abertos a interpretações e assumiram muitas formas. A maioria dos crentes religiosos que vivem em democracias liberais ocidentais — cristãos, muçulmanos ou outros — não são, quando a coisa aperta, fanáticos. Têm pouco interesse em projetos pormenorizados para as sociedades terrenas e veem, embora de forma pouco clara, o benefício de um Estado estritamente laico: que protege os interesses terrenos dos seus cidadãos, mas não sua salvação ou sua bondade moral. A maioria dos crentes religiosos ocidentais abraçou consideravelmente o caminho da laicidade e do liberalismo. Sua aceitação de princípios e valores laicos/liberais pode ser confusa, inconsistente, hesitante ou sem convicção, mas eles estão abertos ao diálogo e um pouco tolerantes às discordâncias. Na prática, normalmente podemos nos virar para viver e conversar com eles. Não devemos estereotipar automaticamente pessoas religiosas crentes como teocratas ou tratá-las como inimigos.

Contrariamente aos dogmas do liberalismo revisionista contemporâneo, nada sobre a tradição liberal exige que tenhamos em grande consideração determinadas religiões, culturas ou práticas culturais — ou que os recursos públicos sejam gastos no apoio a religiões e culturas, ou na garantia da sua sobrevivência se deixarem de atrair adeptos. Em uma democracia liberal em funcionamento, religiões, culturas e suas práticas associadas devem ser toleradas na medida do possível, mas não têm nenhum direito especial de serem protegidas contra críticas ou sátiras. Se eles tentarem impor suas doutrinas ou moralidades sectárias por meio da lei, devemos nos opor a eles. Este tem sido muitas vezes um tema abordado por mim no passado (por exemplo, BLACKFORD, 2012).

Todavia, ao mesmo tempo, os direitos civis dos religiosos devem ser protegidos. Isso é cada vez mais importante, uma vez que o desenvolvimento político na Europa e na América do Norte fizeram dos muçulmanos um grupo especialmente vulnerável. Eles são frequentemente submetidos a hostilidades injustificadas, e são considerados pelos demagogos de extrema-direita como uma ameaça civilizacional. Este ponto de vista influenciou muitas eleições na Europa, e nos Estados Unidos influencia claramente a administração Trump. Em muitas situações, temos que atribuir uma elevada prioridade à defesa dos direitos dos muçulmanos. O islã não está além da crítica e da sátira, como enfatizei no capítulo 7, mas os muçulmanos no Ocidente muitas vezes precisam de proteção contra o nativismo, a xenofobia e a intolerância.

As democracias liberais florescem no pressuposto de que a harmonia social é mais eficazmente produzida por meio da tolerância mútua do que por perseguições. A tolerância liberal confere uma legitimidade básica a todos os pontos de vista, no sentido em que a defesa deles é permitida. Isso se aplica mesmo aos que são críticos da própria tolerância liberal. Pode haver um limite externo para a expressão tolerável — alcançado, sugeri no capítulo 4, pelos piores tipos de propaganda desumanizante. No entanto, quanto mais pontos de vista e expressões desse tipo categorizarmos como além dos limites da tolerância, mais iliberal nos tornaremos.

Em seu livro de 2007, *Kingdom Coming* [*Reino vindouro*], a jornalista e autora Michelle Goldberg examina as dificuldades dos Estados Unidos com os nacionalistas cristãos: teocratas cristãos de extrema-direita. Sublinha, no entanto, que devemos defender a liberdade de expressão dos nossos opositores, em parte para o bem da nossa própria credibilidade.

Em particular, podemos tomar "uma posição muito mais vocal em defesa dos direitos evangélicos quando eles *são* injustamente restringidos" (GOLDBERG, 2007, p. 205, itálico conforme original). Goldberg discute as situações ocasionais em que as autoridades dos Estados Unidos exageraram e silenciaram o discurso religioso protegido pela Primeira Emenda, como os casos em que crianças em escolas públicas foram proibidas de manter seus próprios grupos de estudo bíblico fora da sala de aula ou de distribuir doces com mensagens cristãs. Neste último caso, a União Americana pelas Liberdades Civis apresentou um brevê dossiê defendendo os estudantes em questão.

Como afirma Goldberg (2007, p. 206), esta foi claramente a abordagem correta. Como ideal, devemos continuar a nos opor aos nossos adversários, mas devemos também defender o seu direito de se oporem a nós.

Autopoliciamento e suavização

Como enfatizei ao longo do capítulo 7, as ameaças à liberdade agora vêm de todos os lados. Muitas vezes, elas vêm de autoritários apoiados pelo poder da Igreja ou do Estado. Todavia, às vezes vêm daqueles que se consideram liberais — no sentido estadunidense contemporâneo, que não envolve necessariamente compromisso com as ideias liberais do Iluminismo. Essas ameaças à liberdade, com as exigências associadas de conformidade, exigem respostas novas e específicas.

No *Galileo's Middle Finger* [*O dedo médio de Galileu*], Alice Dreger sugere táticas para cientistas que desejam evitar as provações sofridas por Napoleão Chagnon, J. Michael Bailey e outros. Uma delas é evitar uma linguagem que possa atrair problemas. Por exemplo, os biólogos podem ser "ofensivos" (pelo que Dreger parece querer dizer algo como proativo) ao evitar a expressão *genes bons* para dizer "genes que tornam um indivíduo mais adequado para reprodução" (DREGER, 2015, p. 181). Este conselho — o de proativamente evitar certos tipos de linguagem problemática — poderia ter vindo diretamente do artigo de Glenn Loury de 1994 sobre a conformidade política, com suas explicações cuidadosas de comunicação estratégica e escrita nas entrelinhas (ver capítulo 5). É engraçado, mas para exasperação de Dreger, Bailey, por exemplo, evidentemente não entendeu bem o conselho quando ela o ofereceu em um discurso em uma conferência em 2009:

> Mike Bailey se levantou e disse que concordava comigo que os cientistas deviam ser ofensivos — e esclareceu que aquilo significava que ofender pessoas era um sinal de estar fazendo um trabalho importante (Eu gemi; era exatamente o que eu *não* queria dizer, mas ali estava a tal personalidade galileia.) (DREGER, 2015, p. 182).

A sugestão de Dreger parece suficientemente clara, mas talvez nem todos a entendam. E, no entanto... O próprio Bailey se dedica a uma certa quantidade de escritos na defensiva em *The Man Who Would Be Queen*. Por exemplo, ele é cuidadoso em um ponto para explicar que o termo *evolutivamente mal adaptativo* não é hostil ou depreciativo:

> A homossexualidade é evolutivamente má adaptativa. Penso que este é um fato inegável, embora as pessoas que apoiam a causa gay (eu sou um deles) tendam a se encolher quando ouvem palavras como estas. "Evolutivamente mal adaptativo" soa como um insulto, mas não é um. Muitos traços e comportamentos que são evolutivamente adaptáveis são menos do que admiráveis: ciúmes, egoísmo, desonestidade, infidelidade, ganância e nepotismo são todos fáceis de explicar evolutivamente. Em contraste, o altruísmo extremo é evolutivamente intrigante. Por mais admiráveis que sejam, as pessoas que sacrificam as suas vidas para o bem dos outros não relacionados geneticamente não passam os seus genes para as gerações futuras (BAILEY, 2003, p. 116).

Esta é uma passagem interessante, porque mostra Bailey tendo o cuidado de se explicar de modo similar ao que Dreger recomenda (note que a passagem foi impressa vários anos antes do discurso da conferência de Dreger). Parece, portanto, que Bailey assimilou o ponto em termos gerais, mesmo que ele tenha entendido mal Dreger em uma ocasião particular. Por outro lado, ele realmente não evita usar o termo "*evolutivamente mal adaptativo*", e ele provavelmente se rebelaria contra qualquer sugestão de que ele fosse mais longe em suavizar sua linguagem ou ofuscar suas ideias (E em defesa dos indivíduos "imunes ao tom" como Bailey, há muita surdez de tom nas pessoas que são suscetíveis a persegui-los. Essas pessoas muitas vezes parecem ignorar a existência de um contexto e a ironia — e até mesmo as ideias mais básicas de caridade quando leem ou ouvem as palavras dos outros).

O conselho do Dreger — e o de Loury — é inteligente. Sim, vale a pena ter algum cuidado antes de agirmos. Todos nós podemos aprender mais sobre escrever e falar nas entrelinhas, mesmo que sejamos francos sobre a essência do que pensamos. Mesmo que se sintam bem, os zumbidos retóricos podem não ser a melhor ideia ao discutir tópicos potencialmente inflamáveis. Eles podem distrair tanto quanto iluminar. Contudo, escrever e falar nas entrelinhas — andar nas pontas dos pés por meio dos campos minados, pisar em ovos, preocupar-se incessantemente com estar ou não cometendo microagressões — envolve um risco próprio. Até onde vamos com ele? Temos de nos tornar pessoas brandas, suprimindo nossas personalidades? Temos que entregar todo o terreno retórico para nossos adversários sempre que falamos em público? Além de um certo ponto, um que cada um de nós deve julgar (como eu tenho feito enquanto escrevo e reviso este livro, e como você precisará fazer), isso é algo a resistir.

Dicas e armadilhas para quem entra no jogo

Dreger tem algumas outras dicas para os cientistas que trabalham em áreas sensíveis, entre elas aquelas em que os cientistas devem envolver cedo o público afetado, apoiar uns aos outros contra acusações sem fundamento e não "assumir que só porque um colega está envolvido em fumaça, ele ou ela realmente botou fogo em algo" (DREGER, 2015, p. 181). Estes são pontos cruciais e que se aplicam para além da prática da ciência. Podemos todos nos apoiar uns aos outros contra uma série de ataques injustos, e podemos evitar o julgamento precipitado. Em vez de endossar os clamores quando vemos colegas acusados de perfídia, podemos dar cobertura uns ao outros. A própria Dreger é um bom exemplo a seguir: ela demonstrou sua disposição de investir tempo (e arriscar sua própria reputação) na defesa de indivíduos que foram injustamente acusados e perseguidos.

Há muitos pontos específicos que poderiam ser tecidos sobre como podemos ajudar a criar um ambiente cultural e intelectual mais liberal — e, em última análise, uma sociedade mais liberal. Cada um deles poderia ser desenvolvido (e sem dúvida coberto e qualificado) em profundidade, mas as seguintes sugestões são um começo:

- Lembre-se, o liberalismo e (especialmente) a liberdade de expressão são sobre poder social em geral, não apenas sobre poder governamental. Em alguns casos — como de difamação e de lei de privacidade — pode até haver um papel para o governo na proteção de indivíduos contra-ataques privados. Isto pode parecer paradoxal, mas o paradoxo é facilmente explicado (ver capítulo 4).
- Os meios de comunicação que se consideram imprensa institucionalizada não são sacrossantos. A imprensa significa todo o material impresso — e além disso, pelo menos todo o material escrito disponível ao público — e não um conjunto de instituições especialmente privilegiadas. As grandes corporações de mídia, até os grandes jornais e redes de televisão, muitas vezes impõem a conformidade em vez de desafiar o poder do governo e defender os valores liberais. Olhe para eles com um olhar crítico.
- Os empregadores, com suas tendências de Big Brother, também não são sacrossantos. Em alguns casos, não há problema em restringir suas prerrogativas. Podemos criticar, e talvez regular, sua vigilância dos empregados e dos candidatos a emprego. Em particular, podemos exigir que os empregadores se mantenham

firmes contra a pressão para despedir as pessoas apenas por causa de discursos que não lhes agradam.

- O mesmo se aplica a todas as organizações, associações e instituições que tentam controlar a expressão e a conduta privada, e que geralmente tentam impor a conformidade. Podemos criticá-los, expô-los e desafiá-los.
- As comunidades religiosas, culturais e étnicas não são sacrossantas, embora os direitos civis de seus membros o devam ser. Não fique do lado das comunidades contra os seus próprios dissidentes. Lembre-se: essas comunidades têm desvantagens para muitos indivíduos — especialmente para muitas mulheres que podem achá-las sufocantes e opressivas.
- Devemos aplicar as mesmas regras a amigos e inimigos. É bom que um inimigo seja despedido por uma conduta que ofende um amigo? Certo, então é bom que um amigo seja despedido por uma conduta que ofende um inimigo (É melhor ter uma regra que as pessoas não sejam demitidas por conduta ofensiva ou discurso apenas remotamente ligado ao local de trabalho).
- Esteja alerta para propaganda. Estude suas técnicas. Ensine-as aos outros — não para ajudá-los a se tornarem propagandistas, mas para ajudá-los a se tornarem melhores detectores de propaganda.
- Atrocidades acontecem. Contudo, histórias sobre condutas bizarras e extremas que soam muito ruins para serem verdade (ou muito boas para serem verdade do ponto de vista de um propagandista) são muitas vezes fabricadas. Não se apresse a julgar.
- É sempre de bom tom questionar a magnitude de um problema, testar as evidências disponíveis e consultar exemplos bizarros ou extremos. Um problema pode ser significativo sem se elevar ao nível de uma emergência exigindo medidas urgentes e draconianas e a supressão dos dissidentes.
- Julgamento pela mídia (incluindo julgamento pela mídia social) é geralmente uma má ideia. Muita coisa dita é altamente prejudicial para as pessoas que podem ser inocentes de irregularidades.

Os tribunais penais e civis são os lugares certos para lidar com alegações graves contra indivíduos. Se você realmente precisa se envolver em um julgamento pela mídia, exija especificações e evidências.

- Devemos ajudar as pessoas que são perseguidas ou vítimas de discriminação devido às características de seu grupo. Por exemplo, muçulmanos, pessoas de grupos raciais desfavorecidos, homens gays, lésbicas e mulheres e homens trans devem ser livres para florescerem à sua maneira. Se eles sofrem restrições por causa de preconceitos, devemos ir em sua defesa. Isso vem diretamente dos valores liberais.
- Isso não significa que os muçulmanos, ou os membros de qualquer outro grupo organizado em torno de crenças e práticas tradicionais, estejam além da crítica. Não precisamos fetichizar grupos religiosos e culturais, como fazem os liberais revisionistas, de acordo com sua irrepreensibilidade moral. A tradição do liberalismo iluminista tem seus próprios princípios e valores. Eles devem ser suficientes para nos motivar.
- Devemos valorizar as personalidades galileias de nosso meio — pessoas incautas e "imunes ao tom". Esses indivíduos são facilmente caricaturados e demonizados, e facilmente seu discurso é escrutinado atrás de palavras ofensivas. No entanto, a franqueza e a frequente aspereza deles são socialmente valiosas. Aprecie essas pessoas, e aprecie também quem se der ao trabalho de os defender.
- Podemos pensar em nós mesmos como pessoas abertas, curiosas, e honestas — pessoas com necessidades expressivas que não podem ser tratadas sem seriedade. Isso pode não ser mais importante do que garantir nossa própria segurança em um ambiente ideologicamente policiado. Contudo, ainda é importante. Podemos nos olhar no espelho e lembrar quem e o que somos. Podemos lutar por um certo tipo de destemor, mesmo que seja difícil de alcançar.

- Nunca devemos retratar nossas ideias e palavras, nem pedir desculpas por elas, apenas porque isso é exigido por uma *cybermob*. É assim que as multidões impõem a conformidade. Quanto mais indivíduos e organizações estiverem dispostos a enfrentar essas multidões, no ciberespaço ou em qualquer outro lugar, mais essas multidões perderão seu poder.

Ao criar uma sociedade mais liberal, a ideia não é buscar restrições absolutas em certos exercícios de poder governamental. Os direitos e liberdades consagrados na Constituição podem ser úteis, mas nunca absolutos quando surge uma multiplicidade de situações com muitos valores em jogo. Inversamente, muita conformidade é produzida por pressões não governamentais. Opor-se a isso é um trabalho árduo que envolve complicações, ambiguidades e questões de julgamento delicado. Isso significa examinar e questionar exercícios de poder em todas as áreas da sociedade e em todos os níveis: sejam as exigências dos empregadores, as regras dos clubes, ou as infindáveis convenções não ditas do que se pode ou não dizer e fazer em uma variedade igualmente infinita de situações. Significa resistência incessante aos esforços de censura governamental ou não.

Uma linha de defesa contra a conformidade é a simples equidade e a caridade: tentar dizer o que se pode de forma razoável sobre os pontos de vista dos outros e os meios e circunstâncias de sua expressão. Em alguns casos, pouco se pode dizer que seja favorável — podemos, por exemplo, encontrar verdadeiros extremistas, fanáticos, charlatães, cínicos e afins — mas, mesmo assim, podemos tentar ser exatos em vez de procurarmos a hipérbole, a deturpação e outros instrumentos do negócio da propaganda.

Mill nos pediu que adotássemos uma abordagem à discussão pública de condenar estilos injustos de defesa em todos os lados. Segundo ele, devemos especialmente nos abster de denunciar indivíduos com ideias opostas às nossas como pessoas más e imorais. Em vez disso, devemos mostrar caridade para com nossos oponentes e suas ideias, sem desconsiderar o que possa parecer convincente ou atraente sobre quaisquer argumentos que eles apresentem. Devemos honrar aqueles que são sinceros e honestos — indivíduos que reconhecem o que parece favorecer as posições dos seus opositores. Mill não espera, curiosamente, que alcancemos a sinceridade e a honestidade perfeitas:

> Esta é a verdadeira moralidade do debate público; e, mesmo muitas vezes violada, fico feliz de pensar que há muitos controversos que a seguem em grande medida, e um número ainda maior de pessoas que se esforçam conscienciosamente na direção desse comportamento (MILL, 1974, p. 118).

É um bom conselho. Devemos nos esforçar pra fazer o nosso melhor, sabendo que isso vai contra nossos impulsos humanos comuns e que por vezes ou muitas vezes fracassaremos. Entretanto, se não tentarmos, nunca teremos sucesso.

Uma dica final para quem quiser entrar no jogo: um contra-ataque à conformidade e às suas pressões pode funcionar como uma forma de melhor compreender a nós mesmos. Podemos estudar e ensinar não só os métodos de propaganda, mas também o que se sabe sobre raciocínio motivado, polarização grupal, cascatas de informação (e como destruí-las), ignorância pluralista, falsificação de preferências, falsa implementação e, em geral, todos os fatores que produzem conformidade e fanatismo às custas da integridade e da verdade. Como prioridade, as faculdades e universidades deveriam desenvolver programas de estudo relevantes. A ideia, é claro, não é doutrinar estudantes com teorias inerentemente controversas, mas ensiná-los o suficiente sobre o que está razoavelmente bem estabelecido para ajudá-los a se defenderem contra pressões para entrarem em conformidade. De um modo mais geral e generalizado, as instituições de ensino superior deveriam encorajar um certo grau de humildade epistêmica, algum ceticismo em relação ao tribalismo e ao pensamento grupal e uma maior abertura a opiniões externas ao grupo.

"Defenda o texto"

Em *Os testamentos traídos*, Milan Kundera elogia os críticos literários eruditos e sérios — uma raça cujas meditações têm sustentado as tradições da arte narrativa, mantendo viva a obra de grandes autores criativos (Kundera menciona Joyce, Proust e Dostoievski). Contudo, lamenta, tal meditação foi extinta, pelo menos na imprensa popular, dando lugar a "um mero (muitas vezes inteligente, sempre apressado) *boletim informativo literário*" (KUNDERA, 1995, p. 24, itálico conforme original).

Em *Joseph Anton*, Salman Rushdie reflete, após duas décadas, sobre os primeiros ataques ao *The Satanic Verses*. Ele diz: "A forma mais poderosa de atacar um livro é demonizar seu autor, transformá-lo em uma criatura de motivos torpes e más intenções" (RUSHDIE, 2012, p. 112). Ele menciona como, quando questionado pelos amigos sobre o que eles poderiam fazer para ajudar, muitas vezes suplicava a eles: "Defenda o texto" (RUSHDIE, 2012, p. 115). Ou seja, pedia uma defesa mais específica da seriedade literária do seu romance, e da integridade de seu autor, do que uma genérica da liberdade de expressão. No calor da guerra cultural — ou pior do que isso, como na situação difícil de Rushdie depois da fátua — muito será dito que não é verdadeiro para os produtos culturais sob ataque ou para os motivos, habilidades e realizações finais de seus criadores. Podemos ser legitimamente críticos em relação a falhas ou fracassos artísticos, mas podemos fazer nosso melhor para dar a estes produtos culturais e aos seus criadores uma oportunidade justa de sucesso.

Se nada mais, minha pesquisa para esse volume me levou a ler muitos livros que normalmente teria negligenciado (nem todos os quais acabei citando). Eles incluíram *The Hindus*, de Wendy Doniger; *The Natural History of Rape*, de Thornhill e Palmer; *The Man Who Would Be Queen*, de J. Michael Bailey; e o romance *American Heart*, de Laura Moriarty — cada um dos quais foi ferozmente atacado por um lado ou por outro. Sob exame, cada um contém muito que é digno de ser considerado com uma mente aberta. Em particular, *The Natural History of Rape* não é nada como a caricatura crua que li sobre seus detratores.

Isso não quer dizer que eu considere qualquer um desses livros perfeito: além da "coisa boa", eles podem conter muita coisa equivocada ou mesmo (se não for escrutinizado de modo responsável) socialmente perigosa. *The Natural History of Rape*, por exemplo, pode ser suscetível a críticas a partir de uma variedade de perspectivas. Aponta algumas ideias políticas que me preocupam, uma vez que implicam restrições à liberdade dos jovens, em particular à liberdade de vigilância e controle por parte dos mais velhos. Esta é uma possível preocupação que os autores reconhecem abertamente: "Embora se possa argumentar que o restabelecimento de barreiras estruturais implica em perdas de liberdade pessoal, as consequências da ausência de tais barreiras também devem ser consideradas" (THORNHILL; PALMER, 2000, p. 186). Essas palavras não são música para os ouvidos — pelo menos, não para os meus. Podemos discutir e considerar todas as questões, mas eu gostaria de ver muito mais pesquisas e considerações políticas antes de começarmos a colocar cicerones para bancar o Big Brother com os adolescentes ou para aumentar a segregação sexual em escolas e acampamentos.

Não quero elevar alguns, ou quaisquer, dos livros que discuti ou usei como referência neste volume a um status de conhecimento proibido. Desejo apenas enfatizar que seus autores têm algo que vale a pena dizer, e que eles devem ter uma audiência justa em vez de serem dispensados ou punidos por não conformidade.

Quando se trata de romances, como *The Satanic Verses* e *American Heart*, ou vários outros produtos culturais com suas próprias tradições, como os cartuns publicados em *Charlie Hebdo*, há espaço para interpretação e discussão astutas, cuidadosas, honestas e bem informadas. Contudo, também há espaço para críticas penetrantes de muito do que atualmente passa por crítica literária e cultural. Muitas vezes, isso equivale a um verniz superficial e literal do que está em discussão — a procura por transgressões ideológicas ou conteúdos ofensivos. Isso é frequentemente associado a uma fraca compreensão de contexto, enquadramento, ironia, técnica e tradições de arte e expressão. O resultado é uma discussão cultural desordenada, insensível e pouco generosa, como a sofrida recentemente por Laura Moriarty.

Podemos fazer melhor do que isto. Parte da responsabilidade recai sobre as escolas, faculdades e universidades. Parte dela, porém, cabe a todos nós: a de participar de boa fé em conversas culturais sérias. O caso de Rushdie destaca como isso pode ser raro: a discussão pública de *The Satanic Verses* foi muitas vezes cínica, tribal, politizada e egoísta. Poucos dos envolvidos mostraram habilidade, coragem e motivação simplesmente por defender o texto.

Liberalismo em tempo de populismo

Há anos difíceis pela frente para o liberalismo iluminista. Muitos eleitores no Reino Unido, nos Estados Unidos e em outros lugares estão tão dominados por uma sensação de marginalização, durante o que eles percebem como um momento de emergência política, econômica e moral, que estão preparados para pensar o que parecia impensável. Eles se voltaram para líderes temíveis e propostas desesperadas.

Em *Kill All Normies*, Angela Nagle observa que um tipo de análise, na esteira imediata da vitória presidencial de Donald Trump, foi ver o resultado como reflexo das frustrações da classe trabalhadora ou do tipo "ordinário" de pessoas que se sentiram deixadas para trás pelas políticas neoliberais e pela mudança econômica (NAGLE, 2017, p. 101). Ela se refere especificamente a um artigo do historiador e jornalista estadunidense Thomas Frank, que escreveu de maneira premonitória — bem antes da eleição — sobre as ansiedades da classe trabalhadora (FRANK, 2016). Como observa, houve uma "mudança bastante notável" na direita de endossar este argumento após a eleição, "como se a direita tivesse usado o argumento de Thomas Frank o tempo todo". Ela rapidamente acrescenta: "Na realidade, eles têm apresentado argumentos pró-desigualdade, misantrópicos e economicamente elitistas em nome da hierarquia natural o tempo todo" (NAGLE, 2017, p. 101).

Quer esta descrição do elitismo social e econômico da direita seja ou não completamente correta e justa, Nagle está certa quando diz que os argumentos relacionados à desconfiança da classe trabalhadora em relação à mudança econômica têm um bom pedigree de esquerda. Não devem ser descartados apenas porque ultimamente têm crescido em popularidade junto dos especialistas de direita. Muitos eleitores da classe trabalhadora e do campo se sentem, ao que parece, alienados e deixados para trás pelas políticas de globalização e de livre comércio, quaisquer que sejam os méritos dessas políticas de forma abstrata. Este sentimento de alienação e abandono proporciona oportunidades para resultados políticos extraordinários, como a votação do "Brexit" em junho de 2016 para que o Reino Unido saia da União Europeia. Ajudou candidatos políticos inacreditáveis, como Donald Trump, Marine Le Pen e Alice Weidel, da Alemanha, que defendem formas de populismo de direita.

Em tal ambiente político, pode haver muitas surpresas. Uma delas foi a eleição de um recém-chegado à política, o carismático centrista Emmanuel Macron, como presidente da França em maio de 2017. Outra foi a manifestação inesperadamente forte do Partido Trabalhista sob o comando de Jeremy Corbyn nas eleições gerais do Reino Unido, em junho do mesmo ano — embora o Partido Conservador tenha regressado ao poder como o maior partido em um parlamento suspenso. Os populistas de direita não estão prevalecendo uniformemente, mas estão atraindo grande número de eleitores com retórica e política que vão em direção a um extremo político. As suas campanhas foram marcadas pelo sentimento anti-imigração e por ideias isolacionistas e xenófobas.

Como muitos outros com uma visão racional da política, estou seriamente preocupado com o nível atual de apoio a figuras populistas como Trump e com a crescente visibilidade dos nacionalistas brancos *hardcore* e segregacionistas. Estes desenvolvimentos são insalubres, mas liberais de todos os tipos têm que mostrar alguma consciência pessoal quando refletimos sobre eles.

Falamos frequentemente dos nossos opositores de direita e conservadores como autoritários — e sim, muitos deles são —, mas e os comportamentos dos que se denominam liberais? Exibições de *cybermobbing*, *no-platforming*, protestos disruptivos, humilhação pública, campanhas de difamação, apresentação de alegações espúrias contra dissidentes, além de todo o resto, não parecem coisas boas. Que diabos pensamos que estamos fazendo quando gastamos energia para prejudicar carreiras de pessoas de espírito liberal — como Erika Christakis, Bret Weinstein, Maajid Nawaz, ou Laura Moriarty — *forçando-as*, por sua vez, a desperdiçar energia para se defenderem em público?

Como se vê, a campanha contra *American Heart* de Moriarty provavelmente saiu pela culatra: como resultado da publicidade, Moriarty pode acabar vendendo mais cópias de seu romance antifascista do que ela de outra forma teria feito. Entretanto, a próxima pessoa que poderia ter feito uma contribuição valiosa por meio da literatura para a luta contra as tendências nativistas e fascistas nos Estados Unidos certamente hesitará.

Mesmo que não tenhamos, como indivíduos, participado dos excessos do liberalismo revisionista (ou liberalismo de identidade como Mark Lilla [2016 e 2017] o chama), temos sido coletivamente passivos em resposta a eles. Enquanto isso, nossos inimigos reais prosperam com um efeito cumulativo que pode ser desastroso em escala global.

Então, o que podemos fazer?

Se quisermos criar uma sociedade mais liberal — baseada na liberdade, com todos encorajados e ajudados a florescer sob suas próprias luzes individuais — temos de olhar para nós mesmos com muita atenção. Estamos pensando honestamente? Estamos pensando estrategicamente? (Essas coisas não precisam estar em conflito.) Estamos alienando as pessoas com preocupações econômicas e sociais legítimas, descartando-as como simplórias e fanáticas? Seria ótimo — não? — se pudéssemos persuadir os eleitores rurais e da classe trabalhadora de que as estratégias populistas de direita são improváveis de resolver seus problemas, mas primeiro esses eleitores precisam nos ouvir, e isso não pode ser tomado como garantido. A atenção deles precisa ser merecida.

Os eleitores rurais e da classe trabalhadora não são especialistas em política altamente treinados. Não lhes compete elaborar políticas e leis, e muitas vezes eles podem ser enganados por demagogos que vendem gato por lebre. Contudo, antes de sermos condescendentes com eles, faríamos bem em passar algum tempo ouvindo verdadeiramente suas queixas. Tentemos obter uma compreensão dos *detalhes* do que está corroendo os eleitores em, digamos, Ohio, ou nas Midlands Ocidentais da Inglaterra, antes de assumirmos que sabemos tudo.

Ao mesmo tempo, sugiro um interrogatório pessoal sério. Entre nós, nos nossos próprios fóruns, temos de debater os problemas políticos, econômicos e sociais a partir de uma ampla gama de pontos de vista e com o mínimo de tabus sobre ideias. Precisamos ouvir uma variedade de soluções propostas para os desafios atuais e muito complexos às democracias ocidentais e ao futuro humano em geral. Tudo isto exigirá empenho e energia.

Munidos de princípios e valores liberais fundamentais, podemos persuadir muitas pessoas a aderirem ao esforço comum de oposição ao populismo de direita e a trabalharem por uma sociedade melhor. Com uma chance, as ideias liberais do Iluminismo ainda podem motivar; elas podem atrair o endosso dos eleitorados ocidentais. Todavia, visto como uma estratégia eleitoral, isso significa compromisso. Significa abraçar candidatos, pensadores e eleitores que são ideologicamente impuros pelos padrões da política de identidade de esquerda e sua cultura de gritaria associada. Mark Lilla e eu podemos mostrar uma diferença sutil em nosso pensamento — nossos leitores podem esmiuçar e comparar —, mas eu apoio os avisos contra o purismo em seu valioso pequeno livro sobre o estado da política estadunidense, *The Once and Future Liberal* (LILLA, 2017). Esta é uma lição que devemos levar a sério, e que se aplica para além dos Estados Unidos.

Sem trair princípios e valores liberais, podemos formar alianças — pelo menos locais e temporárias — com muitas pessoas social e politicamente preocupadas que não se identificam como liberais. Em questões específicas, podemos estar ao lado de indivíduos e de grupos com uma ampla gama de visões de mundo e ideologias. Os socialistas estão comprometidos com a emancipação e o florescimento dos trabalhadores, mesmo que proponham soluções nem sempre viáveis. Em muitas questões, seus pontos de vista serão coerentes com os princípios e valores liberais. Não temos que adotar propostas especificamente socialistas como soluções para todos os problemas sociais, mas algumas podem valer a pena considerar. De qualquer forma, uma maior consciência das questões de classe e das desigualdades materiais ajudaria a nossa compreensão do mundo e da nossa situação política atual.

Os libertários políticos têm muito mais confiança nas soluções de mercado para os problemas sociais do que eu, e nós não temos que adotar propostas políticas libertárias como soluções para todos os problemas sociais — embora, novamente, possa valer a pena considerar alguns. Os libertários políticos têm um compromisso fundamental com a liberdade individual, o que os torna aliados naturais dos liberais do Iluminismo em muitas questões, especialmente quando as ameaças à liberdade vêm do governo e de suas agências. Mesmo os conservadores sociais — que podem, reconhecidamente, ter princípios e valores próprios que se sobrepõem ao seu compromisso limitado com a liberdade individual — podem ser nossos aliados em questões específicas. Conservadores moderados às vezes mostram um excelente entendimento da livre discussão e de sua importância.

Devemos dialogar com todas estas pessoas e com todos aqueles que, de boa-fé, discutam questões sérias. É um exagero dizer que *todas as* ideias devem estar na mesa para discussão: não vejo nenhum espaço para o nazismo, por exemplo. Entretanto, quanto mais ideias defendermos estarem fora da mesa e para além dos limites da tolerância liberal, mais autoritários parecemos (e somos). Quando isso acontece, é notável no mundo inteiro — para o nosso prejuízo.

Acima de tudo, precisamos voltar às nossas ideias fundamentais. Dentro da tribo de pessoas que se identificam como liberais, o liberalismo real se tornou fora de moda. No entanto, os princípios e valores liberais — princípios como o governo laico, a liberdade de investigação e de debate e o Estado de direito; valores como a individualidade, a espontaneidade e o pensamento original — têm uma ressonância cultural mais ampla se nos dermos ao trabalho de os explicar e defender. Quando ignoramos esses princípios e valores com ansiedades exageradas sobre identidade e ofensa, descartamos o que tornou o liberalismo atraente em primeiro lugar.

10
CULTURA DE GRITARIA, CONFORMIDADE E O FUTURO DO LIBERALISMO

O liberalismo do Iluminismo revisitado

No capítulo 8, discuti brevemente o livro *Kill All Normies*, de Angela Nagle, um livro que recomendei por seus *insights* sobre a guerra cultural online. Nagle escreve de forma convincente sobre a cultura de gritaria da esquerda, com suas táticas preferidas que incluem difamação, humilhação pública, *no-platforming* e protestos disruptivos. O livro oferece algumas ideias novas, e foi publicado depois de eu ter completado o primeiro esboço de *A tirania da opinião*. Neste último capítulo, analisarei mais profundamente a abordagem de Nagle.

Em primeiro lugar, porém, permitam-me resumir e clarificar o que considero serem os meus próprios temas centrais. Um resenhista anônimo da Bloomsbury (felizmente não o único) sugeriu que o manuscrito de *A tirania da opinião* apenas reembala um consenso social existente. Ou seja, defende a liberdade de expressão — uma ideia já popular em democracias liberais como os Estados Unidos e o Reino Unido. Achei esta resposta frustrante, uma vez que ignora muitos dos pormenores dos meus argumentos, especialmente os dos primeiros cinco capítulos, mas sugere uma necessidade de clarificação.

Não defendi um conceito vago e sem limites de liberdade de expressão. Defendi o princípio do dano milliano, embora com algumas modificações e reservas, e defendi uma concepção particular do que é central para a liberdade de expressão. Mais especificamente, defendi a liberdade de pensamento e discussão descrita por Mill no capítulo II de *Sobre a liberdade*. As opiniões que elaborei e procurei justificar ao longo deste trabalho estão longe de ser o atual consenso social, embora muitas vezes ouçamos a ideia ampla e indefinida de liberdade de expressão ser abordada com palavras vazias. Nunca houve uma aceitação universal do princípio do dano — veja as muitas leis paternalistas e moralistas promulgadas pelas democracias liberais desde os tempos de Mill e até aos dias de hoje —, e qualquer apoio que ele tenha tido junto à esquerda política, talvez nos anos 1960, sofreu uma erosão significativa. O momento é, portanto, mais do que propício para a reafirmação e a defesa da visão milliana clássica da liberdade, ajustando-a onde for necessário para acomodar desenvolvimentos históricos mais recentes e mostrando como ela está intimamente ligada a princípios e valores liberais que, por sua vez, merecem ser explicitamente reafirmados.

A maioria das pessoas nas democracias liberais afirma apoiar a liberdade de expressão — isso é provavelmente verdade. Não é verdade, porém, que concordem com o ponto ou a finalidade desta liberdade, com seu verdadeiro significado ou com seus limites. Muitos participantes na política democrática estariam dispostos a proibir grandes extensões dos tipos de expressão que consideram culturalmente ofensivas. Alguns políticos, comentaristas e outros membros das classes políticas propagam slogans que distinguem a liberdade de expressão do que eles consideram discurso de ódio, que eles às vezes definem de forma a incluir grandes categorias de expressão (MALIK, 2010). Outros, especialmente nos Estados Unidos, insistem em um direito absoluto e incondicional de dizer o que quisermos sobre os outros. Opõem-se a restrições até à propaganda de ódio mais desumana e incendiária. Como mais uma reviravolta, muitas abordagens à liberdade de expressão partem da concepção de Mill de livre pensamento e discussão, na medida em que elas justificam apenas uma proteção contra os censores do governo. Esta é, por exemplo, a visão muito influente de Frederick Schauer (1982).

Mill, pelo contrário, estava preocupado em evitar restrições sociais informais à nossa capacidade de pensar, falar e viver como desejamos. Ele temia uma tirania da opinião dominante ainda mais do que temia restrições legais opressivas. No século XXI, essa tirania da opinião não é necessariamente exercida pela sociedade como um todo, insistindo em uma moralidade consensual. Atualmente, é provável que as pressões para se entrar em conformidade venham de empregadores, órgãos profissionais, grupos comunitários e mídia intrusiva, e das tribos morais politizadas que competem pela autoridade em sociedades polarizadas.

A lei pode proteger a nossa liberdade da tirania da opinião. Pode, por exemplo, oferecer soluções para retaliações violentas, ameaças críveis, invasões humilhantes de privacidade, demissões ilegais e ataques injustos à nossa reputação. Contudo, é o máximo que a lei formal pode fazer sem piorar as situações. A lei da difamação, por exemplo, tem um papel honroso a desempenhar nas sociedades atuais: dá alguma proteção necessária. No entanto, pode também esfriar a discussão pública de questões importantes.

Para preencher as lacunas onde a lei não pode ou não deve afirmar sua autoridade, precisamos de uma moralidade de discussão pública, como a que Mill propôs em *Sobre a liberdade*, em que evitamos denunciar indivíduos com os quais discordamos como pessoas más e imorais. Devemos mostrar caridade para com os nossos adversários e suas ideias, reconhecer o que for convincente nos seus argumentos e honrar os aliados e os adversários quando eles mostrarem franqueza e honestidade intelectual. Esta abordagem à discussão pública não pode ser imposta pela lei formal, com suas ferramentas relativamente simples, mas cada um de nós pode aprová-la voluntariamente, segui-la da melhor forma possível e recomendá-la a outros.

A ideia de uma liberdade de pensamento e de discussão não significa que devamos dizer o que quisermos uns dos outros — por mais prejudicial ou irresponsável que seja — sem consequências jurídicas ou sociais. Pelo contrário, é que nenhuma opinião sobre temas gerais deva ser declarada herética e, portanto, excluída da discussão pública. Quaisquer exceções devem ser definidas e interpretadas de forma muito restrita, e não devem ser usadas como precedentes.

Nada disso é o consenso social existente. Pelo contrário, é uma posição com surpreendentemente poucos defensores contemporâneos. Trata-se, no entanto, de uma abordagem intelectualmente coerente e atraente, uma vez que é apresentada de forma explícita e suficientemente detalhada.

Mesmo que não tenha alcançado mais nada nos capítulos anteriores, pelo menos descrevi — e tentei defender — um ponto de vista milliano sobre a liberdade de pensamento e de discussão que é atualmente quase esquecido, e que merece uma reformulação completa. Esse ponto de vista milliano se conecta com as ideias liberais do Iluminismo de liberdade, individualidade, espontaneidade, originalidade e progresso intelectual e social que nunca foram muito favorecidas pela direita política, e que foram amplamente abandonadas pela esquerda (que está cada vez mais focada em evitar ofensas aos membros de grupos historicamente oprimidos).

O ponto de vista milliano sobre liberdade e livre discussão não é apenas intelectualmente agradável. Oferece o melhor futuro para as democracias liberais e para o próprio liberalismo.

Nagle sobre valores iconoclásticos

Discordo de Angela Nagle quando pondero suas preocupações sobre os valores estéticos da "transgressão, subversão e contracultura" (NAGLE, 2017, p. 115), que se tornaram de praxe em alguns ambientes artísticos. Nagle encontra as origens desses valores nos escritos libertinos do Marquês de Sade do final do século XVIII e início do século XIX. Esses talvez tenham influenciado Friedrich Nietzsche, diretamente ou não; e, por conta de Nagle, tanto de Sade como Nietzsche influenciaram o desejo de transgredir fronteiras que foi uma característica marcante das revoluções sociais dos anos 1960 e 1970. Para Nagle, esse desejo domina atualmente a cultura popular no Ocidente, e infecta particularmente — ela parece percebê-lo como um tipo de infecção — os debates culturais online.

Se, como Nagle argumenta plausivelmente, os valores de transgressão, subversão e contracultura têm sido ultimamente adotados pela *alt-light* e pela *alt-right* hardcore, podemos concluir que tais valores iconoclásticos são de pouco benefício prático. Podemos até suspeitar que tenham se provado contraproducentes para alcançar sociedades mais justas, mais gentis e menos opressivas. Se estou lendo Nagle corretamente, ela acha que esses valores encorajam atitudes insensíveis e crueldade. Ela nos exorta a rejeitá-los.

Esta é uma questão profunda. Não sei exatamente até que ponto Nagle e eu discordamos sobre isso, e gostaria de vê-la explicar sua posição com mais detalhe. Quanto, exatamente, do nosso legado cultural ela sugere que abandonemos? Infelizmente, *Kill All Normies* termina em aparente desespero, e não com uma visão positiva do futuro para o pensamento liberal ou de esquerda. Nagle está certa quando diz que valores como a transgressão, subversão e contracultura obtiveram grande ênfase e prestígio no século XX e na arte, cultura popular e teoria cultural atuais. O que não está tão claro é até que ponto devemos culpá-los pelos problemas sociais contemporâneos.

Nos capítulos anteriores, eu não enalteci a transgressão, a subversão e a contracultura por eles mesmos. Os valores liberais tendem a ser moderados: são valores como a individualidade, a espontaneidade e o pensamento original. Estas implicam em certa resistência às pressões para entrar em conformidade, mas não implicam uma vontade de esmagar todo o sistema social. Em *Sobre a liberdade*, é verdade, Mill chega ao ponto de dizer "é desejável [...] que as pessoas sejam excêntricas" (1974, p. 132). Todavia, ele estava se referindo a um tipo de excentricidade que não envolve nenhum dano aos outros ou negligência de nossos deveres para com a sociedade. Em qualquer caso, uma insistência na arte — e talvez nos modos de vida — concebida para violar tabus e chocar a burguesia criaria uma nova pressão para entrar em conformidade, e não um reconhecimento da individualidade. Estou inclinado a concluir que os pontos de vista de Nagle e de Mill são reconciliáveis, mas este não é um tópico que Nagle aborda.

Contudo, mesmo que a rejeição dela dos valores estéticos iconoclastas possa ser conciliada com o liberalismo iluminista, continuo um pouco inquieto. Em muitas circunstâncias, a transgressão em larga escala das normas e dos discursos públicos existentes pode ser necessária para trazer mudanças sociais valiosas. Pode ser, pelo menos, de valor *local* e *instrumental*. Não precisa envolver qualquer tipo de insurreição violenta, mas pode incluir chocar os adeptos do antigo regime. O feminismo de segunda onda — o movimento de mulheres que surgiu nos anos 1960 e no início dos anos 1970 — é um bom exemplo. Em substância e estilo, foi escandalosamente transgressor das normas dos anos 1950 e início dos anos 1960.

Durante as primeiras décadas do século XX, foi atribuído às mulheres um papel social como aplicadoras da religião e da moralidade convencional; esperava-se que elas domesticassem os homens e refreassem seus vícios, desejos e impulsos rebeldes masculinos. Na década de 1950, os homens provavelmente experimentaram menos policiamento moral deste tipo — por parte das mulheres e uns dos outros — mas havia um longo caminho a percorrer, como demonstraram os anos 1960. Entretanto, ainda se esperava que as mulheres demonstrassem piedade e virtudes tradicionais. As leis, *costumes* e discursos públicos do pós-guerra em torno da feminilidade enfatizavam a felicidade doméstica, a castidade conjugal e a ausência das mulheres na vida pública e na maioria dos locais de trabalho. Isto prendeu muitas mulheres em vidas monótonas, não aventureiras e severamente restritas.

Nessas circunstâncias, os movimentos femininos não só se justificavam como eram desesperadamente necessários. Para as mulheres da classe média, pelo menos, era um movimento de libertação genuíno. Seus pressupostos básicos sobre a igualdade de gênero eram simples, mas radicais. Seus objetivos incluíam a libertação sexual das mulheres, e tudo isso ao mesmo tempo respondia e contribuía para a crescente insatisfação das mulheres com o que o historiador social Callum Brown chama "o ideal cristão tradicional do casamento, maternidade e domesticidade" (BROWN, 2017, p. 6). Embora os movimentos feministas tenham sempre incluído elementos variados — e mesmo belicosos —, e embora o feminismo organizado tenha sofrido muitas voltas e reviravoltas em suas ênfases desde meados da década de 1970, o aspecto transgressor do feminismo de segunda onda era socialmente imperativo.

Eu teria que escrever um livro muito diferente para examinar as complexidades dos feminismos modernos e as suas várias alegadas "ondas", e isso me afastaria do meu ponto de vista. Estou usando o feminismo de segunda onda como apenas um exemplo de uma ideia mais ampla. Se procurarmos uma mudança pacífica em grande escala, os valores da transgressão, subversão e contracultura podem ser indispensáveis. Visões contraculturais e experiências de vida podem ser ingredientes vitais para a reforma social. Nada disso deve ser amplamente condenado. Em vez disso, perguntemos em cada caso exatamente quais fronteiras estão sendo transgredidas e subvertidas, e por quê. Talvez Nagle concordasse com esse tanto, e ela está certa ao dizer que transgressão, subversão e contracultura podem ser usadas para avançar causas indesejáveis, bem como as desejáveis. Por tudo isso, *Kill All Normies* sugere uma sensibilidade conservadora subjacente, quase como se Nagle quisesse voltar aos anos 1950.

Seja como for, ela está certa ao lamentar a crueldade de muitas culturas online. Duvido, porém, que essa crueldade seja melhor vista como decorrente da rejeição sadeana ou nietzscheana das restrições morais cristãs. Essas restrições pouco fizeram no passado para impedir a crueldade e a opressão. Esta tem recebido muitas vezes justificações moralistas e teológicas, como é o caso das perseguições de cristãos ardentes a pagãos, judeus, hereges, homossexuais e supostas bruxas. A história sugere que episódios de crueldade em larga escala contra outros surgem mais frequentemente do moralismo equivocado, muitas vezes associado à religião ou à ideologia política, do que do niilismo, do libertinismo sadeano ou de uma transvalorização de valores nietzscheanos. Quando pessoas moralmente decentes se envolvem em cruéis comportamentos de massa, normalmente o fazem para punir o que consideram como má conduta ou para destruir oponentes que já não veem como seres humanos toleráveis. Isso é especialmente verdade para as multidões que emergem no ciberespaço.

Considere novamente a entrevista de Jon Ronson a Mercedes Haefer, que resumi no capítulo 8. Sugere que os participantes em *cybermobs* se veem como formando "um tipo diferente de tribunal. Um tipo diferente de júri" (RONSON, 2015, p. 121). O problema não é uma rejeição da restrição moral cristã, ou de qualquer outra. Em vez disso, os indivíduos que se juntam a uma *cybermob* se entendem como moralmente virtuosos. Em vez de rejeitar toda moralidade, estão punindo o que percebem como heresia e pecado.

Parte do problema é a rejeição de algo muito mais específico do que a própria moralidade. Multidões online rejeitam princípios como o Estado de Direito e o devido processo legal para pessoas acusadas de irregularidades. De um modo mais geral, eles rejeitam ideias comuns (embora talvez muito modernas e pouco intuitivas) de tolerância e proporção. A ideia de que nem todos os maus comportamentos devem ser punidos — e muito menos de forma desproporcionada em relação aos erros — parece não comover no mundo online. O problema não é, portanto, uma falta de moralidade; o problema é, quando muito, um excesso de pensamento moralista que não foi transformado e domesticado por ideias liberais.

Um outro aspecto da punição e da crueldade online já deveria ser bastante óbvio neste momento. As opiniões extremas, incluindo as sobre quem deve ser punido e como, são alimentadas pela ideologia, pela propaganda e pela indignação. Elas são amplificadas pelo tribalismo e pela polarização do grupo, e por um sentido (encontrado em muitos lados da política) de se estar vivendo em um tempo de emergência social. A punição e a crueldade são possibilitadas pelo anonimato e estimuladas pela emoção da participação da multidão. Se é que há uma solução para este conjunto de problemas, ela não está em abandonar, como diz Nagle, "todo o paradigma" (NAGLE, 2017, p. 116) da rebelião contracultural. Uma solução mais promissora — embora reconhecidamente não muito mais fácil de implementar — seria um regresso às ideias liberais tradicionais. Elas poderiam encontrar um lugar para valores iconoclásticos, mesmo mantendo-os em seu lugar apropriado.

Alimentando um ciclo de ultraje?

Em sua revisão detalhada de *Kill All Normies*, Richard Seymour expressa uma preocupação que tentei levar a sério ao preparar os esboços finais deste livro. A preocupação é que livros como o de Nagle — ou, por extensão, este — alimentem um ciclo de ultraje existente, não persuadindo ninguém, mas simplesmente provocando raiva daqueles que são criticados por suas táticas. Seymour pede que essa crítica pelo menos demonstre uma compreensão e uma avaliação da razão pela qual as pessoas agiram de tal forma — o que foi que as motivou em suas circunstâncias.

Seymour não se opõe ao tratamento severo que Nagle dá à direita online, e quando muito ele parece acreditar que ela é muito branda com os participantes dos esquemas da *alt-light*. No entanto, ele considera *Kill All Normies* duro demais com os ativistas de esquerda e risível ou impaciente demais em transmitir o que os motiva. Ele se refere especificamente aos relatos de Nagle sobre três casos do Reino Unido: tentativas de impedir aparições públicas de Germaine Greer em 2015 e do ativista de direitos gays Peter Tatchell no início de 2016; e os perturbadores e fisicamente intimidadores protestos contra Maryam Namazie quando ela falou na Universidade Goldsmiths, em Londres, em 2015.

Nagle é, de fato, franca em sua desaprovação das táticas usadas contra Greer, Tatchell e Namazie. Seymour também não aprova necessariamente essas táticas, mas protesta que Nagle simplifica as queixas dos ativistas que as usaram. Como ele explica o ponto, é importante identificar e avaliar as críticas específicas que foram feitas a Greer, Tatchell e Namazie:

> Isso faz toda a diferença entre, por exemplo, uma falha tática no tratamento de indivíduos cujo comportamento e declarações foram genuinamente injustas e um ataque absolutamente malicioso e calunioso contra pessoas de quem nos distinguimos (SEYMOUR, 2017).

Seymour está certo, a princípio: devemos de fato tentar compreender as motivações dos adversários, especialmente se quisermos persuadi-los. Dei algum peso a isso ao ponderar casos particulares como a campanha contra Erika e Nicholas Christakis. Um problema é que há, simplesmente, limites para a quantidade de detalhes que podem ser cobertos em qualquer livro — e não devemos esquecer que *Kill All Normies* é um livro pequeno. É mais um manifesto do que um livro acadêmico. Quando possível, porém, devemos oferecer caridade até as pessoas que estamos criticando, perguntando como elas pensam em vez de ignorá-las e considerá-las tolas ou moralmente corrompidas. Ao avaliar os ataques a uma série de pessoas, também vale a pena distinguir vítimas que pouco ou nada fizeram de errado de outras que podem merecer críticas severas por suas opiniões e conduta, mesmo que devessem ter sido autorizadas a falar em determinada ocasião. Há uma grande diferença entre, digamos, Erika Christakis, ou Laura Moriarty e alguém ao lado de quem nunca gostaria de ficar ao lado, como Troy Newman.

O que dizer, então, dos três exemplos de Seymour? Germaine Greer deu uma enorme contribuição cultural como autora e pensadora feminista. No entanto, Seymour tem razão sobre um assunto importante: Greer parece ser genuinamente hostil às mulheres trans de uma forma que J. Michael Bailey e Rebecca Tuvel não são. Como Seymour enfatiza, vale a pena fazer tais distinções. Dito isso, as descrições de Nagle das situações envolvendo Greer, Tatchell e Namazie em 2015 e 2016 não me parecem ser notavelmente injustas considerando o equilíbrio geral. Sim, talvez fosse melhor salientar a verdadeira hostilidade da Greer para com as mulheres trans. Greer, no entanto, foi designada para falar na Universidade de Cardiff sobre um tema não relacionado a questões de transgêneros, e ela tinha pouco a dizer sobre essas questões por muitos anos. Além disso, sua hostilidade não se traduz em oposição política à transição das pessoas e à obtenção de assistência médica para tal.

Seymour alega, com efeito, que Tatchell é hostil ao islã, mas mesmo que isso seja verdade, não foi uma boa razão para pedir sua retirada de um painel intitulado "Reradicalizando queers: devemos ficar para trás da linha de segurança ou causar uma agitação". Tatchell tem o direito de criticar o islã e, em particular, suas atitudes em relação à homossexualidade, embora, ao fazê-lo, corra o risco de cometer erros factuais sobre questões específicas. Seymour pode estar certo de que Tatchell cometeu erros no passado sobre a extensão da violência homofóbica inspirada pelos ensinamentos islâmicos, mas nada relacionado a isso foi o tema do painel.

Além disso, independentemente das opiniões de Tatchell sobre o islã enquanto sistema de crenças, as acusações contra ele em 2016 se basearam principalmente em seu apoio expresso pouco antes ao direito de Greer e outros de expressarem as suas opiniões. Foi isto que motivou a acusação de que Tatchell era transfóbico. Acusações falsas como estas são muitas vezes usadas para punir e intimidar pessoas com pontos de vista indesejados. Em suma, não faria sentido que Nagle tentasse discriminar todos os erros e acertos das observações anteriores de Tatchell sobre o islã e a homossexualidade.

Quanto à Namazie, ela é uma ex-muçulmana franca e uma comunista revolucionária. Não é surpreendente que ela seja altamente crítica em relação ao islamismo e ao jihadismo — e também em relação à própria doutrina islâmica. Como Seymour salienta, ela já se expressou, algumas vezes, de formas que muitos muçulmanos consideram ofensivas. Ele *não* aponta, no entanto, que Namazie tem, por muitos anos, falado forte e consistentemente contra qualquer coisa que ela considere intolerância antimuçulmana, especialmente de grupos de extrema-direita, e contra qualquer coisa que ela considere algo que permita ou normalize a intolerância antimuçulmana. No final de 2015 e início de 2016, isso a levou a uma disputa pública com Sam Harris sobre questões relacionadas à revista de muçulmanos (no contexto da segurança de aeroportos) e à imigração muçulmana na Europa.

Isso culminou com a aparição da Namazie no podcast "Waking Up" de Harris. Nele, em meio a um argumento frustrante para ambos os participantes, Namazie se posicionou contra qualquer revista de segurança de muçulmanos (em oposição à revista restrita a islamistas politicamente engajados) e a favor de fronteiras europeias abertas para refugiados muçulmanos — embora tenha esclarecido que isso não significaria permitir que indivíduos entrassem na Europa sem verificar suas origens. Namazie (2017) publicou mais tarde uma transcrição do seu diálogo com Harris . Neste caso, é Seymour quem está sendo injusto, oferecendo uma impressão de Namazie que não faz justiça às suas opiniões reais.

Seria difícil desenredar tudo isto, apresentando um relato mais detalhado, embora imparcial, das opiniões e conduta de Greer, Tatchell e Namazie, com base em suas carreiras como um todo. Isto pode ficar fora de controle e distorcer um livro curto como *Kill All Normies*. Duvido que qualquer esforço de boa-fé para fornecer mais detalhes tivesse tido um impacto muito diferente daquele do texto publicado por Nagle. Uma dificuldade particular aqui é que cada autor e leitor terá visões diferentes sobre quais incidentes são mais significativos na história de um ativista de longa data. Nenhum relato agradará a todos. Nenhum relato é impermeável a ataques de um ponto de vista ou de outro.

No entanto, será que Seymour está certo quando diz que um livro como *Kill All Normies* alimentará um novo ciclo de ultraje? Ele sugere que as pessoas que Nagle critica fortemente, como os estudantes da Universidade Goldsmiths, que incomodaram Namazie, não são capazes de "responder bem a tal repreensão unilateral". Ele afirma, de fato, que *Kill All Normies* é "punitivamente moralista" em relação a várias pessoas que trataram Greer, Tatchell e Namazie mal. Mas isso é exagerado.

Embora Nagle seja franca em suas críticas, o primeiro ponto a notar é que ela não vai além de *criticar* as pessoas por suas palavras ou ações. Mesmo que cometa alguns erros e faça alguns juízos errados, ela não tenta destruir a carreira, tornar a vida miserável ou intimidar ninguém para que ela fique em silêncio. Ela nomeia alguns indivíduos cujas ações já estavam no registro público, mas ela não humilha os adversários por causa de erros obscuros, triviais ou duvidosos. Em suma, ela critica onde acha que é devido, mas não pune as pessoas por suas ações e palavras.

Em geral, Nagle me parece um bom modelo para outros que se envolvem em discussões públicas. Ela não escreve como uma guerreira do ultraje, e se ninguém fosse mais punitivo do que ela, a qualidade do debate sobre questões políticas e culturais melhoraria. Seymour está provavelmente certo de que aqueles a quem ela critica não responderão com contrição. Se, no entanto, quisermos encorajar uma melhor ética da discussão pública, não temos outra escolha senão criticar aqueles que a violam. Isso pode não vencer a quantidade de indivíduos que se envolvem em difamação, humilhação, propaganda e ultraje, ou que empregam as táticas de não conformação e perturbação. Alguns deles podem até mesmo redirecionar sua indignação contra nós, fazendo acusações selvagens como Peter Tatchell recebeu em 2016. Ao escrever e publicar *Kill All Normies*, Nagle corre o risco de ser difamada, incomodada, sofrer *no-platforming* e assim por diante. Eu também corro, ao escrever e publicar este livro. Nada disso seria produtivo.

Entretanto, algumas pessoas podem mudar de ideias sobre o uso destas táticas. Nagle tem muito a dizer sobre o porquê de essas técnicas serem contraproducentes. Tentei explicar por que é que eles se encaixam mal na liberdade de pensamento e de discussão, e por que é que essa liberdade vale a pena proteger. Nenhum de nós está repreendendo por repreender. Mesmo que não consigamos persuadir os indivíduos cujas ações mereceram as nossas críticas, podemos chamar a atenção do público em geral para as questões, explicar por que são importantes e trabalhar por um melhor ambiente para a troca de ideias.

Nagle sobre o Novo Ateísmo e o Elevatorgate

Seymour estaria em terreno mais firme se tivesse criticado Nagle por seus comentários sobre o chamado Novo Ateísmo e sua descrição de uma sequência de eventos em 2011 que foi rotulada na época como Elevatorgate. Aqui, Nagle fornece detalhes consideráveis. No entanto, ela não esclarece as motivações, nas situações que os confrontaram, das pessoas que critica — notadamente Richard Dawkins, que ela retrata como uma espécie de vilão. Quase todo o seu relato sobre este tema é enganoso, como se ela o tivesse pesquisado apenas lendo a propaganda de um dos lados. Até a sua compreensão do que significa o *Novo Ateísmo* parece instável.

Como um aviso: tenho uma ligação pessoal com a disputa que Nagle descreve. Conheço muitas das pessoas envolvidas no que aconteceu em meados de 2011, tive algum envolvimento (menor) eu mesmo, e tenho algumas ligações com autores que foram descritos como Novos Ateus. Isso me dá um viés próprio — aqui observado — mas também me dá uma profundidade de conhecimento que Nagle evidentemente não possui.

Os termos *Novos Ateus* e *Novo Ateísmo* foram cunhados por Gary Wolf, um editor colaborador da revista *Wired*, em seu artigo "A igreja dos não crentes" (2006). Ele traçou o perfil de Richard Dawkins, Daniel Dennett e Sam Harris, referindo-se a eles e àqueles que endossam seu trabalho como os Novos Ateus, e criticando-os pelo que ele viu como uma rejeição excessivamente dogmática e militante das religiões teístas.

Esses três autores tinham todos publicados recentemente livros que criticavam a crença religiosa: *The End of Faith* [*O fim da fé*] (HARRIS, 2004), *Breaking the Spell* [*Quebrando o feitiço*] (DENNETT, 2006) e *Deus, um delírio* (DAWKINS, 2006). Tinham adotado abordagens muito diferentes, mas talvez complementares: Harris argumentava que as crenças fazem parte da motivação para a ação, e assim as crenças mais perigosas podem levar a perseguições e atrocidades; o tema de Dennett era que a religião pode e deve ser estudada como um fenômeno natural com suas próprias causas no mundo empírico; enquanto Dawkins comparava a crença persistente em Deus às que normalmente consideramos ilusões. Essas eram, é claro, afirmações controversas, e eram promovidas com graus variados de zombaria e denúncia da crença religiosa. No entanto, os escritos e discursos de todos os três autores foram suaves em comparação com a maioria dos debates públicos sobre tópicos polêmicos. Dennett, em particular, saiu do seu caminho para se expressar de forma tão inofensiva quanto o seu assunto permitia.

Dawkins, Dennett e Harris logo se juntaram ao falecido Christopher Hitchens, que publicou seu próprio livro antiteísta, *God Is Not Great!* [*Deus não é grande*] em 2007 e a promoveu por meio de uma série de debates formais contra teólogos e apologistas religiosos. Apesar de Hitchens ter se mostrado um grande debatedor com um dom para contra-ataques e colocações inteligentes, suas atuações (e as de seus vários adversários) foram temperamentais para a maioria dos padrões.

O que havia de inédito no Novo Ateísmo — um termo, note, que Dawkins, Dennett, Harris e Hitchens não escolheram para si mesmos? Talvez não muito, embora o falecido Victor Stenger tenha produzido uma admirável tentativa de síntese em seu livro *The New Atheism: Taking a Stance for Science and Reason* [*O Novo Ateísmo: ficando do lado da ciência e da razão*] (STENGER, 2009). A maioria dos argumentos empregados por Dawkins e os outros Novos Ateus tinham predecessores em críticas anteriores à religião. No entanto, houve subitamente um mercado para livros com temas antirreligiosos, depois da queda dos Estados Unidos para uma política mais teocrática sob George W. Bush — e depois os acontecimentos de 11 de Setembro de 2001, que provocaram um grande escrutínio do islã. Como resultado, os livros que outrora teriam atingido audiências relativamente pequenas foram apanhados por grandes marcas comerciais e se tornaram *best-sellers*.

A publicação dos primeiros livros dos Novos Ateus — reforçada pelos debates de Hitchens contra pessoas como Dinesh D'Souza — encorajou o ativismo online contra o criacionismo, contra a apologética religiosa e contra a intrusão religiosa na política. Uma forte blogosfera ateia que surgiu durante a administração Bush, liderada pelo popular blog Pharyngula, idealizado por P.Z. Myers, um biólogo baseado em Minnesota e crítico implacável do criacionismo. No entanto, houve também muito ativismo Novo Ateu e contra-ativismo na mídia tradicional e, de forma mais geral, no mundo offline. Os principais veículos de notícias promoveram uma discussão vigorosa sobre o ateísmo. Grandes convenções foram realizadas em cidades de todo o mundo para divulgar as ideias de Dawkins, Dennett, Harris e Hitchens, e muitos livros foram escritos em apoio ou em crítica às suas ideias.

Nagle não mostra nenhuma compreensão real do Novo Ateísmo e de suas variadas expressões, e acho sua descrição do Elevatorgate quase irreconhecível. Como fiz parte desses eventos, mais ou menos do lado das pessoas que Nagle castiga, não oferecerei nenhum relato detalhado da minha parte. No entanto, o blogueiro e apresentador de rádio ugandês James Onen, que não desempenhou qualquer papel que eu conheça na disputa inicial, produziu uma minuciosa descrição do passo a passo do caso alguns meses mais tarde (ONEN, 2011). Qualquer um que ache tudo isso interessante, e que possa ser tentado a aceitar a versão de Nagle dos eventos sem crítica, deve pelo menos ler a versão de Onen para obter algum equilíbrio.

Muito do que aconteceu durante o desastre do Elevatorgate foi um protesto, por Dawkins e outros, contra a cultura de gritaria da esquerda que Nagle critica em *Kill All Normies*. Em 2011, esta cultura tinha se tornado dominante na blogosfera ateia — contrariamente às intenções dos Novos Ateus originais, como Dawkins. Ela incluía os tipos usuais de política de pureza, humilhação, *dogpiling*, e abusos gerais a dissidentes. Assim como Nagle afirma com relação à cultura de convocação em geral, os ataques dentro da blogosfera ateísta "focaram cada vez mais em outros liberais e esquerdistas, muitas vezes com credenciais progressistas aparentemente imaculadas, em vez daqueles envolvidos em qualquer racismo, sexismo ou homofobia reais" (NAGLE, 2017, p. 77).

No entanto, a situação degenerou rapidamente a um ponto em que alguns participantes de ambos (ou de todos) os lados da disputa estavam envolvidos em táticas cruéis e indefensáveis. Nesse caso, havia também muita falta de jeito, mesmo das pessoas melhor intencionadas, para alimentar um ciclo de ultraje do tipo temido por Richard Seymour. Em um caso como o do Elevatorgate, há muita culpa a espalhar por aí para qualquer pessoa que goste desse tipo de coisa. É melhor, no entanto, não direcioná-la toda para o lado errado.

Como um posfácio, outras disputas ocorreram dentro da blogosfera ateia durante os anos que se seguiram imediatamente ao Elevatorgate. Previsivelmente, alguns participantes de alto nível da cultura de gritaria da blogosfera ateia foram eventualmente submetidos ao que Nagle chama de "a temida gritaria" (NAGLE, 2017, p. 8) por impureza ideológica sobre questões específicas. Nagle não menciona isso, e ela provavelmente não estava ciente disso quando escreveu *Kill All Normies* — mas isso não a surpreenderia, uma vez que segue um padrão histórico familiar.

Observações finais

Em "Autocensura no discurso público", Glenn Loury levanta algumas questões sérias e importantes. Entre elas, pergunta: "Quais são as responsabilidades dos indivíduos dentro de uma comunidade cujo discurso público sobre assuntos importantes carece de franqueza?" e "Existe um papel para a coragem e o heroísmo?" (LOURY, 1994, p. 453).

Eu certamente não me sinto heroico. Todavia, conforme trabalho nesse livro e falo sobre ele com numerosos amigos e colegas, ouço-os me dizer, muitas vezes, que têm medo de discutir estas questões em público. Eles têm medo, de fato, de dizer o que pensam sobre *muitas* questões onde se encontram isolados e vulneráveis. O problema não são as reações dos adversários tribais. Têm medo, em vez disso, dos seus amigos, colegas e aliados. Temem ser humilhados, difamados, caçoados, assediados, devastadoramente rotulados, falsamente acusados, e talvez prejudicados em suas carreiras, pelas mesmas pessoas que deveriam apoiá-los.

É, evidentemente, difícil fundamentar as minhas afirmações sobre conversas privadas. Pela sua própria natureza, as provas não podem ser reveladas. Contudo, essa é a situação sempre que a distribuição da opinião privada difere da opinião pública. Se a sua experiência não ressoar com isto, teste-a um pouco mais. Mesmo que — sortudo, você! — não haja nenhuma opinião que você tem medo de revelar em público, tenha uma palavra privada sobre este livro com outras pessoas em seus círculos mais próximos. Você provavelmente descobrirá, como eu, que muitas pessoas — boas, decentes, atenciosas, humanitárias, socialmente preocupadas — estão vivendo no que elas experimentam como um ambiente de medo.

Além disso, eles têm boas razões. Os acontecimentos dramáticos em Yale em 2015, envolvendo Erika e Nicholas Christakis, ilustram bem o porquê. Erika Christakis tem desde então (2016) escrito sobre sua experiência de ter ouvido que muitos colegas a apoiavam em particular, mas ficaram com medo de se posicionar publicamente. Da mesma forma, diz ela, muitos estudantes se reuniram com ela e Nicholas confidencialmente para discutir a intimidação que tinham recebido de seus colegas. Em tal ambiente, poucos de nós se atreveriam a discordar.

Dito de forma direta — com um toque de personalidade galileia — isso é inaceitável. Não devemos ter de viver e trabalhar em uma cultura onde devemos esconder as nossas verdadeiras opiniões. É opressiva para os indivíduos; mina valiosos tipos de originalidade e diversidade; distorce a opinião pública e de especialistas; e joga o jogo dos nossos inimigos reais.

Ao introduzir seu magistral *Private Truths, Public Lies*, Timur Kuran afirma que, ao estudar o fenômeno da falsificação da preferência, ele se tornou mais consciente das hipocrisias e falsidades dele mesmo e dos outros. No entanto, também se tornou mais consciente da resistência a isso, e desenvolveu um respeito pela não conformidade: "Ganhei mais respeito pelo não conformista, pelo pioneiro, pelo inovador, pelo dissidente, até mesmo pelo desajustado. Espero que o leitor venha a partilhar esta apreciação" (KURAN, 1995, p. viii). Essas palavras ajudaram a inspirar este livro.

Não exortarei os outros a assumir níveis de coragem que eu percebo que não tenho, e estou bem ciente (ver capítulo 1) que estou mais protegido do que a maioria. Todos nós temos diferentes habilidades, recursos, sistemas de suporte e vulnerabilidades. Todos nós temos exigências de tempo e energia. Todos temos de escolher bem as nossas batalhas. Peço-lhe, no entanto, que reflita cuidadosamente sobre isto — e que tome uma posição, tão veemente quanto puder ousar, a favor dos valores liberais e da liberdade.

REFERÊNCIAS

ASCH, Solomon E. *Social Psychology*. Englewood Cliffs: Prentice-Hall, 1952.

BAILEY, J. Michael. *The Man Who Would Be Queen: The Psychology of Gender-Bending and Transsexualism*. Washington: Joseph Henry Press, 2003.

BARRY, Bruce. *Speechless: The Erosion of Free Expression in the American Workplace*. San Francisco: Berrett-Koehler Publishers, 2007.

BAUMEISTER, Roy F.; LEARY, Mark R. "The Need to Belong: Desire for Interpersonal Attachments as a Fundamental Human Motivation". *Psychological Bulletin*, v. 117, n. 3, pp. 497-529, jun. 1995.

BBC TRENDING. "The Saga of 'Pizzagate': The Fake Story that Shows How Conspiracy Theories Spread". *BBC News*, 2016. Disponível: <http://www.bbc.com/news/blogs-trending-38156985>. Acesso em: 21 jul. 2019.

BERG, Chris. *The Libertarian Alternative*. Melbourne: Melbourne University Press, 2016.

BERRY, Jeffrey M.; SOBIERAJ, Sarah. *The Outrage Industry: Political Opinion Media and the New Incivility*. Oxford and New York: Oxford University Press, 2014.

BIKHCHANDANI, Sushil; HIRSHLEIFER, David; WELCH, Ivo. "A Theory of Fads, Fashion, Custom, and Cultural Change as Informational Cascades". *Journal of Political Economy*, v. 100, n. 5, pp. 992-1026, out. 1992.

BLACKFORD, Russell. "The Supposed Rights of the Fetus". *Quadrant*, v. 389, pp. 11-7, set. 2002

______. "Slippery Slopes to Slippery Slopes: Therapeutic Cloning and the Criminal Law". *American Journal of Bioethics*, v. 7, n. 2, pp. 63-4, fev. 2007.

______. *Freedom of Religion and the Secular State*. Chichester: Wiley--Blackwell, 2012.

______. "An Odor of Sanctimony: Responses to the *Charlie Hebdo* Murders". *Free Inquiry*, v. 35, n. 3, pp. 40-1, mai. 2015a.

______. "The people we don't want to stand with: Free speech — again — and the troubling case of Troy Newman". *The Conversation*, 2015b. Disponível em: <https://theconversation.com/the-people-we--dont-want-to-stand-with-free-speech-again-and-the-troubling- case-of-troy-newman-48412>. Acesso em: 21 jul. 2019.

______. *The Mystery of Moral Authority*. Basingstoke: Palgrave Macmillan, 2016.

______. *Science Fiction and the Moral Imagination: Visions, Minds, Ethics*. New York: Springer, 2017.

______; SCHÜKLENK, Udo. *50 Great Myths About Atheism*. Chichester, West Sussex: Wiley-Blackwell, 2013.

BOARD OF HYPATIA. "Statement by the Non-Profit Board of *Hypatia*", 2017. Disponível: <http://hypatiaphilosophy.org/np-board/non-profit--board-statement-may-18-2017>. Acesso em: 21 jul. 2019.

BOROVOY, A. Alan. *When Freedoms Collide: The Case for Our Civil Liberties*, 2. ed. Toronto: Lester & Orpen Dennys, 1988.

BROGAARD, Berit. "Berit Brogaard: Group Polarization and the Internet". *Leiter Report*, 2015. Disponível em: <http://leiterreports.typepad.com/blog/2015/03/berit-brogaard-group-polarization-and-the-internet.html>. Acesso em: 21 jul. 2019.

BROWN, Callum G. *Becoming Atheist: Humanism and the Secular West*. Londres e Nova York: Bloomsbury, 2017.

CATANESE, Kathleen R.; TICE, Dianne M., "The Effect of Rejection on Anti-Social Behaviors: Social Exclusion Produces Aggressive Behaviors".

In: WILLIAMS, Kipling D.; FORGAS, Joseph P.; VON HIPPEL, William (eds). *The Social Outcast: Ostracism, Social Exclusion, Rejection, and Bullying*. Nova York e Hove: Psychology Press, 2005, pp. 297-306.

CHAGNON, Napoleon. *Noble Savages: My Life Among Two Dangerous Tribes—The Yanomamö and the Anthropologists*. Nova York: Simon & Schuster, 2013.

CHRISTAKIS, Erika. "'Dressing Yourselves,' email para os estudantes do Silliman College (Yale) sobre as fantasias de Halloween". *Foundation for Individual Rights in Higher Education*, 2015. Disponível em: <https://www.thefire.org/email-from-erika-christakis-dressing-yourselves-email--to-silliman-college-yale-students-on-halloween- costumes>. Acesso em: 21 jul. 2019.

______. "My Halloween Email Led to a Campus Firestorm—and a Troubling Lesson about Self-Censorship". *Washington Post*, 2016a. Disponível em: <https://www.washingtonpost.com/opinions/my-halloween-email-led-to-a-campus-firestorm--and-a-troublin-g-lesson-about-self-censorship/2016/10/28/70e55732-9b97-11e6-a0ed--ab0774c1eaa5_story. html?utm_term=.b52fec5fbef7>. Acesso em: 21 jul. 2019.

CHRISTAKIS, Nicholas A. "Teaching Inclusion in a Divided World". *New York Times*, 2016b. Disponível em: <https://www.nytimes.com/2016/06/23/ education/teaching-inclusion-in-a-divided-world.html?_r=0>. Acesso em: 21 jul. 2019.

CITRON, Danielle Keats. *Hate Crimes in Cyberspace*. Cambridge e Londres: Harvard University Press, 2014.

CLITEUR, Paul. "Taylor and Dummett on the Rushdie Affair". *Journal of Religion and Society*, v. 18, pp. 1-25, 2016. Disponível em: <https://dspace2.creighton. edu/xmlui/bitstream/handle/10504/74592/2016-1.pdf?sequence=1>. Acesso em: 21 jul. 2019.

COHEN, Nick. "The White Left Has Issued its First Fatwa". *The Spectator*. 2016. Disponível em: <https://blogs.spectator.co.uk/2016/10/white-lef-t-issued-first-fatwa/>. Acesso em: 21 mar. 201.

CONLY, Sarah. *Against Autonomy: Justifying Coercive Paternalism*. Cambridge e Nova York: Cambridge University Press, 2013.

CORONEL, Sheila; COLL, Steve; KRAVITZ, Derek. "Rolling Stone and UVA: The Columbia University Graduate School Journalism Report". *Rolling Stone*, 2015. Disponível em: <http://www.rollingstone.com/culture/features/a-rape-on-campus-what-went-wrong-20150405>. Acesso em: 21 jul. 2019.

DAWKINS, Richard. *The God Delusion*. Londres: Bantam, 2006.

DE GRAZIA, Edward. *Girls Lean Back Everywhere: The Law of Obscenity and the Assault on Genius*. Nova York: Random House, 1992.

DENNETT, Daniel C. *Breaking the Spell: Religion as a Natural Phenomenon*. Nova York: Viking, 2006.

DEVLIN, [Lord] Patrick. *The Enforcement of Morals*. Londres: Oxford University Press, 1965.

DONIGER, Wendy. *The Hindus: An Alternative History*. Nova York: Penguin, 2008.

DREGER, Alice. "The Controversy Surrounding *The Man Who Would Be Queen*: A Case History of the Politics of Science, Identity, and Sex in the Internet Age". *Archives of Sexual Behavior*, v. 37, n. 3, pp. 366-421, jun. 2008.

______. "What if we admitted to children that sex is primarily about pleasure?". *Pacific Standard*, 2014. Disponível em: <https://psmag. com/what-if-we-admitted-to-children-that-sex-is-primarily-about-pleasure-9d3956c38ff5#.gzvzr3x62>. Acesso em: 21 jul. 2019.

______. *Galileo's Middle Finger: Heretics, Activists, and the Search for Justice in Science*. Nova York: Penguin, 2015.

______. "Zero Tolerance: Censored by the Left". *Alice Domurat Dreger Blog*, 2016. Disponível em: <http://alicedreger.com/zero>. Acesso em: 21 jul. 2019.

FEINBERG, Joel. *Offense to Others*. Nova York and Oxford: Oxford University Press, 1985.

FISHER, Mark. “Exiting the Vampire Castle”. *The North Star*, 2013. Disponível em: <http://www.thenorthstar.info/?p=11299>. Acesso em: 21 jul. 2019.

FRANK, Thomas. “Millions of ordinary Americans support Donald Trump. Here's why”. *The Guardian*, 2016. Disponível em: <https:// www.theguardian.com/commentisfree/2016/mar/07/donald-trump-why-americans-support>. Acesso em: 21 jul. 2019.

FRIEDERSDORF, Conor. “The Perils of Writing a Provocative Email at Yale” *The Atlantic*, 2016. Disponível em: <https://www.theatlantic.com/politics/ archive/2016/05/the-peril-of-writing-a-provocative-email-at-yale/484418/>. Acesso em: 21 jul. 2019.

GATES, Gary J. “How Many People are Lesbian, Gay, Bisexual, and Transgender?”. *Williams Institute*, 2011. Disponível em: <http://williamsinstitute.law.ucla.edu/wp-content/uploads/Gates-How-Many-People-LGBT-Apr-2011.pdf>. Acesso em: 21 jul. 2019.

GOLDBERG, Michelle. *Kingdom Coming: The Rise of Christian Nationalism*. Nova York e Londres: W.W. Norton, 2007.

GRAHAM, Ruth. “YA Novel About ‘Mob Mentalities’ Punished after Online Backlash”, *Slate*, 2017. Disponível em: <http://www.slate. com/blogs/browbeat/2017/10/16/kirkus_withdraws_starred_review_after_criticism.html>. Acesso em: 21 jul. 2019.

GREENE, Joshua. *Moral Tribes: Emotion, Reason, and the Gap between Us and Them*. Nova York: Penguin, 2013.

GREWAL, Zareena. “Here's What my Yale Students Get: Free Expression and Anti-racism are not Mutually Exclusive”. *Washington Post*, 2015. Disponível em: <https://www.washingtonpost.com/posteverything/wp/2015/11/12/heres-what-my-yale-students-get-free-expression-and-anti-racism-arent-mutually-exclusive/?utm_term=.695d89d47594>. Acesso em: 21 jul. 2019.

GROSSMANN, Matt; HOPKINS, David A. *Asymmetric Politics: Ideological Republicans and Group Interest Democrats*, Nova York: Oxford University Press, 2016.

HACKER NEWS. Comentários de 'mr-hank' e outros sobre a Hacker News Discussion Board. 2013. Disponível em: <https://news.ycombinator.com/ item?id=5398681>. Acesso em: 21 jul. 2019.

HAIDT, Jonathan. *The Righteous Mind: Why Good People Are Divided by Politics and Religion*. Nova York: Random House, 2012.

HARRIS, Sam. *The End of Faith: Religion, Terror, and the Future of Reason*. Nova York: W.W. Norton, 2004.

HARRIS, Sam; MAAJID Nawaz. *Islam and the Future of Tolerance: A Dialogue*. Cambridge: Harvard University Press, 2015.

HITCHENS, Christopher. *God Is Not Great! How Religion Poisons Everything*, Nova York: Twelve, 2007.

HOGG, Michael A. "All Animals Are Equal but Some Animals Are More Equal than Others: Social Identity and Marginal Membership". In: WILLIAMS, Kipling D.; FORGAS, Joseph P.; VON HIPPEL, William (eds.). *The Social Outcast: Ostracism, Social Exclusion, Rejection, and Bullying*. Nova York e Hove: Psychology Press, 2005, pp. 243-61.

HYPATIA BOARD OF ASSOCIATE EDITORS. *Statement*, 2017. Antes, disponível em: <https://www.facebook.com/hypatia.editorialoffice/posts/1852550825032876>. Acesso originalmente em: 3 jul. 2017; indisponível ao público a partir de: 21 mar. 2018.

INTERCULTURAL AFFAIRS COMMITTEE. "Email do Intercultural Affairs Committee". Foundation for Individual Rights in Higher Education, 2015. Disponível em: <https://www.thefire.org/email-from-intercultural-affairs/>. Acesso em: 21 jul. 2019.

JAIGIRDAR, Adiba. "Books by Muslims to Support Instead of Reading *American Heart*". BookRiot, 2017. Disponível em: <https://bookriot.com/2017/10/12/books-by-muslims-instead-of-american-heart/>. Acesso em: 21 jul. 2019.

JESUS AND MO (s.d.). Disponível em: <http://www.jesusandmo.net/>. Acesso em: 21 jul. 2019.

KEKES, John. *The Art of Politics: The New Betrayal of America and How to Resist It*. Nova York e Londres: Encounter Books, 2008.

KING, Richard. *On Offence: The Politics of Indignation*. Melbourne e Londres: Scribe, 2013.

KIRCHICK, James. "New Videos Show How Yale Betrayed Itself by Favoring Cry-Bullies". *Tablet*, 2016. Disponível em: <http:// www.tabletmag.com/jewish-news-and-politics/213212/yale-favoring-cry- bullies>. Acesso em: 21 jul. 2019.

______________. "Yale Cements its Line in the Academic Sand by Awarding the Student 'Truthtellers' Who Bullied Faculty". *Tablet*, 2017. Disponível em: <http://www.tabletmag.com/scroll/235844/yale-cements-its-line-in-the-academic-sand-by-awarding-the-student- truthtellers-who-bullied-faculty>. Acesso: 21 mar. 2018.

KIRKUS. Resenha anônima de *American Heart* de Laura Moriarty. *Kirkus Reviews*, 2017. Disponível em: <https://www.kirkusreviews.com/book-reviews/laura-moriarty/american-heart/>. Acesso em: 21 jul. 2019.

KITCHER, Philip. *The Advancement of Science: Science without Legend, Objectivity without Illusions*. Nova York e Oxford: Oxford University Press, 1993.

KUNDERA, Milan. *Testaments Betrayed: An Essay in Nine Parts*. Londres: Harper Collins, 1995.

KURAN, Timur. *Private Truths, Public Lies: The Social Consequences of Preference Falsification*. Cambridge e Londres: Harvard University Press, 1995.

LANTOS FOUNDATION. Carta da Lantos Foundation for Human Rights and Justice para o Southern Poverty Law Center, assinada por Katrina Lantos Swett. 2016. Disponível em: <https://static1.squarespace.com/static/55a82f98e4b04c71cd94927d/t/58220bd9ff7c50bcb915625a/1478626266272/Letter+to+SPLC.pdf>. Acesso em: 21 jul. 2019.

LEITER, Brian. "Cleaning Cyber-Cesspools: Google and Free Speech". In: LEVMORE, Saul; NUSSBAUM, Martha C. ed. *The Offensive Internet: Speech, Privacy, and Reputation*. Cambridge e Londres: Harvard University Press, 2010, pp. 155-73.

____________. *Why Tolerate Religion?* Princeton: Princeton University Press, 2013.

LETTER OF SUPPORT. "Carta de apoio a Erika and Nicholas Christakis", 2015. Disponível em: <https://docs.google.com/document/d/16Fa8ly-Q17utjiw1L NkCoE22pvq2uRk_SVHHPmRgvpIA/edit?pli=1#heading=h.53s9msgj6b7>. Acesso em: 21 jul. 2019.

LEVY, Neil. *Moral Relativism: A Short Introduction*. Oxford: Oneworld, 2002.

LEWIS, Anthony. *Freedom for the Thought That We Hate: A Biography of the First Amendment*. Nova York: BasicBooks, 2007.

LILLA, Mark. "The End of Identity Liberalism". *New York Times*, 2016. Disponível em: <http://www.nytimes. com/2016/11/20/opinion/sunday/the-end-of-identity-liberalism. html?src=me&_r=1>. Acesso em: 21 jul. 2019.

______. *The Once and Future Liberal: After Identity Politics*. Nova York: HarperCollins, 2017

LOCKE, John. *A Letter Corcerning Toleration*. Indianapolis: Hackett, 1983.

LOURY, Glenn C. "Self-Censorship in Public Discourse: A Theory of 'Political Correctness' and Related Phenomena". *Rationality and Society*, v. 6, n. 4, out. 1994, pp. 428-61.

LUKIANOFF, Greg. *Freedom from Speech*. Nova York: Encounter Books, 2014.

MCCALLUM, Ronald. *Employer Controls over Private Life*. Sydney: University of NSW Press, 2000.

MCKIE, Robin. "Tim Hunt and Mary Collins: 'We're not Being Chased Out of the Country. Our New Life's an Adventure'". *The Guardian*, 2015. Disponível em: <https://www.theguardian.com/uk-news/2015/ dec/19/tim-hunt-mary-collins-weve-not-been-chased-out-of-the-country>. Acesso em: 21 jul. 2019.

MALIK, Kenan. *From Fatwa to Jihad: The Rushdie Affair and its Legacy*. Londres: Atlantic Books, 2010.

MANNE, Kate; STANLEY, Jason "When Free Speech Becomes A Political Weapon". *Chronicle of Higher Education*, 2015. Disponível em: <http://

www.chronicle.com/article/When-Free-Speech-Becomes-a/234207>. Acesso em: 21 jul. 2019.

MARCHE, Stephen "Gawker Smeared Me, and Yet I Stand with It". *New York Times*, 2016. Disponível em: <http://www.nytimes.com/2016/05/31/opinion/i-stand-with-gawker.html?_r=1>. Acesso em: 21 jul. 2019.

MARCUSE, Herbert. "Repressive Tolerance". In: WOLFF, Robert Paul *et al.*, *A Critique of Pure Tolerance*. Londres: Jonathan Cape, 1969, pp. 93-137.

MARLIN, Randal. *Propaganda and the Ethics of Persuasion*. Peterborough: Broadview Press, 2002.

MENSCH, Louise. "The Tim Hunt Debacle: Why Feminists Cleared a Nobel Prizewinner". *Medium*, 2015. Disponível em: <https://medium.com/@LouiseMensch/the-tim-hunt-debacle- c914395d5e01#.t4j9w-d6xt>. Acesso em: 21 jul. 2019.

MILL, J.S. *On Liberty*. Londres: Penguin, 1974.

MOODIE, Clemmie; TINGLE, Rory. "L'Oreal's first transgender model is SACKED by the cosmetics giant after claiming 'ALL white people' are racist in extraordinary Facebook rant". *The Daily Mail*, 2017. Disponível em: <http://www.dailymail.co.uk/news/article-4842092/L-Oreal-transgender-model-says-white-people-racist.html>. Acesso em: 21 jul. 2019.

NAGLE, Angela. *Kill All Normies: The Online Culture Wars from Tumblr and 4Chan to the Alt-Right and Trump*. Winchester e Washington: Zero Books, 2017.

NAMAZIE, Maryam. "Transcript of Sam Harris—Maryam Namazie Podcast on Immigration and Muslim Profiling". Site de Maryam Namazie (transcrevendo uma entrevista de Sam Harris em seu podcast "Waking Up"), 2017. Disponível em: <http://maryamnamazie.com/harris- namazie/>. Acesso em: 21 jul. 2019.

NEIER, Aryeh. *Defending My Enemy: American Nazis, the Skokie Case, and the Risks of Freedom*. Boston: Dutton, 1979.

NOZICK, Robert. *Anarchy, State, and Utopia*. New York: Basic Books, 1974.

O'GORMAN, Hubert J. "Pluralistic Ignorance and White Estimates of White Support for Racial Segregation". *Public Opinion Quarterly*, v. 39, n. 3, outono de 1975, pp. 313-30.

ONEN, James. "Elevatorgate". Freethought Kampala, 2011. Disponível em: <https://freethoughtkampala.wordpress.com/2011/09/11/elevatorgate/>. Acesso em: 21 jul. 2019.

OPEN LETTER. Carta aberta à Hypatia, endereçada "To Hypatia Editor, Sally Scholz, and the broader Hypatia community", sem data, 2017. Disponível em: <https://docs.google.com/forms/d/1efp9C0MHch_6Kfgtlm0PZ76nirWtcEsq WHcvgidl2mU/viewform?ts=59066d20&edit_requested=true>. Acesso em: 21 jul. 2019.

ORENSTEIN, Walker. "Read the Email Exchange that Sparked Protests Against an Evergreen Professor". *The News Tribune*, 2017. Disponível em: <http://www.thenewstribune.com/news/politics-government/article153826039.html>. Acesso em: 21 jul. 2019.

O'ROURKE, K. C. *John Stuart Mill and Freedom of Expression: The Genesis of a Theory*. Londres e Nova York: Routledge, 2001.

OWEN, J. Judd. *Religion and the Demise of Liberal Rationalism: The Foundational Crisis of the Separation of Church and State*. Chicago e Londres: University of Chicago Press, 2001.

Oxford English Dictionary, 3ª ed., versão online.

PERRY, Keith. "Lib Dem Candidate Receives Death Threats for Tweeting Prophet Mohammed cartoon". *The Telegraph*, 2014. Disponível em: <http://www.telegraph.co.uk/news/politics/liberaldemocrats/10588267/Lib-Dem-candidate-receives-death-threats-for-tweeting-Prophet-Mohammed-cartoon.html>. Acesso em: 21 jul. 2019.

PEW RESEARCH CENTER. "Public Opinion on Abortion: Views on Abortion 1995—2017". Site do Pew Research Center, 2017. Disponível em: <http:// www.pewforum.org/fact-sheet/public-opinion-on-abortion/>. Acesso em: 21 jul. 2019.

PRENTICE, D.A.; MILLER, D.T. "Pluralistic Ignorance and Alcohol Use on Campus: Some Consequences of Misperceiving the Social Norm". *Journal of Personality and Social Psychology*, v. 64, n. 2, pp. 243-56, fev. 1993.

RONSON, Jon. *So You've Been Publicly Shamed.* Londres: Picador, 2015.

ROSENBAUM, Ron. "Cyber-Anonymity". In: BELLOW, Adam (ed.). *New Threats to Freedom.* West Conshohocken: Templeton Press, 2010, pp. 240-7.

ROSENFIELD, Kat. "The Toxic Drama on YA Twitter". *New York Magazine*, 2017a. Disponível em: <http://www.vulture.com/2017/08/the-toxic-drama-of-ya-twitter.html>. Acesso em: 21 jul. 2019.

______. "*Kirkus* Editor-in-Chief Explains Why They Altered That *American Heart* Review". *New York Magazine*, 2017b. Disponível em: <http://www.vulture.com/2017/10/american-heart-review-kirkus-editor-on-why-they-changed-it.html>. Acesso em: 21 jul. 2019.

RUSHDIE, Salman. *The Satanic Verses.* Londres: Penguin, 1988.

______. *Joseph Anton: A Memoir.* Londres: Jonathan Cape, 2012.

SALOVEY, Peter; HOLLOWAY, Jonathan. "Email from Peter Salovey and Jonathan Holloway to Silliman Community [Moving Forward Together]". Site da Foundation for Individual Rights in Higher Education, 2015. Disponível em: <https://www.thefire.org/email-from-peter-salovey-and-jonathan-holloway-to-silliman-community/>. Acesso em: 21 jul. 2019.

SCHAUER, Frederick. *Free Speech: A Philosophical Inquiry.* Cambridge: Cambridge University Press, 1982.

SEARLE, John R. *Making the Social World: The Structure of Human Civilization.* Oxford e Nova York: Oxford University Press, 2010.

SEYMOUR, Richard. "The Negative Dialectics of Moralism" (resenha de *Kill All Normies: The Online Culture Wars from Tumblr and 4Chan to the Alt- Right and Trump* de Angela Nagle). Patreon, 2017. Disponível em: <https://www.patreon.com/posts/negative-of-13632021>. Acesso em: 21 jul. 2019.

SHARLET, Jeff. "Prognosis: Death". *Chicago Reader*, 2000. Disponível em: <https://www.chicagoreader.com/chicago/prognosis-death/Content?oid=901522>. Acesso em: 21 jul. 2019.

SINGAL, Jesse. "This Is What A Modern-Day Witch Hunt Looks Like". *New York Magazine*, 2017. Disponível em: <http://nymag.com/

daily/intelligencer/2017/05/transracialism-article-controversy.html>. Acesso em: 21 jul. 2019.

SINGH, Simon. "Beware the Spinal Trap". *The Guardian*, 2008. Disponível em: <https://www.theguardian.com/commentisfree/2008/apr/19/controversiesinscience-health>. Acesso em: 21 jul. 2019.

SMITH, David Livingstone. *Less Than Human: Why We Demean, Enslave, and Exterminate Others*. Nova York: St. Martins Press, 2011.

SOLOVE, Daniel J. *The Future of Reputation: Gossip, Rumor, and Privacy on the Internet*. New Haven e Londres: Yale University Press, 2007.

SPEGMAN, Abby. "Evergreen Settles with Weinstein, Professor at the Center of Campus Protests". *The Olympian*, 2017. Disponível em: <http://www.theolympian.com/news/local/article173710596.html>. Acesso em: 21 jul. 2019.

STANLEY, Jason. *How Propaganda Works*. Princeton e Oxford: Princeton University Press, 2015.

STENGER, Victor J. *The New Atheism: Taking a Stand for Science and Reason*. Amherst: Prometheus Books, 2000.

SUNSTEIN, Cass R. *Going to Extremes: How Like Minds Unite and Divide*. Nova York: Oxford University Press, 2009a.

______. *On Rumours: How Falsehoods Spread, Why We Believe Them, What Can Be Done*. Londres: Allen Lane, 2009b.

TAYLOR, Charles. "The Rushdie Controversy". *Public Culture*, v.2, n. 1, pp.118-22, outono 1989.

THALER, Richard H.; SUNSTEIN, Cass R. *Nudge: Improving Decisions About Health, Wealth, and Happiness*. Nova York: Penguin, 2009.

THORNHILL, Randy; PALMER, Craig T. *A Natural History of Rape: Biological Bases of Sexual Coercion*. Cambridge e Londres: MIT Press, 2000.

TIERNEY, Patrick. *Darkness in El Dorado: How Scientists and Journalists Devastated the Amazon*. Nova York and Londres: W.W.Norton, 2000.

TUVEL, Rebecca. "In Defense of Transracialism". *Hypatia: A Journal of Feminist Philosophy*. v. 32, n. 2, pp.263-78, mar. 2017.

WILLER, Robb, KUWABARA, Ko; MACY, Michael W. "The False Enforcement of Unpopular Norms". *American Journal of Sociology*. v. 115, n. 2, pp. 451-90, set. 2009.

WOLF, Gary. "The Church of the Non-Believers". *Wired*, 2006. Disponível em: <https://www.wired.com/2006/11/atheism/>. Acesso em: 21 jul. 2019.

WOLFF, Robert Paul. *The Poverty of Liberalism*. Boston: Beacon Press, 1968.

ZIMMERMAN, Michael. "The Evergreen State College Implosion: Are There Lessons to be Learned?". *Huffington Post*, 2017. Disponível em: <http://www.huffingtonpost.com/entry/the-evergreen-state-college-implosion-are-there-lessons_us_5959507ee4b0f078efd98b0e?ncid=engmodu shpmg00000004>. Acesso em: 21 jul. 2019.